国家社会科学基金项目（项目批准号:21BKS033）

郑 洁　夏吉莉　著

马克思主义
中国化话语体系构建研究

中国社会科学出版社

图书在版编目（CIP）数据

马克思主义中国化话语体系构建研究／郑洁，夏吉莉著 . -- 北京：中国社会科学出版社，2024.12.
ISBN 978-7-5227-3628-0

Ⅰ. D61

中国国家版本馆 CIP 数据核字第 2024X2K578 号

出 版 人	赵剑英
责任编辑	孔继萍　李育珍
责任校对	李　锦
责任印制	郝美娜

出　　版	中国社会科学出版社
社　　址	北京鼓楼西大街甲 158 号
邮　　编	100720
网　　址	http://www.csspw.cn
发 行 部	010-84083685
门 市 部	010-84029450
经　　销	新华书店及其他书店
印　　刷	北京君升印刷有限公司
装　　订	廊坊市广阳区广增装订厂
版　　次	2024 年 12 月第 1 版
印　　次	2024 年 12 月第 1 次印刷
开　　本	710×1000　1/16
印　　张	15.5
字　　数	243 千字
定　　价	88.00 元

凡购买中国社会科学出版社图书，如有质量问题请与本社营销中心联系调换
电话：010-84083683
版权所有　侵权必究

目　　录

导　论 ……………………………………………………………… (1)
  第一节　选题缘由和意义 ………………………………………… (1)
    一　选题缘由 …………………………………………………… (1)
    二　研究意义 …………………………………………………… (3)
  第二节　研究现状与评析 ………………………………………… (4)
    一　国内研究现状 ……………………………………………… (5)
    二　国外研究现状 ……………………………………………… (11)
    三　研究现状评析 ……………………………………………… (16)
  第三节　研究重难点与创新点 …………………………………… (17)
    一　研究重难点 ………………………………………………… (17)
    二　研究创新点 ………………………………………………… (18)
  第四节　研究思路与方法 ………………………………………… (18)
    一　研究思路 …………………………………………………… (18)
    二　研究方法 …………………………………………………… (19)

第一章　马克思主义中国化话语体系构建的基础理论 ……………… (21)
  第一节　马克思主义中国化话语体系的基本概念 ……………… (21)
    一　话语及话语体系 …………………………………………… (21)
    二　马克思主义话语 …………………………………………… (23)
    三　马克思主义中国化话语体系 ……………………………… (25)
  第二节　马克思主义中国化话语体系的理论基础 ……………… (27)
    一　马克思主义经典作家的话语理论 ………………………… (27)

二　中国共产党人关于话语体系建设的相关论述……………（29）
　　三　习近平关于话语体系建设的重要论述……………………（32）
第三节　马克思主义中国化话语体系的内容构成…………………（35）
　　一　马克思主义中国化话语的主要内容………………………（35）
　　二　马克思主义中国化话语的表达形式………………………（40）
　　三　马克思主义中国化话语的传播途径………………………（42）
第四节　马克思主义中国化话语体系的特征功能…………………（44）
　　一　马克思主义中国化话语体系的基本特征…………………（44）
　　二　马克思主义中国化话语体系的价值功能…………………（47）

第二章　马克思主义中国化话语体系构建的历史进程……………（51）
第一节　外源与内生：以"革命"主题为核心的话语群构建……（51）
　　一　马克思主义的传入与话语的早期孕育……………………（52）
　　二　大革命前后的争论与话语的曲折探索……………………（56）
　　三　新民主主义革命斗争与话语的渐进生成…………………（60）
第二节　调适与重塑：以"建设"主题为核心的话语群构建……（63）
　　一　过渡时期的现实境遇与话语的特殊"苏化"……………（63）
　　二　社会主义道路的现实探索与话语的本土转换……………（66）
　　三　经济社会发展的复杂局势与话语的徘徊受挫……………（71）
第三节　继承与发展：以"改革"主题为核心的话语群构建……（73）
　　一　重新走向世界的态度选择与话语的回归理性……………（73）
　　二　改革开放的全面展开与话语的开拓丰富…………………（76）
　　三　建设中国特色社会主义的崭新课题与话语的繁荣发展……（80）
第四节　创新与完善：以"复兴"主题为核心的话语群构建……（83）
　　一　"中国梦"的新时代开篇与话语的守正创新……………（83）
　　二　"决胜全面小康"的目标开启与话语的优势凸显………（90）
　　三　"两个一百年"的历史交汇与话语的跃升转换…………（93）

第三章　马克思主义中国化话语体系构建的基本原则……………（96）
第一节　坚持历史考察与逻辑分析相统一…………………………（96）
　　一　历史考察是马克思主义中国化话语体系构建的

　　　　必备基础 …………………………………………………… (97)
　　二　逻辑分析是马克思主义中国化话语体系构建的
　　　　内在要求 ………………………………………………… (99)
　　三　在坚持历史考察与逻辑分析相统一中开拓前行 …… (101)
　第二节　坚持文本研究与现实观照相统一 ………………… (104)
　　一　文本研究是马克思主义中国化话语体系构建的
　　　　依据所在 ………………………………………………… (104)
　　二　现实观照是马克思主义中国化话语体系构建的
　　　　逻辑起点 ………………………………………………… (106)
　　三　在坚持文本研究与现实观照相结合中完善发展 …… (108)
　第三节　坚持实证调查与解决问题相统一 ………………… (111)
　　一　实证调查是马克思主义中国化话语体系构建的
　　　　重要方法 ………………………………………………… (112)
　　二　解决问题是马克思主义中国化话语体系构建的
　　　　目标遵循 ………………………………………………… (114)
　　三　坚持实证调查与解决问题相统一提升话语表达的
　　　　实效性 …………………………………………………… (116)
　第四节　坚持理论创新与实践发展相统一 ………………… (118)
　　一　理论创新是马克思主义中国化话语体系构建的
　　　　不竭动力 ………………………………………………… (119)
　　二　实践发展是马克思主义中国化话语体系构建的
　　　　现实依据 ………………………………………………… (121)
　　三　坚持理论创新与实践发展相统一推动话语体系
　　　　持续完善 ………………………………………………… (123)

第四章　马克思主义中国化话语体系构建的现实路径 ……… (126)
　第一节　突出思想性：更新话语内容 ……………………… (126)
　　一　坚持马克思主义，以科学理论指导话语内容 ……… (127)
　　二　汲取中华优秀文化，以优秀文化创新话语内容 …… (130)
　　三　立足国情世情，以时代发展丰富话语内容 ………… (133)
　第二节　增强认可度：优化话语表达 ……………………… (134)

一　注重话语表达逻辑，提高话语准确性 …………………… (135)
　　二　借鉴多元话语风格，增加话语生动性 …………………… (137)
　　三　融入深厚家国情怀，增强话语感染力 …………………… (140)
　第三节　扩大影响力：促进话语传播 ……………………………… (142)
　　一　掌握公共话语权，提升主体能力 ………………………… (142)
　　二　顺应百年新变化，精准议题设置 ………………………… (144)
　　三　善用新媒介渠道，推进媒体融合 ………………………… (146)
　第四节　提高实效性：加强话语保障 ……………………………… (148)
　　一　提供话语运行保障，完善话语构建机制 ………………… (148)
　　二　加强人才阵地建设，培养话语构建队伍 ………………… (150)
　　三　营造良好社会氛围，优化话语构建生态 ………………… (152)

第五章　马克思主义中国化话语体系构建的重要经验 ……………… (154)
　第一节　坚持马克思主义的指导地位 ……………………………… (154)
　　一　坚持马克思主义指导地位"一元化" …………………… (154)
　　二　创新马克思主义中国化理论体系 ………………………… (157)
　　三　坚持与非马克思主义思想作斗争 ………………………… (160)
　第二节　巩固中国共产党的领导地位 ……………………………… (164)
　　一　"先锋队"地位指引方向性 ……………………………… (164)
　　二　"核心"地位保证主导性 ………………………………… (166)
　　三　"最本质的特征"体现阶级性 …………………………… (168)
　第三节　坚持人民至上的价值取向 ………………………………… (170)
　　一　始终站在劳动人民的政治立场体现人民性 ……………… (170)
　　二　一心为人民谋幸福的目标追求彰显价值性 ……………… (173)
　　三　积极回应人民关切的现实诉求提升认同度 ……………… (176)
　第四节　突出中华文化的独特优势 ………………………………… (179)
　　一　提供独有精神动力 ………………………………………… (179)
　　二　奠定深厚历史底蕴 ………………………………………… (180)
　　三　赋予高度文化自信 ………………………………………… (181)
　第五节　讲好中国故事的实践智慧 ………………………………… (183)
　　一　谁来讲故事：国家、社会与个体的主体多元 …………… (183)

二　谁来听故事：国内传播与国际传播的受众兼顾 …………（186）
　　三　讲什么故事：中国理论与中国实践的内容交融 …………（187）
　　四　怎样讲故事：传统手段与现代载体的方式并举 …………（189）

第六章　马克思主义中国化话语体系构建的当代价值 …………（192）
　第一节　推动马克思主义中国化话语体系的创新发展 …………（192）
　　一　马克思主义中国化话语体系的内容不断丰富 …………（192）
　　二　马克思主义中国化话语体系的表达日臻完善 …………（196）
　　三　马克思主义中国化话语体系的功能日益多元 …………（198）
　第二节　丰富马克思主义理论的思想宝库 …………………（200）
　　一　在一脉相承中坚持马克思主义基本原理 ………………（200）
　　二　在与时俱进中发展创新马克思主义 ……………………（202）
　　三　实现马克思主义中国化的不断飞跃 ……………………（204）
　第三节　凝聚建设社会主义现代化强国的磅礴伟力 …………（207）
　　一　增强马克思主义理论的真理力量 ………………………（207）
　　二　深化马克思主义理论的实践力量 ………………………（209）
　　三　彰显马克思主义理论的精神力量 ………………………（211）
　第四节　展现人类文明新形态的丰富内容 ……………………（213）
　　一　推动中华文明的现代转型 ………………………………（213）
　　二　超越传统社会主义文明 …………………………………（215）
　　三　超越资本主义现代文明 …………………………………（216）
　第五节　推进中华民族伟大复兴的历史进程 …………………（218）
　　一　实现中华民族伟大复兴进入不可逆转的历史进程 ……（218）
　　二　实现中华民族伟大复兴的科学指南 ……………………（220）
　　三　持续推进中华民族伟大复兴 ……………………………（222）

结　语 ……………………………………………………………（224）

参考文献 …………………………………………………………（226）

后　记 ……………………………………………………………（237）

导　　论

党的二十大报告指出，"健全用党的创新理论武装全党、教育人民、指导实践工作体系。深入实施马克思主义理论研究和建设工程，加快构建中国特色哲学社会科学学科体系、学术体系、话语体系"[①]。"话语"作为人与人之间交流的中介，贯穿于人类社会发展的整个历史进程。从某种意义上来说，一个国家的理论和实践发展程度是通过"话语"呈现出来的。在中华民族伟大复兴战略全局和世界百年未有之大变局的现实境遇中，加强对马克思主义中国化话语体系构建的研究具有重要性和紧迫性，是推动中国特色社会主义发展和提升中国国际地位的战略性要求。因此，对马克思主义中国化话语体系构建的历史进程进行系统梳理，并从这一历程中总结经验。同时，结合新的时代背景，对马克思主义中国化话语体系构建的基本原则、现实路径和当代价值进行有益探索，是一个具有重要历史意义、理论意义、实践意义和学术意义的研究课题。

第一节　选题缘由和意义

一　选题缘由

党的十八大以来，党中央高度重视哲学社会科学领域的话语体系构建，以防止各领域内的话语西化，特别是意识形态上的侵略。2016年5月，习近平在哲学社会科学工作座谈会上明确提出："着力构建中国特色

[①]　习近平：《高举中国特色社会主义伟大旗帜　为全面建设社会主义现代化国家而团结奋斗——在中国共产党第二十次全国代表大会上的报告》，人民出版社2022年版，第43页。

哲学社会科学，在指导思想、学科体系、学术体系、话语体系等方面充分体现中国特色、中国风格、中国气派。"① 中国特色哲学社会科学话语体系的建设是一项系统而庞大的工程，对此，习近平接着指出："这项工作要从学科建设做起，每个学科都要构建成体系的学科理论和概念。"② 马克思主义作为中国社会发展的指导思想，加强对这一学科的概念研究和理论创新，推动马克思主义中国化话语体系的构建，对于推动中国哲学社会科学的发展具有重要意义。此后，习近平先后多次讲话强调"话语体系"的建设问题。2021年2月，习近平在党史学习教育动员大会上指出："我们党的历史，就是一部不断推进马克思主义中国化的历史，就是一部不断推进理论创新、进行理论创造的历史。"③ 2021年11月，党的十九届六中全会通过的《中共中央关于党的百年奋斗重大成就和历史经验的决议》提出，"推动用党的创新理论武装全党、教育人民、指导实践，深化马克思主义理论研究和建设，推进中国特色哲学社会科学学科体系、学术体系、话语体系建设"④。2022年10月，习近平在党的二十大报告中也强调，要"加快构建中国特色哲学社会科学学科体系、学术体系、话语体系"⑤。这表明在新时代新征程上，马克思主义中国化话语体系的构建更具重要性和必要性。

自中国共产党成立后，便不断推进马克思主义中国化时代化，不断构建马克思主义中国化的话语体系。毛泽东思想作为马克思主义中国化的第一次伟大飞跃，是这一话语体系构建过程中奠基性的伟大尝试，它为后续的话语构建提供了重要借鉴。历经百余年，马克思主义中国化话语体系不断推进、渐行完备，在新时代仍需根据新目标新任务对其进一步丰富、发展和完善，并在话语内容、话语表达、话语传播、话语保障等方面不断改进，从而使这一话语体系兼顾中国特色与世界视野，以更

---

① 《习近平著作选读》（第一卷），人民出版社2023年版，第478页。
② 《习近平著作选读》（第一卷），人民出版社2023年版，第486页。
③ 《习近平谈治国理政》（第四卷），外文出版社2022年版，第510页。
④ 《中共中央关于党的百年奋斗重大成就和历史经验的决议》，人民出版社2021年版，第45页。
⑤ 习近平：《高举中国特色社会主义伟大旗帜　为全面建设社会主义现代化国家而团结奋斗——在中国共产党第二十次全国代表大会上的报告》，人民出版社2022年版，第43页。

好地推进和拓展中国式现代化。

二 研究意义

在新时代，积极构建马克思主义中国化话语体系已成为国家发展的战略性要求。研究马克思主义中国化话语体系构建的基础理论、历史进程、基本原则、现实路径、重要经验和当代价值，具有重要的理论意义和实践意义。

（一）理论意义

第一，推动中国哲学社会科学的学科体系和学术体系构建。"话语"本身就承载着思想，是中国特色社会主义理论和实践的直接表征。一以贯之、与时俱进的马克思主义中国化话语本身就涵盖着学科体系和学术体系构建所需的基本概念及基本范畴。因而，这一话语体系与学科体系、学术体系之间是相互促进、共同发展的关系，其构建有助于为学科体系和学术体系的建设提供外在表现形式。同时，在对这一话语体系构建的理论基础、内容体系、历史演进、方法原则和传播路径的研究过程中，也会为学科体系和学术体系建设提供有益的思考和借鉴。

第二，推进马克思主义中国化时代化的发展。马克思主义中国化话语体系的构建过程就是中国化的马克思主义对时代发展的科学预见、经验升华、理论整合的过程，它反映了中国社会的现实问题和中华民族深厚的文化底蕴，反映了马克思主义指导中国的理论创新和实践发展的历程。因而，这一话语体系的构建过程就是推进马克思主义中国化时代化发展的过程，加强对这一话语体系构建的研究，有助于帮助广大人民群众了解和掌握马克思主义的真理性和科学性，进而增强马克思主义的影响力和引领力，在学理层面上阐释中国化时代化的马克思主义为什么行以及行在哪里。

第三，拓展马克思主义中国化交叉研究的新空间。马克思主义中国化话语体系构建的研究，还涉及政治学、教育学、历史学、语言学、传播学等多个学科，这种跨学科的综合研究方法，有助于为研究马克思主义中国化理论提供更加广阔的思维和更加开放的视野，从而对进一步丰富和创新马克思主义中国化的理论成果具有重要的启发意义和借鉴价值。

(二) 实践意义

第一，提升"四个自信"，助推中国式现代化道路进程。中国特色社会主义现代化的发展与马克思主义中国化话语体系的构建之间存在双向互动的关系。马克思主义中国化话语体系的不断完善有助于加深人民群众对中国道路、制度、理论、文化的认知，进而形成对中国道路的正确性、中国制度的优越性、中国文化的价值性和中国理论的深刻性的高度认同感，从而使广大人民群众能够更好地投身"中国式现代化"的实践之中。

第二，维护社会主义意识形态安全。当前意识形态领域的斗争愈发严峻，国际竞争的核心内容不再仅表现于军事、经济层面，而是更明显地表现在意识形态层面。马克思主义中国化话语体系的构建能够帮助人民群众坚定"四个自信"，有利于维护社会主义意识形态安全。

第三，提升中国国际话语权。中国作为世界上历史悠久、人口规模巨大、发展速度较快的社会主义国家，中国话语理应是世界话语的重要组成部分。但由于近代以来西方国家在多个领域的长期领先地位，当前国际上仍以"西方话语"为主流，加之西方国家奉行霸权主义，遏制他国的发展，使中国在国际话语权上未取得应有地位。在全面建设社会主义现代化国家的新征程上，稳步推进马克思主义中国化话语体系构建，有助于提升中国在国际社会的话语主动权。

第二节 研究现状与评析

对"话语"这一概念的相关研究，长期以来局限于语言学领域。近现代以来，西方国家开始逐渐将话语延伸到社会生活的相关领域进行研究和探讨。在国外，研究马克思主义中国化话语体系的成果相对较少。基于此，对马克思主义中国化话语体系构建现状的研究，主要从以下两方面进行把握：一方面，有针对性地综述国内关于马克思主义中国化话语体系的基本概念、演进历程和构建路径的研究；另一方面，广泛地对国外与话语体系建设相关的成果进行综述，从而为马克思主义中国化话语体系的构建寻求可借鉴的资料。

一 国内研究现状

当前,国内学者关于马克思主义中国化话语体系的研究主要从以下三个方面展开:一是关于马克思主义中国化话语体系的基础性研究,即"是什么"的问题;二是关于马克思主义中国化话语体系的发展历程研究,即"怎么样"的问题;三是关于马克思主义话语体系的基本经验研究,即"怎么建"的问题。

(一) 关于马克思主义中国化话语体系的基础性研究

第一,关于马克思主义中国化话语体系的内涵研究。由于话语本身所具有的抽象性,学术界、理论界对马克思主义中国化话语体系的内涵界定还不统一,大致可分为"定性"和"定量"两个界定指标。

"定性"指标就是从话语体系的本质入手对话语体系进行界定。陈曙光、陈雪雪提出"话语的本质是理论的现代化"[1],即话语是实践抽象出来的理论(思想)的现实呈现,两者互为支撑。马克思主义中国化话语体系的本质也是中国实践的理论呈现。贾建芳认为,话语的本质是思想,马克思主义中国化话语体系是针对解决"中国问题"的思想逻辑体系。[2]李影、韩喜平也认为,话语体系的生成是基于中国特色社会主义实践,是"在解决中国问题、阐述中国道路、中国理论、中国制度的过程中概括出的具有中国风格与民族气息的话语形式"[3]。韩震在《大国话语》中提到:"反映不同时代的声音,就构成了不同时代的'话语'"[4],这肯定了话语本质上所具有的实践性。此外,还有学者指出话语体系生成的实质是立足于话语权的争夺,强调话语体系本身的意识形态属性。侯惠勤认为:"话语权奠立在基本观点、分析框架、特定视角等构成的根本话语方式之上"[5],强调话语权是建设话语体系的最高目的,反过来说话语体

---

[1] 陈曙光、陈雪雪:《话语哲学引论》,《中共中央党校(国家行政学院)学报》2019年第2期。

[2] 贾建芳:《以问题为导向的中国特色社会主义话语体系》,《上海师范大学学报》(哲学社会科学版)2015年第5期。

[3] 李影、韩喜平:《中国特色社会主义话语体系的优秀传统文化基因及其形成》,《湖湘论坛》2016年第4期。

[4] 韩震:《大国话语》,人民日报出版社2018年版,第1页。

[5] 侯惠勤:《意识形态话语权初探》,《马克思主义研究》2014年第12期。

系的生成是建立在话语权的争夺之上的。

"定量"指标就是从话语体系的构成入手对话语体系进行界定。韩庆祥以话语体系的基本要素为出发点，提出"中国特色社会主义话语体系是由一系列具有内在逻辑关系要素构成的系统，包括话语基础、话语核心、话语体系、话语方式、话语自信、话语传播、话语权和话语创新等八个层面"[1]。欧庭宇根据中国社会发展的阶段性目标，将这一话语体系的构成归纳为"以阶级解放为目标的革命话语（1921—1949）、以生产方式解放为目标的建设话语（1949—1978）、以人的解放为目标的改革话语（1978—2012）、以梦想实现为目标的复兴话语（2012年至今）"[2]。前者是从基本范畴上对话语体系定量，后者是将话语同话语体系内在等同，从话语内容本身对话语体系进行定量。

第二，关于马克思主义中国化话语体系的特征研究。学界对话语体系内涵界定上的差异，使得关于话语体系的特征研究也呈现多元化。李君如认为，中国特色话语体系坚持了马克思主义底色，结合了传统文化和群众语言，具有国际认可度，因而"科学性、民族性、时代性、群众性"是其基本特征。[3] 李斌、胡海利提出，"中国智慧"的话语体系的主要特征为"历史继承性、实践创新性、学理支撑性、价值引领性"[4]。简而言之，马克思主义中国化话语体系的基本特征主要表现为以下四个特性：第一是理论特性，即强调话语体系所具有的科学性和学理性；第二是民族特性，即强调话语体系所具有的民族性、大众性和中国特色；第三是历史特性，即强调话语体系所具有的历史继承性和鲜明时代性；第四是价值特性，即话语体系所具有的实践特性、意识形态引领性和开放互动性（指话语具有的对外传播意义）。

第三，关于马克思主义中国化话语体系的价值意蕴研究。对话语体系构建的价值意义的研究，有助于准确把握话语体系构建的目标和功能

---

[1] 韩庆祥：《中国话语体系的八个层次》，《社会科学战线》2015年第3期。

[2] 欧庭宇：《马克思主义中国化话语体系的百年探索与经验总结》，《大连干部学刊》2022年第2期。

[3] 李君如：《以崇高的政治使命建设中国特色话语体系》，《马克思主义与现实》2021年第1期。

[4] 李斌、胡海利：《论"中国智慧"及其话语体系》，《贵州省党校学报》2020年第3期。

定位，更加有效地发挥话语体系的现实作用。当前，学界对于话语体系的价值定位大致可分为两个方面。第一，是话语体系构建的对内意义。谢伏瞻从学科、学术体系的发展视角解读这一话语体系的价值意蕴，阐述了学科体系、学术体系与话语体系之间的辩证关系，提出"话语发展到一定程度就可以转化成学术"①，进而指明话语体系具有助推学科和学术体系建设的价值。徐秦法、张肖从新时代的现实立场出发，分析了新时代加强这一话语体系建设，能够"有效解构存在于意识形态话语定型与实践转型之间的矛盾张力，为中国特色社会主义发展道路提供'合法性的话语'供给"，以及"平衡中国特色社会主义政治性表述与意识形态大众化阐释之间的矛盾张力"，从而克服政治术语上的"自说自话"现象。② 第二，是话语体系构建的对外意义。梁利文认为，当今中国特色社会主义话语体系构建具有"应对西方话语霸权，回应马克思主义的杂音、噪音，树立国际形象；争夺意识形态主动权，防止和平演变和反社会主义思潮渗透；发展中国特色社会主义实践，巩固国际地位、扩大国际影响"③ 的价值意义。吴云提出，中国特色社会主义话语体系以独特的视野"打破了社会主义和资本主义阵容完全对峙的局面，开创了东西方经济政治文化交流和话语对话的窗口"④。

（二）关于马克思主义中国化话语体系的演进历程研究

目前学界关于百余年来马克思主义中国化话语体系构建的历史进程的研究方向，总体是遵循历史性维度的考察方式，主要从宏观和微观两个视角进行考察分析。

第一，从宏观视角探析话语体系的发展历程，即整体性的马克思主义中国化话语体系的发展状况研究。肖贵清从"中国之制"视角出发，将话语演进历程分为新民主主义制度话语生成、社会主义基本制度话语

---

① 谢伏瞻：《加快构建中国特色哲学社会科学学科体系、学术体系、话语体系》，《中国社会科学》2019年第5期。
② 徐秦法、张肖：《新时代加强马克思主义意识形态话语体系建设研究》，《湘潭大学学报》（哲学社会科学版）2022年第1期。
③ 梁利文：《近五年来构建中国特色社会主义话语体系研究述评》，《高教学刊》2016年第7期。
④ 吴云：《中国特色社会主义理论体系的当代话语价值》，《理论学刊》2018年第6期。

生成和中国特色社会主义话语制度生成三个阶段。① 梁莹珠从中国社会整体发展状况视角出发,对话语体系建构的状况进行研究,将其分为整合确立阶段(1949—1956 年)、艰难探索阶段(1956—1978 年)、改革发展阶段(1978—2012 年)、创新发展阶段(2012 年至今)。② 周宇豪则从话语传播视角出发,阐述了百年来马克思主义中国化传播话语体系的范式变迁历程,即革命性话语体系、建设探索性话语体系、改革开放话语体系和民族复兴话语体系四个部分。③ 杨璐璐从国家领导人话语变迁的视角出发,将整个话语体系划分成毛泽东、邓小平、江泽民、胡锦涛、习近平的意识形态话语体系五个部分。④ 郑彬从中国共产党主体视角出发,探究了话语体系构建的百年历程,包括建党初期的尝试借鉴、革命时期的话语创新与中国化构建、建设时期的话语创新与转折、改革开放时期话语的重构和新时代目标话语的新发展五个阶段。⑤

第二,从微观视角探析话语体系的发展历程,即阶段性的马克思主义中国化话语体系的发展状况研究。侯梁萍就五四时期的话语体系的演进进行考察,提出这一时期是马克思主义中国化话语体系形成的基础期,在此期间"话语体系"经历了"问题"与"主义"的争辩、社会主义的争论与无政府主义的论战,进而确立了马克思主义理论在中国的话语权,推进了话语体系的初步发展。⑥ 曹翠芬则针对1927—1937 年国民大革命时期我国的政治话语体系的发展历程进行探究,提出该时期话语变迁的主要脉络为:从"教条化"到"反对本本主义"、从"以城市为中心"到"以农村为中心"、从"苏维埃工农共和国"到"陕

---

① 肖贵清:《论"中国之制"的话语生成》,《马克思主义理论学科研究》2021 年第 4 期。

② 梁莹珠:《新中国 70 年来我国主流意识形态话语体系的建构历程及启示》,硕士学位论文,南昌大学,2020 年,第 41—60 页。

③ 周宇豪:《马克思主义中国化传播话语体系百年变迁逻辑纹理》,《青年记者》2021 年第 12 期。

④ 杨璐璐:《我国主流意识形态话语体系的建构基础研究》,硕士学位论文,南昌大学,2020 年,第 32—35 页。

⑤ 郑彬:《中国共产党话语建构百年历程、结构特征及未来展望——以建党话语为中心考察》,《重庆社会科学》2020 年第 12 期。

⑥ 侯梁萍:《五四时期马克思主义中国化话语体系研究》,硕士学位论文,江西师范大学,2020 年,第 40—43 页。

甘宁边区"。① 修晓辉针对改革开放时期马克思主义中国化话语构建进行探究,认为中国共产党的改革话语的演进历程可分为初步酝酿、正式形成和创新发展三个阶段。② 朱文婷、陈锡喜则从党的十八大以来中国特色对外话语体系构建的视角出发,将话语体系分为话语初创期的意识形态话语序列、话语发展期的国家形象话语序列和话语外向延展期的全球治理话语序列。③

(三) 关于马克思主义中国化话语体系的构建研究

如何构建马克思主义中国化话语体系作为本书的研究重点,学界对其研究的成果众多,大致有以下三个方面的研究内容。

第一,关于实践维度的话语体系构建研究。杨鲜兰认为,要在坚持理论自觉、理论创新的基础上培育国民的民族自信心和自豪感,加强哲学社会科学队伍和宣传思想队伍建设,为话语体系构建提供生力军。④ 张明提出话语体系构建既是理论需求又是实践呼唤,因此认为话语体系的构建,"从理论指向上看,需要紧密围绕新时代坚持和发展什么样的中国特色社会主义的主题展开探索;从现实基础上看,需要立足中国实践与坚持问题导向的有机统一;从多元形式上看,需要实现政治话语、学术话语与大众话语的有机融合"⑤。张爱艾、邓淑华也认为话语体系必须坚持理论和实践相统一,提出话语体系构建的三条基本路径:"其一,以马克思主义基本原理、基本观点和基本方法为指导;其二,以革命、建设、改革、治理中的根本问题为出发点和落脚点;其三,以人民群众为话语体系建构的本体。"⑥

---

① 曹翠芬:《1927—1937 中国共产党政治话语建构研究》,硕士学位论文,武汉理工大学,2019 年,第 42—52 页。

② 修晓辉:《中国共产党改革话语的建构:历程、争论与经验》,《思想教育研究》2021 年第 8 期。

③ 朱文婷、陈锡喜:《中国特色对外话语体系结构论析》,《广西社会科学》2018 年第 5 期。

④ 杨鲜兰:《构建当代中国话语体系的难点与对策》,《马克思主义研究》2015 年第 2 期。

⑤ 张明:《新时代建构中国话语的基本路径》,《中共中央党校(国家行政学院)学报》2020 年第 1 期。

⑥ 张爱艾、邓淑华:《马克思主义中国化话语体系建构的三维路径》,《理论与改革》2016 第 5 期。

第二,关于方法论维度的话语体系构建研究。邓伯军从后现代主义去中心化视角出发,分析了马克思主义中国化话语体系性构建在方法论上存在的经验主义风险,阐述了马克思主义中国化话语体系构建过程中要把握好非中心化的量度,始终坚持马克思主义的指导地位;要反对话语体系构建中的教条主义倾向,立足现实基础;要坚持理性主导下发挥非理性因素积极作用,推进话语体系信仰的建立;要注重话语的"延异、痕迹、增补",以及其与中国传统文化话语的深度融合。[1] 袁银传、刘秋月立足马克思主义基本方法,提出话语体系构建要"坚持科学性与意识形态性的有机统一;坚持培元固本与守正创新的有机统一;坚持话语批判与话语建构的有机统一"[2]。吴汉全则从语用学的视角出发,分析了话语体系构建的根本在于运用,因而话语体系的构建也要在采取一定理念、按照一定的方式、遵循一定原则,从可运用的视角进行构建。他提出话语体系构建应该坚持"人民本位原则、中国利益原则、理论内核原则、文化底蕴原则、世界情怀原则和学理支撑原则"[3]。

第三,关于话语本体维度的话语体系构建研究。张艳涛、高晨从话语本身的内容角度出发,提到关键是要"用'中国理论'解读'中国实践',打造融通中外的新概念、新范畴、新表述来构建面向21世纪的当代中国马克思主义话语体系"[4]。杨生平提出:"话语虽由不同陈述组成……但这并不意味着它是散漫无形的。一定条件下,话语中的陈述可以聚合成一种理论形态,即形成特定话语的理论表述",因而要"以尊重话语形成规则的方式建构话语体系"[5]。李亿、胡立法认为,话语体系的构建应根据新的社会文化语境进行调整,当前话语体系的构建要遵循"中国特色社会主义"这一新时代构境叙事、文本书写的鲜明主题,其文

---

[1] 邓伯军:《从后现代主义看马克思主义中国化话语体系的方法论》,《兰州学刊》2018年第6期。

[2] 袁银传、刘秋月:《中国共产党百年意识形态话语体系建设的基本经验》,《中南民族大学学报》(人文社会科学版) 2021年第6期。

[3] 吴汉全:《话语体系初论》,人民出版社2021年版,第200—209页。

[4] 张艳涛、高晨:《构建面向21世纪的当代中国马克思主义话语体系》,《厦门大学学报》(哲学社会科学版) 2021年第3期。

[5] 杨生平:《话语理论与中国特色社会主义话语体系构建》,《中国特色社会主义研究》2015年第6期。

本内容是中国特色社会主义理论、道路、制度与文化；文本素材是中国特色社会主义伟大实践、伟大事业、伟大斗争与党的建设伟大工程；文本主体是党领导下的广大人民群众。①邓伯军、谭培文基于当前信息化技术的快速发展，阐释了"建构智能化的马克思主义中国化话语语料库，将聚类技术作为马克思主义中国化话语语料库研究数据挖掘的基础方法"②，提出要基于数字语料库进行话语句子分析，运用现代技术辅助构建话语体系。

综上所述，当前国内学者关于马克思主义中国化话语体系构建的研究成果较多，但对马克思主义中国化话语体系构建的基础性理论研究方面尚未形成体系，对一些基本概念和主要内涵的研究尚未形成统一的观点或比较一致的看法；关于马克思主义中国化话语体系构建的发展历程方面虽然表述较为详细，但缺少对马克思主义中国化话语体系构建历程的整体性研究；关于话语体系构建的研究成果较丰硕，但大多偏向于原则方法论和语言本体维度的研究，特别是针对拓展马克思主义中国化话语文本内容方面的研究较为丰富，而针对文本外的具体的实践路径研究则较为分散，缺乏系统性。为此，需要对马克思主义中国化话语体系构建的发展历程和基本经验进行全面而系统的研究。

二 国外研究现状

国外对于"话语"相关的理论研究成果众多，且大都集中在哲学、文学和语言学领域，而关于中国话语和话语体系的针对性研究则较少。因而关于国外研究现状部分，本书主要从西方话语理论的相关研究进行切入，选取具有代表性的西方话语理论进行分析。通过了解西方话语体系构建的思维模式和价值意义，为构建马克思主义中国化话语体系提供一些借鉴。

（一）关于马克思主义的语言观研究

马克思主义语言观在马克思主义中国化话语体系构建中具有根本性

---

① 李亿、胡立法：《构境叙事：马克思主义中国化话语体系的文本书写》，《东南学术》2019年第4期。

② 邓伯军、谭培文：《基于马克思主义中国化话语语料库的句子研究》，《吉林师范大学学报》（人文社会科学版）2020年第5期。

和基础性的作用和意义，是这一话语体系构建的重要依据之一。马克思主义语言观的主要内容包括语言的来源、本质、属性和功能等方面。

首先，关于语言的来源。恩格斯指出，"语言是从劳动中并和劳动一起产生出来的，这个解释是唯一正确的"①，强调语言来源于人类的社会实践，并反映着人类社会生活本身。其次，关于语言的本质和属性。马克思指出："思维本身的要素，思想的生命表现的要素，即语言，是感性的自然界。"② 这一方面指明了语言本质上是承载思维和意识的载体，其本身具有一种意识形态的属性；另一方面也说明了语言的主体是现实的、具有感性活动的人；语言是为人类思想沟通而存在的；语言的本质属性是感性活动的人呈现其思维和思想的要素，其来源于人类的社会实践；语言是具有实践性和社会历史性的。最后，关于语言的功能。马克思提出："思想、观念、意识的生产最初是直接与人们的物质活动，与人们的物质交往，与现实生活的语言交织在一起。"③ 这指明了语言具有思想观念承载的功能。同时，马克思还提出："我们彼此进行交谈时所用的唯一可以了解的语言，是我们的彼此发生关系的物品。"④ 这指明了语言具有信息传递和人际互动的功能。

（二）关于索绪尔的话语理论研究

瑞士语言学家费尔迪南·德·索绪尔的语言学理论属于结构主义流派，他是"现代语言学的奠基人……他所提出的语言学说，是语言学史上'哥白尼式的革命'"⑤。索绪尔研究的核心是话语结构本身，即把语言当作是一个系统性的结构进行共时性的描写。

首先，索绪尔将"语言"和"言语"进行区分。他认为"语言是每个人都具有的东西，同时对任何人又都是共同的，而且是在储存人的意志之外的"⑥，并通过一个公式表明"在言语中没有任何东西是集体的；

---

① 《马克思恩格斯选集》第 3 卷，人民出版社 2012 年版，第 991 页。
② 《马克思恩格斯全集》第 3 卷，人民出版社 2002 年版，第 308 页。
③ 《马克思恩格斯选集》第 1 卷，人民出版社 2012 年版，第 151 页。
④ 《马克思恩格斯全集》第 42 卷，人民出版社 2017 年版，第 36 页。
⑤ 韩健：《索绪尔语言理论的哲学解读——从分析哲学的视角》，《新疆大学学报》（哲学人文社会科学版）2021 年第 5 期。
⑥ ［瑞士］费尔迪南·德·索绪尔：《普通语言学教程》，高名凯等译，商务印书馆 1980 年版，第 41 页。

它的表现是个人的和暂时的"[1]。他认为将语言和言语相区分来进行研究有必要性，提出"言语活动是异质的，而这样规定下来的语言却是同质的"[2]。这样就可以排除任何外部因素，从而单纯地对语言本体进行分析研究。其次，索绪尔认为语言内部结构的研究比外部研究更重要。他认为语言具有内部和外部要素，因而将语言研究分为内部语言学和外部语言学，但是索绪尔始终强调语言内部结构的研究比外部研究更为重要。他认为："思想离开了词的表达，只是一团没有定形的、模糊不清的浑然之物……在语言出现之前，一切都是模糊不清的。"[3] 这表明了脱胎于实践的思想本身对语言所具有的依赖性，且人头脑中的思想是混沌的，一旦思想依托语言在现实社会中所呈现，其就必然呈现出一定的内在结构。因而内部语言学是可以单纯地作为系统而存在并进行研究的。但其与外部语言学之间也有着内在不可分割的联系。索绪尔认为没有语言作为依托，一切思想都无法呈现出来。思想使人类所形成的社会具有了特异性。没有语言的出现，缺乏语言承载思想，人类社会的过往就无从可知，人类社会的发展更难以延续。

（三）关于巴赫金的话语理论研究

苏联文艺理论家、世界知名符号学家米哈伊尔·巴赫金对语言的考察立足于现实社会。他通过对当时西方个人主义语言观与抽象客观主义语言观的批判，强调话语本质上的"社会性"与"对话性"，主张话语是语言存在的实际，语言脱离不开话语，脱离不开社会交往，因而语言的研究亦不可脱离现实语境。

首先，是对个人主观主义语言观的批判。巴赫金认为："语言只存在于使用者之间的对话交际中……语言的整个生命，不论是在哪个具体领域中（日常生活、公事交往、科学、文艺等等），无不渗透着对话关

---

[1] ［瑞士］费尔迪南·德·索绪尔：《普通语言学教程》，高名凯等译，商务印书馆1980年版，第42页。

[2] ［瑞士］费尔迪南·德·索绪尔：《普通语言学教程》，高名凯等译，商务印书馆1980年版，第36页。

[3] ［瑞士］费尔迪南·德·索绪尔：《普通语言学教程》，高名凯等译，商务印书馆1980年版，第157页。

系。"① 这表明了语言与人类社会关系的不可分割,单纯地将语言作为形式化的符号来进行结构化的研究是不可取的。其次,对抽象客观主义语言观的批判。巴赫金指出:"确实,语言是作为无可置疑的规则的体系,如果我们离开对立于它的主观个人意识,如果我们真的客观地看待语言,也就是说,从旁边或者更准确地说,站在语言之上,那么任何不变的自身的规则一致的体系,我们都是找不到的。相反,我们面对的是一个语言规则的不断的形成过程。"② 这一方面肯定了语言是具有内在规则的体系,但也表明语言作为体系是不断发展和变化的,外在地将其与社会实践相脱离,而去抽象客观地理解语言结构则毫无意义。最后,巴赫金在批判两种语言观后形成了自己的超语言学。他认为:"语言起源于社会性的相互影响和斗争,语言的意义总是和它的使用联系在一起的。其次是用语言运作作为一种更为强调互动和应答的观念去替代传统的语言交往传播模式。"③ 这强调对于语言的研究,需要在语言的使用过程中去研究,语言体系的运行是互动的,且具有社会意义。

(四) 关于福柯的话语理论研究

法国哲学家米歇尔·福柯同巴赫金一样,是从话语的实践意义上来阐释和解读语言或话语。只是相较于巴赫金所关注话语的"对话性",福柯更加关注话语的"控制性",关注话语如何与权力相结合,以及话语如何在现实社会这一空间中发挥其控制作用。正如萨拉·米歇尔指出,在福柯这里,"话语是一套拥有制度化力量得到认可的陈述,这意味着话语对个人的行为和思想有着一种复杂的影响和渗透"④。

首先,在话语与权力的关系上,福柯认为话语受权力制约的同时又会带来权力。他提出:"在每一个社会,话语的制造是同时受到一定数量程序的控制、选择、组织和重新分配的,这些程序的作用在于消除话语

---

① [苏] 巴赫金:《诗学与访谈》,白春仁、顾亚铃等译,河北教育出版社 1998 年版,第 242 页。

② [苏] 巴赫金:《周边集》,李辉凡、张捷、张杰、华昶等译,河北教育出版社 1998 年版,第 411 页。

③ Janet Maybin, "Language, Struggle and Voice: The Bakhtin/Volosinov Writings", In Margaret Wetherell and Simeon Yates (eds.), *Discourse Theory and Practice: A Reader*, London: The Open University Press, 2001, p. 94.

④ Sara Mills, *Discourse*, London and New York: Routledge, 2004, p. 55.

的力量和危险,控制其偶发事件,避开其沉重而可怕的物质性。"① 这表明话语的生产是受到权力和社会体制的制约,话语本身受制于权力又生产权力。其次,关于话语如何开展并发挥其权力控制作用的问题,福柯认为"话语之外一无所有"。在现实社会中,有意义的实践是在话语中进行构建的,在一个社会中到处存在着话语权力对主体的控制。"我们生活在一个符号和语言的世界……许多人包括我自己在内都认为,不存在什么真实事物,存在的只是语言,我们谈论的是语言,我们是在语言中谈论。"② 也就是说,人们所处的世界是由各种反映着现实的话语充斥着,人们在话语的世界中认识世界,在话语的世界中与他人对话,从而受到话语的控制进行着一切的社会实践。但福柯同时也指出:"哪里有权力,哪里就有抵制。"③ 他提出了四个原则的策略来反抗话语控制,即"反向原则""断裂性原则""特殊性原则""外在性原则"。④ 总体而言,就是通过以上原则来看清话语背后的意识形态价值,从而对价值立场相反的话语进行抵制,进而使主体摆脱前置话语的控制。

综上所述,西方的话语理论发展从索绪尔到福柯,经过了由"语言"范式向"话语"范式的语用学转向,从最先纯粹地关注语言的生产和内在结构到话语交流和表达规律、话语效果等问题再转向到关注话语背后的深层次问题,即关于话语与权力、话语与身份认同、话语与意识形态安全等。而这些也开始成为话语研究的热点。这启示我们面向新时代,话语体系的构建不仅仅要从话语本身的构成出发,还应从话语体系构建的目标价值视角出发,从在预先设定"果"的基础上,分析话语构建的"因"。同时,还应以更加开放的姿态看待西方话语构建的基本观点和现实逻辑,使其能够为马克思主义中国化话语体系的构建所用。

---

① 许宝强、袁伟:《语言与翻译的政治》,中央编译出版社2001年版,第3页。
② Barry Cooper, *Mfichel Foucault: An Intruduction to the Study of HIs Thought*, Toronto: The Edwin Mellen Press, 1982, p.28.
③ [法]米歇尔·福柯:《性经验史》,佘碧平译,上海人民出版社2016年版,第69页。
④ 许宝强、袁伟:《语言与翻译的政治》,中央编译出版社2001年版,第20页。

三　研究现状评析

综观国内外研究成果，可以发现学术界对"话语""话语体系""马克思主义中国化话语"和"马克思主义中国化话语体系"等方面的研究较集中，并取得了较丰硕的研究成果，为进一步展开研究奠定了理论基础。但总体来说，目前对马克思主义中国化话语体系构建的研究尚处于逐步发展阶段，有待进一步深入和拓展。具体表现如下。

第一，研究的成果有待增加。在中国知网（CNKI）中检索可以发现，学术界分别对话语、话语体系、马克思主义中国化话语、马克思主义中国化话语体系进行探讨的文献相对较多，而关于马克思主义中国化话语体系构建的文章较欠缺，与此相关的专著也是鲜有所见。

第二，研究的内容有待深化。现有研究大多集中于增强马克思主义话语权面临的机遇、挑战和对策。然而，机遇研究多流于形式，挑战研究视角较单一，对策研究大多从理论上分析，缺少实践层面的案例分析和创新性研究，使得马克思主义中国化话语体系构建的研究停留在理论层面。因而，应通过对外传播、教学实践、网络活动等方面来分析、探讨话语体系构建的基本原则和现实路径，以总结和归纳马克思主义中国化话语体系的重要经验和当代价值。

第三，研究的视角有待拓宽。马克思主义中国化话语体系的构建涉及马克思主义理论、政治学、教育学、传播学、信息学等学科专业，而现有的研究成果多从传播学和政治学视角展开研究，从多学科借鉴开展的研究不足，使得马克思主义中国化话语体系构建的研究视角较单一。

第四，对策的可操作性有待增强。目前的研究成果较注重马克思主义中国化话语体系构建的意义和价值的研究，而在分析如何运用大数据技术，如何通过数据的采集、挖掘、分析、建模等方面的资料收集工作，以此来推动马克思主义中国化话语体系构建的研究却相对较少，使得研究成果在实际应用层面的可操作性不强。

第三节　研究重难点与创新点

一　研究重难点

本书的研究重点和难点主要是梳理、探究和阐释马克思主义中国化话语体系构建的历史进程、现实路径和重要经验。具体来说包括以下三个方面。

一是梳理马克思主义中国化话语体系构建的历史进程。包括话语内容上的百年转向,以及不同历史时期话语体系生成和构建的呈现特征与发展方向。这一部分需要对马克思主义和马克思主义中国化的基本概念与理论有系统性的理解,才能够对话语内容上的更新和改进深入研究。除此之外,还需要大量阅读和整合有关马克思主义中国化发展史和中国共产党历史的文献,从而在国家发展的整体布局下,客观而准确地分析话语内容中具有时代特色的部分,以及马克思主义中国化话语体系构建中符合时代发展的部分。

二是探究马克思主义中国化话语体系构建的现实路径。包括如何更好地突出话语内容的思想性、增强话语表达的认可度、扩大话语传播的影响力、完善话语体系构建的一系列保障机制,提高话语体系构建的实效性。这一部分不仅仅需要再次整合和归纳前面一部分的文献资料,从而挖掘话语体系构建历史过程中所提供的经验启示,同时还需要阅读语言学、传播学等其他有关领域的相关文献,从而对话语体系构建的外在因素有所涉猎,以及对新时代国际国内的形势进行准确把握,从而科学把握符合社会主义发展方向、中国现代化建设需求的话语体系构建的当代价值。

三是归纳马克思主义中国化话语体系构建的重要经验。中国共产党成立百余年来,马克思主义中国化话语体系的构建与中国共产党领导人民进行的伟大奋斗同向同行,在坚持马克思主义的指导地位、巩固中国共产党的领导地位、坚持人民至上的价值取向、突出中华优秀传统文化的独特优势、抓住时代发展的重要机遇、讲好中国故事的实践智慧等方面不断创新发展,积累了宝贵的历史经验。这一部分需要对马克思主义中国化话语体系构建的经验启示进行概括、归纳和总结,既是本书研究的重点,也是研究的难点。

二 研究创新点

本书研究的创新点主要体现在：

第一，从马克思主义中国化的历史进程中对比马克思主义中国化话语内容上的更新与演进，按不同的时代主题，将马克思主义中国化话语体系划分为以"革命、建设、改革和复兴"四大主题为核心的话语群。结合马克思主义中国化话语体系四大话语群在文本内容上的现实演变状况，以及在不同阶段的基本特征与发展方向，将马克思主义中国化话语体系的百年历程划分为外源与内生、调适与重塑、继承与发展、创新与完善四个阶段。

第二，结合马克思主义中国化话语体系构建的百年历程、新的时代变化和国家发展需要等方面的因素，探讨马克思主义中国化话语体系构建的现实路径。主要从话语内容、话语表达、话语传播、话语保障四个维度，对马克思主义中国化话语体系的构建提出符合实际情况和现实需要的有效策略和具体举措。

第三，结合中华民族伟大复兴战略全局和世界百年未有之大变局的国内外发展形势，探讨马克思主义中国化话语体系构建的当代价值，并从推动马克思主义中国化话语体系的创新发展、丰富马克思主义理论的思想宝库、凝聚建设社会主义现代化强国的磅礴伟力、展现人类文明新形态的丰富内容、推进中华民族伟大复兴的历史进程等方面进行全面而系统的分析和阐述。

第四节 研究思路与方法

一 研究思路

本书的研究思路从马克思主义中国化时代化百余年发展史的视角出发，梳理马克思主义中国化话语体系构建的发展脉络，阐释马克思主义中国化话语体系构建的基本原则，再结合新时代国际国内形势的变化，探讨马克思主义中国化话语体系构建的现实路径，归纳马克思主义中国化话语体系构建的重要经验，阐释马克思主义中国化话语体系构建的当代价值，使其更好地服务于中国特色社会主义伟大事业。本书由导论和六章节组成。

导论。主要是对本书的选题缘由和意义、国内外研究现状、研究重难点及创新点、研究思路和方法等方面，对马克思主义中国化话语体系构建的相关内容进行分析和阐释，为后续研究打好基础。

第一章是马克思主义中国化话语体系构建的基础理论。主要是从整体性上对马克思主义中国化话语体系构建的基础理论进行阐述，包括马克思主义话语体系的相关基本概念、理论基础、内容构成和特征功能四个部分。

第二章是马克思主义中国化话语体系构建的历史进程。以马克思主义中国化发展的时代主题为出发点，将这一话语体系构建的历史脉络归纳为外源与内生、调适与重塑、继承与发展、创新与完善四个阶段，梳理百余年来不同历史时期马克思主义话语内容的更新演变以及话语体系的发展状况。

第三章是马克思主义中国化话语体系构建的基本原则。主要包括坚持历史考察与逻辑分析相统一、坚持文本研究与现实观照相统一、坚持实证调查与解决问题相统一、坚持理论创新与实践发展相统一。

第四章是马克思主义中国化话语体系构建的现实路径。本章结合当前客观实际，主要从话语内容的思想性、话语表达的认可度、话语传播的影响力、话语保障的实效性四个方面，阐述马克思主义中国化话语体系构建的现实路径。

第五章是马克思主义中国化话语体系构建的重要经验。主要包括坚持马克思主义的指导地位、巩固中国共产党的领导地位、坚持人民至上的价值取向、突出中华文化的独特优势、讲好中国故事的实践智慧等方面。

第六章是马克思主义中国化话语体系构建的当代价值。主要包括推动马克思主义中国化话语体系的创新发展、丰富马克思主义理论的思想宝库、凝聚建设社会主义现代化强国的磅礴伟力、展现人类文明新形态的丰富内容、推进中华民族伟大复兴的历史进程等方面。

二　研究方法

（一）文献研究法

本书主要参考的文献有马克思主义与马克思主义中国化时代化的部

分经典文献；涉及马克思主义中国化时代化的相关理论和话语演变历史等相关学术文献；中国共产党有关马克思主义中国化时代化研究和阐述的相关重要文件、报告讲话等政策性文献；国内外学者关于话语构建的相关理论的学术文献。通过对这些相关文献的研究分析，掌握马克思主义中国化话语体系构建的基本理论和研究现状，为本书的研究奠定理论基础。

（二）史论结合法

本书关于马克思主义中国化话语体系构建的历史进程、现实路径和重要经验的研究，涉及不同阶段、不同时期的历史演进和发展变化的对比。这就需要把握中国特色社会主义的建设逻辑、特点规律，将马克思主义理论、马克思主义中国化时代化的学术话语与中国实践话语、世界时代话语相结合，并在这一结合的基础上进行分析探究，从而确保马克思主义中国化话语体系的构建既一脉相承又与时俱进。

（三）比较分析法

在搜集和查阅大量的马克思主义经典文献和马克思主义中国化话语演进的相关文献基础上进行比较分析，从而挖掘马克思主义中国化话语在概念、范畴和表述上的更新和拓展。同时，对中国共产党成立以来的革命、建设、改革和新时代四个不同时期的中国实践话语和中国特色社会主义话语的演变状况进行比较研究，找到各阶段在话语主题和内容上的共同点与相异点，在此基础上进行选择借鉴、分析综合和整理归纳，从而对马克思主义中国化话语体系构建的历史进程进行较为系统且深入的梳理和分析。

（四）归纳演绎法

本书的研究涉及马克思主义理论、政治学、教育学、语言学、传播学等多学科的理论知识。由于马克思主义中国化话语体系构建在新时代所面临的新境遇，包括世界百年未有之大变局带来的国际环境下话语权的争夺问题，互联网的快速发展给话语传播体系所带来的机遇与挑战，以及全面建设社会主义现代化国家的新征程。这些对马克思主义中国化话语体系的构建提出了新目标、新要求和新任务。为此，本书需要综合运用多学科知识，对马克思主义中国化话语体系构建的相关论域进行归纳演绎和综合研究。

第一章

马克思主义中国化话语体系构建的基础理论

对于马克思主义中国化话语体系的研究，需要从"话语"本体意义展开而进行探讨。需要对话语的相关基本概念进行界定，即对话语、马克思主义话语、马克思主义中国化话语体系的解读，解决"是什么"这一基本问题。同时，马克思主义中国化话语作为一个体系化的概念，还需要对其进行整体性解读，即对其构建的理论基础、内容构成和功能特征进行阐释，概述其遵循哪些理论而生成、如何对中国社会发展作出贡献、具有哪些基本结构和特征功能。只有准确把握上述相关基础理论，才能更好地在后续研究中对马克思主义中国化话语体系构建的历史进程、现实路径、经验启示进行阐释。

第一节 马克思主义中国化话语体系的基本概念

"话语"是人类进行思想交流的重要载体，承担着传承人类文明的重要使命。伴随着中国逐渐崛起的现实状况，中华文明也在世界范围内得到广泛的关注，相应地作为承载和传播中国智慧的话语体系也必须得到重建和拓展。而在中国特色话语体系的构建之中，核心便是构建马克思主义中国化的话语体系。为此，需要了解与马克思主义中国化话语体系相关的基本概念，形成对马克思主义中国化话语体系的清晰认知。

一 话语及话语体系

关于"话语"这一概念的解读，主要有三个视角的阐释。第一，从词源视角进行解读。在古汉语中，话和语一般分开用，前者是指言语、谈论和告谕，后者指与人谈论。而在英文中"discourse"既指口头交谈，也指书面著述。① 从这一意义上来说，话语的特点是要具备一定的语义内容，以及具有能够被人在社会交往和思想传递中所使用的价值。第二，从语言学视角进行解读。语言学主要是从本体论视角对话语如何产生、话语内容的组合、话语使用中的隐含主体和意义等话语内在规律的研究。索绪尔对语言和话语进行了区分，他认为语言是言语机能的社会产物，言语只有置于语言系统中才能获得意义，从这个意义上来说言语是实践性的，而语言则是系统性的，只有掌握系统性的语言才能进行言语这一社会行为。② 从这一意义上，话语更多的是一种工具性、符号性的意义，其本身在使用过程中的组合性规律，就是对话语工具或符号的使用说明。第三，从社会科学的视角进行解读。马克思和恩格斯指出："语言是一种实践的、既为别人存在因而也为我自身而存在的、现实的意识。"③ 话语本质涉及现实的人的实践参与和意识的生成，其语义现实来源于人的社会实践，其使用主体是现实的人，以及话语本身在使用、传递和表达中，所彰显的主体思维和逻辑的发展规律。

关于"话语体系"这一概念的界定，当前还处于不断深化的阶段。有学者将话语与话语体系内在地等同起来，强调在宏观上"话语"本身就是完备的体系，话语体系是话语的延伸，他们认为只是在不同领域和不同学科等的划分和规范下，才形成了具有不同逻辑规则的话语体系。比如，吴汉全从"本体论"视角对话语体系进行解读，对话语体系的性质和范畴进行了界定，提出话语体系是以"话语"为基本单元并进行构建的逻辑谱系及思想体系。④ 话语体系的本质，从性质上而言，仍然是具有逻辑性的语言的集合体。从范畴上而言，任何话语都是范畴和概念的衍生物，其具有高度的社会性。话语体系本身也就是范畴体系，只不过

---

① 黄力之：《70年中国话语构建的历史走向（1949—2019）》，上海人民出版社2019年版，第1页。
② 刘晗：《从巴赫金到哈贝马斯——20世纪西方话语理论研究》，西南交通大学出版社2017年版，第3页。
③ 《马克思恩格斯选集》第1卷，人民出版社2012年版，第161页。
④ 吴汉全：《话语体系初论》，人民出版社2021年版，第12页。

是在不同的使用背景下,生成了呈现不同意识形态和价值意蕴的概念范畴,而范畴本身归根结底仍是历史性和意识性的产物,是来源于现实的人的产物,因而话语体系作为范畴体系是人的社会关系的反映,是现实的具体的人的观念的衍生物。

综上可知,话语是在人类历史和现实的社会实践中所产生的,有一定的思想意识和逻辑规律的,能够为人类所使用的进行社会交往、思想交流和文明传递的口头或书面符号。而话语体系的核心构成就是"话语"本身,因而对于其界定应该包含话语本身所具有的语义内容和使用价值,同时话语体系本身作为一种系统化的结构,又不单单具有"话语"的本义,还具有结构化的特征,即话语的表达、传播、形态、意识形态偏好等内容。从这一意义上来讲,话语体系是作为话语本身的延伸,其既包含话语内容本身,又包含使用话语的一系列内外在限制,包括词汇、语法、物质媒介等等,是能够为人类认识世界所提供的一种解释框架。

改变世界的前提是认识世界。合理有效的解释框架是人类在认识世界过程中的一种认知输出,有时即使有了正确的认识,一旦解释过程中产生了偏差,那么改造世界的行为就可能产生偏差,而这一偏差导致的结果可大可小。伴随着多种认知之间的交替输出,有时即使是错误的认识,也可能最终产生正向的演变,从而推进改造世界的进程。面对当前的百年未有之大变局,任何认知差异都可能引起巨大的理论创新和实践变革。对此,中国要正确辨别时代大势,精准对接机遇和挑战,不断推进民族复兴伟大进程。基于此,推进话语体系这一解释框架构建的任务,就显得更为重要与紧迫。

二 马克思主义话语

历经百年余演变,马克思主义话语不断发展和延展,包括国外的马克思主义、中国化的马克思主义以及其他多元维度进行解读的马克思主义话语,从而形成了多元化的马克思主义话语内容。但在这一历程中,有一部分话语内容存在偏离马克思主义核心要义的思想倾向。鉴于此,对马克思主义话语的内涵界定,单纯地指向以马克思、恩格斯等人为主的经典马克思主义话语,并基于文本出发对这一话语的本质进行概括和归纳。

第一，马克思主义话语是具有唯物史观性质的话语。任何学科的话语体系在提炼其内核以后，归根结底要回归到认识论的问题上来，回归到哲学的世界观和方法论之中，因而对于话语体系的性质界定也需要从这一观念入手。马克思主义以前的哲学世界观往往是以经验解释世界，比如英国的唯物论和法国的唯理论，这些认识形态即使在名称和内容上有所差别，但从解释框架的视域出发，都是一种经验论的解释框架。而古典哲学的唯心论，以黑格尔为代表，认为"所谓的'绝对观念'的概念辩证法解释世界，是一种辩证法解释世界的框架"①。马克思主义话语也具备辩证法解释世界的框架，但是不同于这一唯心主义的概念辩证法，马克思主义话语是基于历史和现实出发，进而是以辩证法为思维工具进行解释的话语。

第二，马克思主义话语是以马克思主义基本观点为内容的话语。如果说唯物史观是马克思主义话语的内在属性，那么马克思主义在哲学、政治经济学和科学社会主义三大部分的基本观点则是马克思主义话语的核心。其中哲学部分虽然规定了话语的内在属性是唯物史观的，但哲学在作为方法论的同时亦是世界观，其作为世界观的部分也属于现实的话语内容，而非抽象的话语属性。政治经济学部分则从人的生产出发，揭露了政治与经济领域间的必然联系，这部分也是具象化揭示现实规律的话语内容。科学社会主义作为马克思主义的重要组成部分，直接指明了社会变革的具体路径，因为马克思、恩格斯的思想从一开始就与空想社会主义者相区别，他们从始至终强调实践性的社会革命，因而这一部分虽然有对人类社会未来的畅想，但明显也不是虚幻的，而是具体现实的话语内容。

第三，马克思主义话语是具有阶级属性的话语。虽然马克思、恩格斯指明话语本身不具有阶级属性，但马克思主义话语本身却具备阶级属性。任何话语的产生都具备一定的时代语境和历史语境。马克思、恩格斯所处的时代是资本主义大发展的时代，而资本主义经济在经过一阵的大繁荣后，便又出现了经济的大衰退。马克思、恩格斯从人类社会发展

---

① 韩庆祥：《哲学视域的21世纪马克思主义与理论话语权》，《阅江学刊》2022年第2期。

的宏大视野出发,预见性地指明了资本主义必然灭亡,提出了全人类解放的事业落在了广大的无产阶级身上,落脚在未来的共产主义。他们提出资产阶级"作为思维着的人,作为思想的生产者进行统治,他们调节着自己时代的思想的生产和分配"①。他们看到了思想和话语在资产阶级统治中的关键作用,因而他们亦要赋予无产阶级以话语和思想这一统治阶级的工具,进而实现共产主义。可见,马克思主义话语具有明显的阶级属性。马克思主义话语的产生、发展和使用都非资产阶级所统治并占有,而是为广大无产阶级所占有和发展,为全世界的解放者所有,其话语权理应掌握在无产阶级手中并为无产阶级所服务。

综上所述,马克思主义话语是以唯物史观为内在属性,以马克思主义哲学、政治经济学和科学社会主义为核心内容的,能够为无产阶级解放全人类的革命事业所服务的且具有阶级属性的话语。

三 马克思主义中国化话语体系

话语、马克思主义话语、马克思主义中国化话语与马克思主义中国化话语体系四者之间相互联系,因而对马克思主义中国化话语体系进行界定时,应在话语、马克思主义话语、马克思主义中国化话语这三者概念的基础之上,找出其独特的价值属性和生成机理。

第一,马克思主义中国化话语是融合唯物史观和中国哲学思维性质的话语。作为既继承马克思主义话语内核又具备中国特色的话语,马克思主义中国化话语的生成一方面内在包含唯物史观的方法论,另一方面也具有中国传统的哲学思维。比如,马克思主义话语思维是唯物辩证法,即客观看待事物的总体发展,从客观社会中找到条件进行实践,其目的是解决矛盾。中国传统哲学思维虽也具有唯物史观的部分特性,但也有其独到之处。中国哲学既内在地具有西方哲学的理性,追求真理,同时亦强调天赋的人性,追求和谐。这两种哲学思维存在融通之处,从而能够相互协调,彼此互补,而这所构成的独特思维逻辑便成为马克思主义中国化话语的内在属性。

第二,马克思主义中国化话语是以马克思主义中国化时代化成果为

---

① 《马克思恩格斯选集》第 1 卷,人民出版社 2012 年版,第 179 页。

核心内容的话语。作为历史悠久的文明古国之一，中国话语由来已久，但这一话语并不等同于马克思主义中国化话语。这是因为它是建立在以中国单一本体为中心而来的话语。这并不是说近代以前的中国话语没有其他文化融合，而是在某种意义上其是封闭的、单一的。马克思主义中国化话语则是一种真正开放的话语，它以中国传统智慧来诠释马克思主义，同时具备了开阔的世界视野和本源的民族视野，是既符合人类现代社会发展，又符合中华民族复兴实践需求的话语内容。在这种基础上所形成的独特的中国智慧能够为世界所认可，是一种开放性的现代化思维的话语。

第三，马克思主义中国化话语是具有意识形态属性的话语。话语作为由人所创造、由人所使用、由人所变化的符号和工具，其产生和使用必然具有一定的价值立场。而这一立场从当前的世界形势来看，本质就是意识形态的对立与争夺。马克思主义中国化话语虽然是真正开放的话语，但是从其内在属性和核心内容上看，仍然是立足于中国文化、中国实践和中国经验的，仍然是服务于中国人民和中华民族的，因而在对这一话语进行内涵阐释时，必须指出它是具有社会主义意识形态的，是站在中国人民立场和呈现中国特色的话语。

综上所述，马克思主义中国化话语是从马克思主义话语中萌发，从中国的现实问题脱胎而出，汲取中华民族的文化底蕴，立足中国人民的价值立场，彰显中国人独特的思维特征的话语。而马克思主义中国化话语体系则是内在地综合马克思主义话语、马克思主义中国化话语和多元文明智慧话语内容，外在地囊括中国特色的话语表达、话语传播等要素所构成的，为实现中华民族伟大复兴和推进人类文明共同进步，具有先进性与科学性的体系架构。

概而言之，马克思主义中国化话语体系是以马克思主义作为生成方法论和思想导向，以中国实践为内容根基，以中国式独特表达为外在表征，以多样和广泛的传播为实现路径的体系架构，是综合内在的话语内容和外在的话语表达、话语传播所构成的集合体。

第二节 马克思主义中国化话语体系的理论基础

话语体系的构建并非凭空而来，且话语本身是基于一定的思想和文化底蕴而产生的，话语体系的运行也具有内在的逻辑规律。因而，要构建更加系统有效的话语体系，需要遵循一定的理论基础，这是科学构建话语体系的必要前提。基于此，马克思主义中国化话语体系的构建需要遵循马克思主义经典作家的话语理论、中国共产党人关于话语体系构建的相关论述和习近平关于话语体系建设的重要论述的指导。

一 马克思主义经典作家的话语理论

马克思主义作为马克思主义中国化话语体系构成的根基，不仅为马克思主义中国化话语体系提供了重要的话语文本内容，也为马克思主义中国化话语体系的构建提供了重要的理论指导。马克思主义作为蕴含着人类社会发展规律的宏伟理论，也内含了对人类语言的生成逻辑和价值意蕴的基本认知，特别是围绕语言对人类社会发展所起的现实作用进行了深刻阐述，这对构建马克思主义中国化话语体系具有重要指导意义。

（一）话语的生成来源是社会生活

现实的社会生活是马克思主义全部思想的起点。马克思、恩格斯指出："不是意识决定生活，而是生活决定意识。"[1] 列宁也认为："秩序、目的、规律不外是一些词，人用这些词把自然界的事物翻译成自己的语言，以便了解这些事物；这些词不是没有意义的，不是没有客观内容的。"[2] 这进一步完善了马克思、恩格斯的观点，强调语言本身作为人们感知、想象、思维等的外在表征，作为人们精神交往的重要媒介符号，其产生是基于一定的物质性，这里的物质性并非指话语本身是一种物质实体，而是指在话语生产的意义上，物质具有决定性。

马克思主义认为人与猿猴的区别在于手脚分化后所造成的不同劳动，

---

[1] 《马克思恩格斯选集》第1卷，人民出版社2012年版，第152页。
[2] 《列宁选集》第2卷，人民出版社2012年版，第116页。

这种不同的劳动导致了人类大脑的高度发展，从而演变出了不同发音的言语。从这一视角而言，话语的发声是建立在人类器官这一物质基础上的。同时，马克思主义也指出话语的内容本身就是社会生活的呈现，任何话语都展现了人类社会的一切真实。即使是一些看似虚幻的、想象的话语，其仍是基于现实的社会生活经由人类思维进行编译而成的，其背后反映的不过是遮掩过后的真实世界。另外，新的话语的产生是建立在新的社会生产生活的需要之上。尽管人类社会从大方向上看是具有内在的历史规律性，但世界各地社会生产和发展的阶段并不同步，因而具有不同的发展需求。再加上由于世界各地间不同的自然环境基础产生了不同的文化和文明，从而产生了具有不同发音和结构的语言。但这些新的话语归根结底仍是指向人类对社会生活的新需要和新思考。上述内容深刻指明了马克思主义对话语"是什么"这一本质的基础问题的认识，强调不管是话语本体构建还是话语内容的生成，都是基于现实社会生活中所存在的，包括人类本身、自然生态和现实社会的一切。

（二）话语的价值主体是人民群众

唯物史观指明人民群众是整个人类历史和现实的创造者，话语作为社会现实的反映，撇开绝对个人的话语，就整体来说，话语的价值主体是人民群众。但这并非意味着资本主义所强调的英雄史观中的精英和天才并不是话语主体。马克思主义从未否认杰出人物的极大作用，反而十分注重领袖人物的话语对现实社会所产生的极大影响。同时，马克思主义清晰地指明了精英、天才等少部分人亦是产生于人民群众，杰出人物的先进思想和由此产生的一系列话语并非凭空而来，而是在人民群众历史的、现实的实践中产生的。但由于人类社会发展过渡阶段中常常存在新旧交替上的冲突，因而过往能够在话语权上代表和反映出人民群众利益的杰出人物和领袖人物，也可能在社会发展的阶段交替中存在话语落后的现象，从而导致话语的价值立场的偏移，话语脱离群众并在历史潮流中慢慢淹没。基于此，马克思主义科学回答了话语"由谁说""为谁说"的问题，指出要让理论为人民群众所掌握，为代表人民利益的统治阶级掌握。任何理论最终会通过话语表达出来，因而作为统治阶级的无产阶级既要站稳人民的价值主体地位，又要尊重人民的话语主体地位，让人民在掌握理论之后，还能拥有真正的权利进行话语表达。同样，马克思、恩格斯指出："思想根本不能实现什么东西。为了实现思想,就要有使用实践力量的人。"① 任何话语的表达都不是凭空而来的,而是为了实现一定的目的,这指明了话语领域的革命亦是社会革命的一部分,话语价值立场上的转换会带来社会现实的变革,从这一意义上来讲,话语的价值本位理应立足于"实现全人类的解放"。

(三) 话语的阶级立场是无产阶级

话语不等同于语言,马克思主义强调语言本身是没有阶级立场的,它是一切现实的人对现实社会的现实呈现。但这并不意味着话语无意识形态倾向,人类社会本身就存在着阶级划分,这是必经的社会阶段。同样,话语作为人的思想呈现,必然具备一定的阶级立场和意识倾向。马克思、恩格斯指出："任何一个时代的统治思想始终都不过是统治阶级的思想。"② 在这一意义上,一个时代的主流话语也必然是统治阶级所掌握的话语,或者说是统治阶级有意识所传递的话语,而统治阶级的利益正是在掌握具有意识形态话语权的过程中实现的。这表明马克思从未否认话语所具有的阶级属性和意识形态倾向。伴随着阶级社会的出现,必然需要有一定的话语服务这一现实的人类社会生活,因而此时就出现了具有阶级属性的话语。可见,马克思主义从现实出发指明了语言本体不存在阶级性,但也明确指出当前阶级话语是现实存在的。马克思主义揭示了人类社会发展规律,强调只有无产阶级是站在人民群众的立场之上,要让话语现实地回归人民手中,就必然要使无产阶级拥有自己的特殊话语和话语权,因而马克思主义者在话语上也必然具有无产阶级的意识形态倾向。到了未来的共产主义社会,不再存在国家和阶级对立,那么话语也会回归其本身的禀赋,不再表现出阶级属性。同时,话语权也将回归全人类,话语本身也将实现更加自由而广泛的发展。

二 中国共产党人关于话语体系建设的相关论述

马克思主义中国化的过程便是中国共产党领导中国人民建设社会主义国家的过程。马克思主义中国化话语是中国共产党领导人民推动理论

---

① 《马克思恩格斯全集》第2卷,人民出版社2005年版,第152页。
② 《马克思恩格斯选集》第1卷,人民出版社2012年版,第420页。

本土化、民族化进程的必然产物。由此可知,中国共产党人的理论创新和社会实践进程直接影响着这一话语体系的构建成效,其对话语体系的构建具有重要指导意义。

(一) 坚持党对话语体系构建的领导

话语体系作为客体,对其研究和构建必然要有一个主体。从话语本身的视角来看,话语的诞生来源于现实的人的实践。而对于一个国家和一个民族而言,话语权则属于某一统治阶级,因而话语体系构建便需要坚持能够代表广大人民利益的中国共产党的领导。毛泽东在谈论《党委会的工作方法》中强调:"党委各委员之间要把彼此知道的情况互相通知、互相交流。这对于取得共同的语言是很重要的",部分高级干部"在马克思列宁主义的基本理论问题上也有不同的语言,原因是学习还不够"[1]。这充分表明中国共产党党内对话语统一的高度重视,而马克思主义便是指导中国实践的共同语言。中国共产党党内要充分学习这一理论,充分运用这一理论,同时在党中央的统一意志下实现新的符合中国实际的话语构建,形成新的共同语言。邓小平也强调要加强"党对思想战线的领导",这体现了中国共产党在主流话语内容的生成和传播上的绝对领导,以及对话语权的绝对把握。正是在中国共产党的绝对领导下,在中国社会发展过程中,党中央能够实现全体人民在思想和行动上的绝对一致,从而推动中国社会的快速变革。新时代,必须进一步加强中国共产党对全面建设社会主义现代化国家的坚强领导,坚持党领导和组织广大人民群众共同投入中国式现代化以及马克思主义中国化话语体系构建的过程之中。

(二) 坚持中国实际与马克思主义的融合

各民族都有其独特的文化底蕴。马克思主义虽与中国的思维模式相契合,但是中国共产党人在运用马克思主义的过程之中,始终强调要坚持联系中国实际来运用马克思主义,理论创新和话语转化的过程中也始终如此。毛泽东提出的"实事求是"、邓小平的"解放思想"等便是将中国实际与马克思主义相融合进行话语转化的典型。而这一融合主要有两方面的内涵:一是指要突出解决中国问题的话语构建导向。毛泽东指出:

---

[1] 《毛泽东选集》第四卷,人民出版社1991年版,第1441页。

"马克思列宁主义的伟大力量,就在于它是和各个国家具体的革命实践相联系的。对于中国共产党说来,就是要学会把马克思列宁主义的理论应用于中国的具体的环境。"① 在改革开放进程中,邓小平也意识到面对中国社会发展这一崭新的社会实践,需要有新的理论指导,给人民大众以新的思想引导,要不断更新话语内容。他指出要"在尽可能短的时间里陆续写出并印出一批有新内容、新思想、新语言的有分量的论文、书籍、读本、教科书来"②。通过广泛的话语传播,使反映中国实际、解决中国问题的新话语内容能够被广大人民群众所认可,进而更好地发挥这些新话语内容指导实践的现实作用。二是指要避免将马克思主义话语教条化、形式化地套用于中国实际。邓小平指出:"语言听习惯了,对事物的感觉就迟钝了,考虑问题就马虎了。有点新的语言,新的感觉,比较好。"③这指明马克思主义作为系统完整的科学理论,在理解运用的过程中往往容易陷入对其绝对信服的状况,从而不分辨具体状况而习惯性地照搬和使用它。对此,将马克思主义与中国实际相结合,就要避免话语上的直接套用,而应根据中国社会发展的具体状况生成新的话语,以新话语不断拓展和完善马克思主义的话语内容,最终形成中国特色的理论体系、学科体系和话语体系。

(三) 坚持话语构建的人民至上导向

中国人民近代以来受到的压迫剥削,导致人民群众在话语上的不自信,往往出现有话不敢说、有话不愿说、有话不能说的窘境,人民群众的真实意愿被各强势阶级和势力所掩盖。但历史也充分证明,不以人民为导向的话语所产生的舆论效应和所带来的现实影响,是与人类社会的发展规律相悖的,真正行之有效的话语必然是根植于人民群众的话语,必然是反映人民群众利益的话语。为此,需要加强话语构建中的人民至上导向,让人民群众了解到最新的话语内容,愿意产出新的话语内容。中国共产党关于话语构建的人民至上的理念主要表现在:第一,强调语言的统一性,即新中国成立初期对普通话的推广。党中央强调,"语言是

---

① 《毛泽东选集》第二卷,人民出版社1991年版,第534页。
② 《邓小平文选》第二卷,人民出版社1994年版,第180页。
③ 《邓小平文选》第一卷,人民出版社1994年版,第332页。

交际的工具,也是社会斗争和发展的工具"①,要使用统一语言,解决日常交流和书面表达上的语音和语法差异,通过语言的统一,实现思想传达上的统一,以更好地服务社会主义事业。第二,强调话语内容构建的大众化。毛泽东在针对"党八股"的问题时指出:"我们是革命党,是为群众办事的,如果也不学群众的语言,那就办不好","没有和人民群众接触过,语言不丰富,单纯得很"。② 这指明了没有人民群众的生活和情感融入的话语,是"无味"的话语,只有深刻联系人民利益的话语才是"丰富"的话语。此外,在政治话语上也要讲人民听得懂的话语,只有人民深入理解党的政策方针,才能听从指挥、真心诚意地去开展实践,最终实现党与人民的万众一心,实现民族复兴。第三,强调话语宣传的接地气。毛泽东指出:"共产党员如果真想做宣传,就要看对象……否则就等于下决心不要人看,不要人听。"③ 这里的"对象"既指工人、农民,也指商人、学者等,但这些对象都是人民。要宣传人民想要知道的内容、人民需要的内容,就要以人民生活化的话语表述进行宣传,以人民的生活化的话语解读政策和理论,让政策和理论生动体现人民意志。如若不然,所有的宣传话语都是一句空话,宣传工作的开展也是无效的,更何谈其所产生的现实效益。

三 习近平关于话语体系建设的重要论述

新时代以来,伴随着国际国内形势的重大变化,以习近平同志为核心的党中央提出了一系列兼具理论性、实践性和艺术性的新话语、新表达,充分展现了中国话语特色。党的十八大以来,习近平明确提出要构建体现中国特色、中国风格、中国气派的话语体系,并提出一系列关于话语体系构建的重要论述,为新时代马克思主义中国化话语体系的构建指明了方向、提供了指南。

(一) 明确话语构建的时代主题

任何话语体系皆是在既定的时代下形成和发展而来的。各个时代下

---

① 中共中央文献研究室编:《建国以来重要文献选编》(第八册),中央文献出版社1994年版,第114页。
② 《毛泽东选集》第三卷,人民出版社1991年版,第837页。
③ 《毛泽东选集》第三卷,人民出版社1991年版,第836页。

社会的各个方面，都会对人的思想和行为产生影响，继而对人们所产出的话语产生一定的影响，从而使这一时代的话语体系具备一定的鲜明特征。当前，中国已经进入了不同于以往以革命和斗争为主题的新时代，因而话语内容的生产也必然会围绕着新的时代主题，并表现出这一时代的诸多复杂特征。为此，习近平指出，"我国哲学社会科学应该以我们正在做的事情为中心，从我国改革发展的实践中挖掘新材料、发现新问题、提出新观点、构建新理论"①，这表明了话语体系建设必须要同"中国特色社会主义"这一主题紧密相连，将"我们现在正在做的事"通过话语符号展现出来，并对这些话语符号进行再次编译，使话语整体性地突出民族优势、体现时代视野、富有中国特色，从而使新的话语内容更容易被人民所领会、被世界所认可。此外，除了回应"中国特色社会主义"这一主题，话语体系作为中国智慧、中国形象的展示，还必须以回答世界之问为目标进行构建。比如，中国传统的话语表达往往内敛而含蓄，而西方传统的话语表达则更为外露而开放。如果不关注世界之问，单纯地将中国传统思维下的马克思主义中国化话语倾倒式地传递给世界人民，这种话语要被理解就存在一定的困难。正如习近平所指出的："要注重把握好基调，既开放自信也谦逊谦和，努力塑造可信、可爱、可敬的中国形象。"② 他强调抓紧时代主题，既注重中国特色又注重世界联系，把握话语传递主基调，提升马克思主义中国化话语的认可度。

（二）明确话语构建的主体力量

话语生成必须坚持人民立场，话语体系构建必须坚持中国共产党的全面领导，坚持发挥人民主体力量。早在抗日战争时期，毛泽东就深刻地指出，"共产党提出的使各界人民都有说话机会"③，强调人民群众在话语权上的主体地位。在党的二十大报告中，习近平指出："人民性是马克思主义的本质属性，党的理论是来源于人民、为了人民、造福人民的理论，人民的创造性实践是理论创新的不竭动力。"④ 这表明马克思主义中

---

① 《习近平谈治国理政》（第二卷），外文出版社2017年版，第344页。
② 《习近平谈治国理政》（第四卷），外文出版社2022年版，第317页。
③ 《毛泽东选集》第三卷，人民出版社1991年版，第808页。
④ 习近平：《高举中国特色社会主义伟大旗帜 为全面建设社会主义现代化国家而团结奋斗——在中国共产党第二十次全国代表大会上的报告》，人民出版社2022年版，第19页。

国化话语归根结底也是人民的话语,中国共产党领导下人民群众的一切创造性实践是马克思主义中国化话语体系构建的现实来源。此外,话语体系构建要坚持党的绝对领导,强调党对人民思想价值观念上的引领,从而实现党和人民在话语上的协调一致。习近平指出,党要"引导我国人民树立和坚持正确的历史观、民族观、国家观、文化观,增强做中国人的骨气和底气"①。只有具备正确的话语导向,人民群众才能树立正确的价值观念。人民群众的话语才是真实的表达,反映了中国意志,而不是一种被西方价值理念牵着走的虚幻的中国话语。同时,党要重视集中人民智慧,吸纳人民群众的意见建议,特别是要从基层干部和群众代表中获取意见。习近平表示,基层干部"同群众联系最经常,对党的路线方针政策落地见效感知最真切,提出的意见和建议能够更加贴近基层实际、反映群众心声"②。他们的话语中既渗透着理论性,又同时具有人民生活话语中鲜活和接地气的部分,而这些恰恰是需要融入话语构建之中。

(三) 明确话语构建的思想精华

话语体系作为人类思想的外在表征,思想内核是其不可缺少的必要组成部分。话语体系的思想内核不仅仅来源于当前的社会生活,同时也会受到人类过往一切文明的影响。习近平指出:"中国人民的理想和奋斗,中国人民的价值观和精神世界,是始终深深植根于中国优秀传统文化沃土之中的。"③ 习近平也多次在各种国际大会的发言中巧用典故,所提出的一些新理论、新思想、新观点,诸如"一带一路""人类命运共同体"等等,都蕴含着中国传统文化的理念,运用了中华优秀传统文化中的相关概念和话语表达,这让中国话语得到国际社会的广泛关注。同时,习近平在强调对中华传统文化思想进行提炼和使用的过程中,也强调不能忽视对世界文明,特别是对部分西方理论的借鉴。马克思主义就其溯源来说属于西方哲学思维下的理论,但是由于其本身与中国文明的契合,

---

① 《习近平谈治国理政》(第一卷),外文出版社 2018 年版,第 162 页。
② 《习近平谈治国理政》(第四卷),外文出版社 2022 年版,第 58 页。
③ 习近平:《在纪念孔子诞辰 2565 周年国际学术研讨会暨国际儒学联合会第五届会员大会开幕会上的讲话》,《人民日报》2014 年 9 月 25 日。

以及其自身的科学性,再经过中国化的历史进程,成为了中国特色社会主义的指导思想。习近平指出:"对国外的理论、概念、话语、方法,要有分析、有鉴别,适用的就拿来用,不适用的就不要生搬硬套。"① 对于国外的话语不能一概排斥,也不能一概接受,要取其精华、去其糟粕,创造新的理论和思想成果,使其成为符合时代特征、具有科学性和实用性的话语体系构建的思想资源。

第三节 马克思主义中国化话语体系的内容构成

马克思主义中国化话语体系的内容构成,从狭义而言,其仍然是表达思想主张的文本内容。但从广义而言,作为独特的话语范式和解释框架,其内在地具有话语承载的主要内容,外在地还包括话语呈现的表达形式和话语传递的传播方式。而马克思主义中国化话语体系便是以马克思主义为核心导向、以中国实践为其内容根基、以中国式独特表达形式为其外在表征、以多元广泛传播为实现路径的体系架构。

一 马克思主义中国化话语的主要内容

马克思主义中国化话语蕴含着思想理论,但并不等同于思想理论,还包含着一切马克思主义中国化进程中的实践性因素,因而其话语内容既有系统性的理论成果,亦有零散性的实践表述和一定程度上的历史文化归附。但任何话语、任何思想归根结底都不能与社会现实相分离,其核心内容仍然是聚焦于时代主题之上。因而,根据马克思主义中国化的百年历史,以各历史阶段的时代主题为关键词,马克思主义中国化话语内容可分为"革命""建设""改革""复兴"等四个主题系列的话语。

(一)"革命"主题系列话语

"革命"主题系列的马克思主义中国化话语,主要生成于中国共产党诞生前后到新中国成立的一段时间。在这之后,虽然也有部分中国共产党人和学者以发展马克思主义革命理论和推动社会主义国家的革命事业

---

① 《习近平谈治国理政》(第二卷),外文出版社2017年版,第341页。

为目标进行了深入性、延续性研究，并生成了一些新时代下的"革命"主题话语内容，但这一系列话语的主要生成期仍是聚焦于新中国成立前的革命斗争时期。

"革命"主题系列话语的核心内容主要围绕实现中国的民族解放和社会转型而形成。十月革命胜利后，为寻求中国革命的正确道路，一批早期的知识分子掀起了广泛传播马克思主义的帷幕。他们通过对马克思主义的文本进行转译和传播，从而最早地生成了一批马克思主义中国化话语，如梁启超、朱执信、李大钊、陈望道等人都对《共产党宣言》这一经典文本进行过转译，生成了本土化的"权力阶级"（对等词"统治阶级"）、"平民阶级"（对等词"农民"）、"绅士"（对等词"资本家"）、"阶级竞争"（对等词"阶级斗争"）、"国民"（对等词"民族"）等话语，[①] 这些话语对马克思主义基本概念、范畴和表述进行了最初的话语本土加工，为后续话语生成提供了基础性的概念话语群。

中国共产党的成立，使中国革命有了正确的领导力量。随着革命斗争的不断开展，以毛泽东为核心的中国共产党人成为这一话语内容生成的主体。从"大革命"到"解放战争"，他们经历了"苏式"话语的影响和三次"左"倾错误，亦经历了根据地建设、长征和抗日战争的胜利，开辟了"新民主主义革命"为核心范畴的革命话语群。其主要内容包括："半殖民半封建"社会性质和"新民主主义"革命性质的新判断，这是对马克思主义"阶级社会"相关理论的话语实践；"农村包围城市，武装夺取政权""工农武装割据"的革命道路的新选择，这是对马克思主义"暴力革命""城市中心论"的新发展；"实事求是""知行合一""两点论""重点论"，这是对马克思主义哲学话语的中国化转换；"两步走""枪杆子里出政权""统一战线""群众路线"等革命战略，这是对马克思主义政党理论和阶级斗争理论的新发展，以及更为具体的"实事求是"的哲学方法论、"整顿学风"的文艺理论等一系列的话语内容。

（二）"建设"主题系列话语

中国革命战争结束后，部分中国共产党党员和相关学者开始自觉进

---

① 陈红娟：《译介、争竞与创新：马克思主义中国化话语表达史研究》，《社会主义研究》2015年第1期。

行话语转向。他们对马克思主义的相关理论和实践的研究，逐渐从以往的服务于"革命"转向服务于"建设"。"建设"主题系列话语就在这一时期生成，特别是在国内肃反和"一化三改"之后有了明显的丰富，同时形成了与旧话语框架完全不同的话语框架。在毛泽东思想的正确领导下，在中国革命胜利的鼓舞下，此时这一话语生成的主体仍然是以毛泽东同志为主要代表的中国共产党人及其领导下的部分知识分子。

新中国成立前夕，面对即将开启的社会主义建设新阶段，党中央将工作重心由农村转移到城市，以平衡"革命"与"工业化"之间的关系。在这一背景下，生成了以"建设"为主题的马克思主义中国化话语。这些话语的主要内容包括：对"人民民主专政"的新中国国家性质的界定，这是对马克思主义"无产阶级专政"的新发展；"长期共存，相互监督""人民代表大会"的社会主义基本制度的创立，这是对传统政党体制和马克思主义科学社会主义的新发展；"合作社""和平赎买""计划经济""解放生产力""调动一切积极因素"等对社会主义改造和建设模式的新探索，这丰富和拓展了马克思主义经济学话语群；"百花齐放，百家争鸣"的社会主义先进文化的新发展，以及具体的关于"正确处理人民内部矛盾"形成了对社会主义发展规律的新探索和"三个世界"的国际形势分析等一系列的话语内容。

受当时国际环境的影响，特别是在"美苏冷战"状态下，社会主义与资本主义两种社会制度的对峙成为整个国际社会的主要状态。在国内，在继抗日战争后快速进入解放战争状态的影响下，中国人民心理上仍然笼罩着随时革命的思维。在1957年反右斗争后，党内在社会主义建设时期出现了急躁冒进情绪，后期更出现了"大跃进"运动，受"文化大革命""四人帮"的严重影响，致使国内经济社会发展出现困难局面。这对马克思主义中国化话语的继续发展带来一定的阻碍，虽然话语的本土化转换仍在不断推进，但部分话语内容却与马克思主义存在一定的偏离。

（三）"改革"主题系列话语

20世纪70年代，全国经历了真理标准问题的探讨和一系列平反活动。直至党的十一届三中全会后，以邓小平为代表的中国共产党人一方面扫清错误认识，另一方面重新确立了毛泽东思想的指导地位，做到了既肯定又否定的辩证式的思想导向的拨乱反正。这给予全党和全国人民以正确引导，也拨正了马克思主义中国化的主题方向。此后直到进入新时代前，马克思主义中国化话语的主题实现了从"建设社会主义"到"建设中国特色社会主义"的转向，并且话语内容的构建主体转向为以邓小平同志为核心的党中央，在其领导下生成以"改革"为主题的马克思主义中国化系列话语。

在提出建设中国特色社会主义这个命题之前，邓小平首先对"什么是社会主义"这个过往亟待解答的根本性问题进行了回答，使话语构建整体回归了马克思主义和毛泽东思想的正确指导，而后再在此基础上总结国际国内现实状况，聚焦"和平和发展"和"中国式现代化"的实践指向，生成了以"改革"为主题的马克思主义中国化系列话语。这些话语的主要内容包括："摸着石头过河""敢闯敢试""走自己的路"等对马克思主义"实践"指向和毛泽东思想"实事求是"的话语更新；"白猫黑猫""姓资姓社""发展才是硬道理""社会主义市场经济"等对马克思主义经济学理论的本土话语革新；"共同富裕""小康社会""社会主义初级阶段"等对社会主义发展规律的新探索；"一国两制""高度自治"的国家治理理论；"和平与发展""东西南北问题"的时代主题和世界形势判断等话语内容。[①]

进入 21 世纪后，以江泽民、胡锦涛为代表的中国共产党人继续回应"中国特色社会主义"的时代课题，推动马克思主义中国化话语的进一步创新拓展。这些话语的主要内容包括："三个代表""科学建党""学习型、服务型、创新型政党"的党建理论；"与时俱进""求真务实""发展为了人民，发展依靠人民，发展成果为人民共享"的马克思主义实践观和群众观的拓展；"引进来、走出去""和谐社会""以人为本""科学发展""城乡一体化"等的社会主义现代化建设理论；"科技兴国、人才强国""社会主义核心价值体系"等社会主义文明建设的话语更新。

（四）"复兴"主题系列话语

建设中国特色社会主义是人类文明史上从未有过的宏大而独特的实践。马克思主义与这一伟大实践交叉所产出的结果也必然是前所未有的，

---

① 闪月：《邓小平理论的话语研究》，博士学位论文，西南交通大学，2020 年，第 76—96 页。

其结果带给整个世界的影响和价值也必然是非凡的。因此，新时代的"中国化时代化的马克思主义"作为"21世纪的马克思主义"，其话语构建更加适应了世界发展、更加凸显了中国特色，而非过往简单的转译和拓展，而是逐渐创新和完善，以新范畴、新概念、新思想生成更为系统完整的马克思主义中国化话语群。

　　基于此，以习近平同志为核心的党中央面对新的历史方位，高举马克思主义伟大旗帜，再提民族复兴。但不同于革命时期的是，我们比历史上任何时期都更有信心与能力。聚焦"复兴"这一伟大梦想，新的话语内容就此生成。这些话语主要内容包括："底线思维""战略思维""历史思维""系统思维""历史主动""自立自强"等思维方法对马克思主义哲学方法论的话语本土转换；"不忘初心""使命担当""党史教育"等中国化的大历史观的话语表述；"中国梦""两个一百年""全面建成小康"等社会发展阶段理论的中国表述；"精准脱贫""五位一体""四个全面""新常态""攻坚战""美丽中国"等马克思主义科学社会主义的中国化；"深水区""供给侧""创新驱动""国内国际双循环"等对马克思主义经济学领域的话语革新；"保持同人民群众的血肉联系""老虎苍蝇""政治规矩""打铁""打江山""守民心"等党建理论的新发展；"总体国家安全观""一带一路""人类命运共同体""新型大国关系""中国智慧""人类文明新形态"等对人类文明形态的新思考，以及"扣子""补钙""网络强国"等意识形态理论推进、社会主义新矛盾等一系列话语内容。[①]

　　立足于一个五千年的"民族"、一个十四亿多人口的"国家"的复兴而生成的理论和话语，其成果必然是伟大的。历经一代代中国共产党人领导下中国人民的理论创新和实践探索，当前马克思主义中国化已经实现了代际传承，中国化时代化的马克思主义不仅在理论上成为体系，在话语上也在不断生成，表现出独特的思想意蕴和表达风格，并在不断地传承和传播中形成了系统性的话语体系。

---

① 李想：《习近平推进马克思主义时代化的话语实践研究》，硕士学位论文，广西师范大学，2017年，第5—46页。

二 马克思主义中国化话语的表达形式

如果说"内容"是话语体系的血肉,那么"表达"便是话语体系的骨架,表达效果直接关系话语成效。人类的语言文字的种类、形状是固定的,但是经过人类思维的重新排列组合,便有了不同的价值意蕴。并且,同样的话语内容通过不同的话语表达形式,所传递出的功能意义和情感价值是不同的。马克思主义中国化话语作为承上启下彰显人类文明发展规律和呈现独特中国智慧的话语,根据其话语内容性质和呈现功效,其话语表达形式可分为有政治性、学术性、大众性的话语表达形式,这也实现着内容和形式之间的相互契合。

(一) 政治性话语表达

政治性话语表达,是话语主体在维护政治利益、实现政治目的、实施政治行为的过程中所使用的,表现出一定的政治作风、政治立场和政治深度的话语内容表达形式。[①] 马克思主义诞生于人类阶级社会发展高涨的时代。这一时代下阶级的剥削比以往更加隐蔽,统治阶级的意志比以往更加注重渗透,因而政治性话语表达是这一时代下话语内容的出发点与归宿点。马克思主义中国化话语便是在这一时代下、在更为危重的国家和民族消亡的背景下诞生,同时也是在社会形态变革的复杂势态下诞生。在各方利益相互交织下,政治性话语表达穿插于当时整个中国社会的语境之中,政治性话语表达充分彰显了这一话语体系诞生的原初意义。当今世界就大背景而言,仍然处于马克思主义所指明的时期,同时伴随着百年未有的大变局,形势更为复杂。政治性话语表达形式看似减少,但国家间意识形态斗争愈发激烈的事实表明政治性话语表达并非势弱,而是话语表达的形式进行了穿插。大众性和学术性的话语表达中往往隐藏着和夹杂着政治性话语表达,使其不再同过往一样具有直接引导性。这就要求马克思主义中国化话语在表达形式上必须高度重视政治性话语表达,通过政治性话语表达直接维护中国利益、表达中国立场、实现中国实践。

---

① 段光鹏:《构建当代中国话语体系:时代际遇与路径探讨》,《中共福建省委党校(福建行政学院)学报》2022 年第 1 期。

(二) 学术性话语表达

学术性话语表达，是话语主体在进行理论研究、开展教育实践、实现思想呈现的过程中所使用的，表现出一定的思维逻辑性、学术严谨性和理论系统性的话语内容表达形式。马克思主义中国化话语是在马克思主义核心概念、基本范畴和独特表述的基础上继承发展而来的，其主要内容由一系列的中国化马克思主义的理论创新成果所组成。就实践层面而言，马克思主义中国化话语体系只有将中国社会实践的一切成果在理论高度上进行升华，才能形成规范化、系统化的话语群，因而就话语本源而言，其本身具有高度的学理性。同时，就当前话语发展的现状来看，不断深化学术性话语表达是话语体系发展的必然趋势之一。受近代以来中国发展落后的现状和西方在政治经济等各方面的压迫，包括马克思主义在内的社会科学和自然科学理论均以西方为先进、为标杆，这导致了我国部分学科的学术原创性明显不足，话语自信的明显不足，出现了现实发展着的社会主义国家却在社会主义发展方面的理论呈现弱势状态的这一矛盾。历史证明，在理论成就上占据高地的国家，往往在社会实践上也会处于领先。这就要求我们要树立高度的理论自信，扩大学术性话语表达，再通过学术性话语表达来指导中国实践、传递中国智慧。

(三) 大众性话语表达

大众性话语表达，是话语主体在宣传意志主张、传递价值取向、联系人民群众的过程中所使用的，表现出一定的具体化、生活化、通俗化的话语内容表达形式。大众性话语表达是相较于政治性和学术性话语表达而言的一种更为白话的表达形式，其本身虽然呈现出上述特征，但是大众性话语表达形式并不等同于低俗化和恶趣味，而是让严肃和抽象化的话语内容以更容易让群众理解的生动的表达形式呈现出来。因而，大众化话语表达形式是更好推进政治性和学术性话语表达的基础。人民群众在接收到大众化话语表达的基础上，才能更深刻地理解和更容易地接收政治性和学术性的话语内容和表达。马克思主义的基本立场和理论出发点是人民群众，这就决定了大众性话语表达形式是话语体系构建中必不可少的，也是具有根本性、基础性的话语表达形式。伴随着人民群众生活水平的不断提高，人民群众精神境界也在不断提高，这就对大众性话语表达形式提出了更高的要求，即要求这一话语表达形式能够契合新时代人民知识储备和思维模式。这就要求马克思主义中国化话语在生成过程中，需要时刻关注人民群众的切身利益和现实期待，不断更新大众性话语表达，通过大众性话语表达真切地获得人民认可，真实地彰显中国情怀。

三 马克思主义中国化话语的传播途径

不管是话语还是话语体系，其生成和构建的出发点和关键点在于能够发挥其本身的阐释和解释作用。话语发挥其解释力的前提是话语对象能够接收到话语信息，因此话语传播是话语体系的重要内容。不管是人际传播还是组织传播，都是非静态的传播途径，其传播特点和模式是伴随着时代、国家、民族甚至是个人因素而不断变化的，不能整体性地涵盖话语传播的全过程。为此，基于传播媒介的不同，这里将话语的传播途径分为口头言明式传播、文字书面式传播和网络媒介式传播。

（一）口头言明式传播

口头言明是最直接的话语传播途径，更是最为广泛的话语传播途径。自人类诞生以来，任何话语的呈现最初都是建立在口头言明的基础之上的，最终亦要落实到口头言明之上。根据传播的时效性将其分为即时传播和延时传播两种。即时传播就是话语主体未经过事先准备，以当时受到的思想感触和主体本身所具备的思想基础，再通过短时间的思维综合，通过口头话语即时传递一定的观点。相对于即时传播，延时传播是话语主体经过事先的准备，而后进行的口头式的观点传递，包括对自身思想成果进行深刻而系统的组织，亦包括转述他人或组织的思想成果。根据以上所述，不难发现口头言明式传播主要受限于话语主体的个体要素，包括身体条件、知识储备和地域文化等等，因而口头言明式是最能够凸显出本土特色话语的传播方式。由于话语主体本身依附于所在的国家和民族，口头言明亦不可避免地依附于这一国家和民族的语言（包括方言），即使是使用非本土的语言，但究其感性和理性的表达，仍然不可避免地会显现出本民族独特的思维方式和话语风格。

当前，马克思主义中国化话语亟待增加话语的本土特色，以便更好地融入中华民族的独特思维方式中。受制于西方话语传播的广泛性和强制性，以及中式话语表达的内敛性，我国在国际话语场域中，不管是语言使用还是表达思维上，仍以西方话语模式为主流。话语的多样化是世界文明多样化的必然要求，话语的本土化是话语自身的魅力所在，尽管语言本身存在差异，但话语内容和表达上的思想和情感通过精心设置的语言转换仍然是能够将话语的本国特色凸显出来的。为此，在国际话语场域上，为了掌握话语权而强制地套用西方思维进行本国话语传播，长久以来反而会导致话语交流上的被动，以及文化和思想上的限制，更会导致人类文明的后退。

（二）文字书面式传播

文字书面是最传统的话语传播途径，亦是最具延续性的话语传播途径。相较于口头表达，文字表达由于最初承载材料的不易，所留下的文字书面内容，往往是经过系统化、精简化的话语内容。当前，对于较为重要和正式的话语内容，仍然主要是以文字书面的形式进行传播。相比于口头言明式和网络媒介式的传播途径而言，文字书面式传播是最具有稳定性的传播方式。完全基于个体特征的口头言明式传播具有反复性，伴随着个人年龄的变化，其话语内容也会随之改变，甚至是更短的当下的改变。而基于网络技术的话语传播则过于零散，不具有系统性，同时技术本身的不稳定，也会导致话语传播的稳定性出现问题。此外，文字书面传播不同于口头话语在内容和形式上容易表现出具有绝对性的倾向，即在语气上传递出绝对肯定或绝对否定的意义。文字书面式传播更容易表现出的是隐形和间接性的东西。因而其在生成为书面前，较为注重对话语内容进行精准选取和系统梳理，而且留存于纸质上的内容亦更容易反复地进行翻阅。由此可见，文字书面所传递出的内容更容易让话语客体进行思考，从而不易产生绝对性的倾向。马克思主义中国化话语内容广泛而深远，其话语内容更是纷繁复杂，需要文字书面的方式对其进行系统化的整合，以实现更为长效的话语传播。

（三）网络媒介式传播

伴随着人类现代化的不断发展，网络媒介式传播的重要性愈发凸显，当前，国家意识形态战场的主要形式表现为网络话语权的争夺。不同于口头与文字传播，网络媒介式传播可以说是内在地耦合了以上两种话语传播途径，它同时克服了上述两种话语传播途径的劣势，成为一种崭新形态的话语传播途径。

虽然从传播的话语内容上来说，网络媒介式传播仍然源于现实话语，但就传播最显著的形式而言，其本身所处的虚拟环境，却让话语传播的效果得以放大，从而更好地实现语言和话语传播的基础意义，即无障碍的交流。一方面，网络媒介式传播可以弥补口头言明式传播所存在的话语留存的短时性问题，以及话语传递对象的受限性问题。其主要是通过辅以文字和视频，使话语内容更加生动鲜活，从而加深了话语传播对象对话语内容的印象，增强了话语效果。同时通过网络云端技术，话语存在的时间更长、空间更广，这扩大了话语传播的范围，同时亦扩大了话语对象的话语交互范围。互联网的开放性，使某一地域内的话语主体的宣讲内容在世界范围内所传递，同时通过附以图片、音频、视频，可以直接看到话语主体的表情和肢体动作，从而正确反映出话语主体口头言明所要达到的感性效果，强化了话语主体与话语客体之间的情感共鸣。另一方面，网络媒介式表达可以弥补文字书面表达的静态感和枯燥感，将静态文字与动态画面结合，通过提升话语感染力来增强话语效果，并且针对同一文本的读者可以实现实时交流，甚至吸引更多的读者，从而扩展了书面传播的范围。网络的开放性使各类话语主体经过多元互动，可以生成新的话语内容，甚至生成独特的网络话语群和网络文化。

第四节　马克思主义中国化话语体系的特征功能

人类语言的产生从一开始就是为人类社会的发展所服务，其本身具有一定的社会功能。话语体系作为话语的延伸，作为人类认识世界的解释框架，其既具有话语的基本功能，又具有其独特性。马克思主义中国化话语作为中国特色的话语体系，其本身以服务中国特色社会主义为主要目的，这就把这一话语体系同西方话语体系区分开来，因而这一话语体系表现出独特的属性特征和价值功能。

一　马克思主义中国化话语体系的基本特征

马克思主义中国化话语体系的构建以中国共产党领导的中国人民为话语主体，以马克思主义科学理论与中国独特的社会实践为话语根基，具备了党性与人民性相一致、科学性与大众性相结合、历时性与共时性相统一、民族性与世界性相协调的特征。

(一) 党性和人民性相一致

党性和人民性是话语体系之"魂"。一方面，马克思主义中国化话语体系本身是为社会主义和共产主义而服务的，中国共产党是中国特色社会主义的领导核心，是指引话语体系建设的领导者和践行者，因而这一话语体系在构建过程中必然呈现党性的特征。另一方面，马克思主义中国化话语体系的构建以中国人民的实践为根基，是为中华民族利益和国家利益而服务的。人民群众的利益就是中华民族的根本利益，人民群众的需求就是中华民族复兴的根本要求，这又使得这一话语体系的构建必然呈现人民性的特征。而中国共产党与中国人民之间存在密切的联系，两者相辅相成，使得这一话语体系的构建过程具有党性和人民性相一致的特征。这主要表现在：第一，话语体系构建的根本保障是中国共产党的领导。话语体系所为之辩护的社会主流价值观，归根结底就是为中国共产党的话语权辩护，为中国人民群众的利益辩护。第二，话语体系构建的工作导向是以人民为中心。人民群众既是话语体系的构建主体，指明话语体系构建的行进方向，同时又是话语体系的构建主题，话语体系构建在内容、表达、传播上都要始终坚持人民至上、表达民众诉求、实现人民利益。第三，话语体系构建的现实成果呈现党性和人民性的一致。基于上述方面所成功构建出的马克思主义话语体系，不管是在内在构架上还是外在表征上都必然呈现党性与人民性的一致性。党与人民的方向一致、行动一致、思想一致，这使得整个中国的对外话语表达也呈现出一致性。

(二) 科学性与大众性相结合

科学性和大众性是话语体系之"根"。话语体系作为系统化的解释框架，其生成和构建必然要以具有科学性、先进性的理论为支撑，否则便只能停留在话语这一层面而非体系这一层面。伴随着人类历史进程的演化，曾经是科学而先进的理论在当前可能并不适用。这便需要人民大众的广泛性的实践，从而进一步升华陈旧的理论或进一步得出新的科学理论，以作为话语体系建设的根基。马克思主义中国化话语体系构建的理论基础是立足于人类社会实践的马克思主义科学理论，因而具有科学性和先进性。同时，这一话语体系的现实作用对象又是指向人民群众的，因而其也具有大众性。话语体系的内核具备科学性和大众性相结合的特征。首先，就话语生成的学理层面而言，科学性与大众性内在结合在一起。人民群众在社会中所生产的实践成果是生产科学性和先进性理论的基本要素和前提，科学的理论成果根植于人民大众的社会实践之中。其次，就话语生成的实践层面而言，科学性与大众性也是结合在一起的。具有真理性的马克思主义理论对人们的行为产生正确的引导，而以这一科学理论为内核的话语也会对人的行为有直接引领作用。由于人们的行为是在具有真理性的科学理论和由此而产生的话语引领下所产生的，因而这时人们所进行的行为是一种能够真正改变现实世界的社会实践，是具有时代变革性的伟大实践。人民群众在新的伟大实践中生成新的话语内容，同时也进行着理论升华。最后，实践证明过的、具有真理性的科学理论和与此相关的话语又不断指导着新的实践。这样相辅相成又循环往复，由此不断产出的新话语始终体现了科学性和大众性的统一。

（三）历时性与共时性相统一

历时性与共时性是唯物史观的基本观点，是话语体系构建的根本方法论。马克思主义中国化话语体系既坚持立足中国国情和世界情怀，亦坚持结合国内外先进经验，从历史文化中汲取思想精华，从而呈现历时性与共时性相统一的特征。这一话语体系的基本特征主要通过话语的"内化"与"外化"的辩证统一来体现。第一，在"内化"方面。马克思主义中国化话语内容的生成充分汲取中华优秀传统文化和历史经验，从而赓续文明成果，传播民族情怀，这充分体现了话语的历时性。同时这一话语内容又并非是对传统文化和历史经验的全盘直接呈现，而是既取其精华，保留历史文本，做到原汁原味地直接呈现；又去其糟粕，将思想精髓与中国实际相融合，在马克思主义指导下提出符合中国实际与特色的创新理论和先进思想，这充分体现了话语的共时性。第二，在"外化"方面。马克思主义中国化话语内容的生成借鉴了西方先进理论和话语体系的构建经验，包括坚持马克思主义这一外来的指导思想，以及包含政治学、哲学、语言学、文学在内的诸多领域的相关先进理论。这些"外化"成果既保留了规律性的基本原理，同时又摒弃西方不符合人类社会发展进程的"霸权主义""功利主义""个人主义"等价值理念。

马克思主义中国化话语体系的构建便是从大历史观视野上融汇了这些外来思想，做到了历时性与共时性的统一。

（四）民族性与世界性相协调

话语体系的民族性是毋庸置疑的。话语体系的生长从"根"上便是在民族的历史中发展而来的，是以马克思主义中国化民族文化为养料，呈现的是民族的文化基因。马克思主义中国化话语体系的世界性则是限定于民族性上的世界性，即"中国眼中"的世界。不管是从中国传统思想还是从中国现实实践来看，世界情怀自始至终存在于中国人民心中，自然亦存在于中国独特的话语表达之中。伴随着新时代中国愈发走近国际舞台中央，关注世界人民所关注的共同领域、共同问题、共同利益，已经成为中国未来发展中需要考虑的问题。对此，马克思主义中国化话语体系中所包含的内容，诸如"人类命运共同体""文化多样性"和"国际经济新秩序"等新概念、新范畴的提出，充分体现了民族性与世界性相协调。缺乏民族特色的话语是无根的话语，是缺乏竞争力的话语，因为缺乏独特的文化底蕴，会导致话语独特性降低，从而导致话语的吸引力和认可度也随之降低。缺乏世界情怀的话语是无果的话语，是缺乏持久力的话语，因为缺乏广阔的世界视野，话语的发展只能局限于一定的范围内，会导致话语不仅缺乏对人类发展前景的展望，也缺乏对本国发展前景的展望。忘记了本国的也是世界的这一共同体理念，所构建的话语体系难以持久发展。马克思主义中国化话语体系达到了民族性与世界性相协调，具备可持续性发展的潜力，是能够成为真正具有科学性、吸引力和可信度的话语体系。

二 马克思主义中国化话语体系的价值功能

话语诞生的原初之意便在于使用，人类通过语言进行思想呈现、价值引领、信息传递和社会交往的活动，进而实现人类文明的接续发展。基于此，马克思主义中国化话语体系具备了维护中国利益的意识形态辩护功能、传递中国理念的核心价值引领功能以及弘扬中国精神的理想信念塑造功能。

（一）意识形态辩护功能

在阶级社会，任何话语体系的产生都不单纯是为了陈述思想，其思想传递的背后是为了彰显这一话语体系的话语权的所有者——统治阶级的价值理念和思维体系，最终通过占领社会意识形态领域实现现实社会的真实统治。

马克思主义中国化话语体系所要为之辩护的，一是马克思主义的意识形态。近代以来由于西方资本主义长期在政治、经济、军事等领域占据统治地位，从而使西方马克思主义在学术领域占据主导地位，甚至部分西方学者排斥非西方资本逻辑下他国对马克思主义的解读，认为西方马克思主义才是正统的马克思主义。这一方面极大地影响着我国学术领域的研究，另一方面也威胁和动摇着我国的指导思想。马克思主义中国化话语体系坚持以马克思主义为内核，坚持马克思主义的基本观点，同时也强调发扬中国智慧，生成和运用了独特的马克思主义中国化的世界观和方法论，来向世界阐释中国特色社会主义的先进思想和理论成果，维护了马克思主义的意识形态。二是中国特色社会主义的制度范式。西方国家自傲于资本主义的制度范式，基于近代以来的在话语权上的强势地位，强硬要求世界各国按照西方现代化的道路开展社会建设，对任何违背这一范式的制度采取一致的打压态势，完全忽视各国实际。马克思主义中国化话语体系坚持以中国实践为根本，强调中国制度所具有的巨大优势，勇于揭露和批判资本主义制度不断暴露的危机，坚定中国立场，要理直气壮地走中国式现代化道路。

（二）核心价值引领功能

马克思主义中国化话语体系出于本身的框架结构，自带意识形态的属性和意识形态辩护功能。但从话语本身的内容而言，其主要包含的是涉及社会各领域的思想观点及其背后的价值取向。与此同时，构建话语体系本身就是在不断构建话语内容，话语内容被生成和传递的过程，就是其背后的价值取向的构建和传递的过程，这体现了话语体系具有价值引领功能。

由于人类社会存在不同的民族国家、不同的文化积淀，甚至是不同的社会团体和个体，因而造成世界多样化的价值取向。在当前社会实践的空间范围内，马克思主义中国化话语体系背后的价值取向是与西方"普世价值"相对立的社会主义的价值取向，是人类"共同价值"。话语体系在进行核心价值引领的过程中呈现出社会性、隐匿性、超越性等特征。具体表现在：一是社会性。话语体系所传递的价值取向本身就具有社会属性，任何话语体系所传递的思想都会传递出当时社会的价值取向，即统治阶级的价值立场，这从侧面证明西方"普世价值"的虚伪性。马克思主义中国化话语体系所传递的是基于中国人民利益的核心价值取向，也是符合世界人民利益的"共同价值"。同时，话语体系传递价值取向的范围具有社会性。话语体系作为系统化的思维架构，其所传递的是非个体化的价值取向，其所要达到的效果和范围也是社会性的。二是隐匿性。价值取向是人们接受各种社会性的逻辑观点、文化传统和实践活动，再通过人的心理实践而得来。大多数人共同存在的价值取向，便是整个社会所倡导的核心价值。但是，人的心理实践是难以直接观察到的，甚至会不断发生改变，由此产生的价值取向也具有隐匿性。为此，话语体系的价值取向的传递和引领功能也呈现出隐匿性。三是超越性。一方面，价值取向具有历史性，人类过往存在的传统价值取向具有传承性；另一方面，价值取向具有现实性，价值取向会伴随着现实社会的发展发生改变，这种改变总体上是为推进人类社会的发展而产生的，是与历史发展的趋势相契合的。由于话语所要传达的价值取向本身就具有趋向未来的超越性，因而话语体系的价值引领功能也具有超越性。

（三）理想信念塑造功能

任何思想理论只有彻底地为人民群众所掌握，才可以彻底地为人民群众所运用，最终达到改变现实世界的目标，否则这些思想理论就仅仅是停留在口头和书本上的话语。马克思主义中国化话语体系基于自身框架和内容显性地呈现着思想观念，隐性地传递着价值取向，这两方面的功能所产生的结果，就是塑造人的世界观。不同的世界观会产生不同的理想信念，这体现了话语体系所具有的理想信念塑造功能。

首先，话语体系渗透着民族文化，能够提高人民的民族自豪感。这一话语体系构建的内核之一便是中国文化，同时又并非对本土文化的简单移植，而是立足现实条件所进行的取中华文化之精华，使中华优秀传统文化的优势更加凸显出来，从而凝聚起人民的爱国情怀。其次，话语体系通过传递党的先进理论，能够提高人民对党的认可。这一话语体系包含了中国共产党领导全体中国人民所进行的全部实践成果，在理论上阐释了马克思主义中国化的思想内容，在实践上阐释了党坚定的人民立场和一系列政策行为。这使得中国人民对党的思想和行为具有正确的价值认知和判断，从而能够增强人民对党的领导的认可，进而能够在党的领导下投身中华民族复兴的伟大事业。最后，话语体系通过呈现实践成果，能够增强人民对实现共同理想和远大理想的自信。话语不仅是展现历史文化和思想观念的窗口，同时也是展现国家形象的大门。马克思主义中国化话语体系呈现的是中国人民自己的实践话语，生动地展现了中国人民现实的生活状态，深刻地展现了自新中国成立以来我国所取得的巨大成就，深刻地展示了中国的大国形象，证明了中国道路的正确性和可行性，进一步增强对中国特色社会主义的信念，对马克思主义、共产主义的信仰，对中国共产党的信任，对中华民族伟大复兴的信心。

第二章

马克思主义中国化话语体系构建的历史进程

话语作为人的思维观念的集中体现，有其特殊性和多样性。对话语体系构建的发展势态需要从总体上把握，而不能简单地认定话语体系具体在哪个时间点生成。对于话语体系构建阶段的划分，也并不能完全地按时间阶段对其进行泾渭分明的划分。在理论探索中，要从时代主题的视角出发，按照时间顺序，相对性对各历史阶段的核心话语群的生成和构建状况进行梳理，从总体性上把握话语体系的发展历程。本章主要依据马克思主义中国化时代化进程中时代主题的演进，对其历史文本和话语内容进行解读，分析马克思主义中国化话语体系在不同历史时期构建的特征和方向，以科学探究马克思主义中国化话语体系的构建历程。

第一节 外源与内生：以"革命"主题为核心的话语群构建

在中国历史上，西方的坚船利炮打开中国的大门后，也带来了近代中国的社会转型和思想变迁。在近代，由于西方国家的优势地位，为挽救民族危亡部分中国学者从西方文明中探寻先进思想，使得近代中国的社会思想受到了西方文明的影响。马克思主义虽是一种外来的思想，但其思想内核却与中国文明内在契合。中国革命大潮的开展始终渗透着马克思主义的思想烙印，马克思主义与中国革命之间存在命运般的牵连，这一外源与内生下诞生了以"革命"主题为核心的马克思主义中国化话语群及话语体系。

一 马克思主义的传入与话语的早期孕育

马克思主义传入中国，给中国带来的影响是开天辟地的。目前，关于马克思主义传入中国的具体时间还有待考究，但马克思主义在中国的传播大致可分为十月革命前后两个阶段。基于早期中国革命者在革命目的上的差异，话语的早期孕育可分为十月革命前资产阶级对马克思主义话语的译介、十月革命后早期共产主义觉悟者对马克思主义话语的传播，以及早期中国共产党人对马克思主义话语的推广。

（一）资产阶级对马克思主义的话语译介

关于马克思主义的传入，大多数人的认知是这是无产阶级的学说，这是无产阶级在干的事。事实上最早传播马克思主义的恰恰是这样一些人：传教士、清朝留学生和资产阶级的学者和革命家。一方面，这是由于马克思主义作为一种外来的思想，对其了解需要经过一定的译介，而近代中国能够通过留学或其他途径接受外语学习的人，多数为封建的统治阶级和早期的资产阶级。另一方面，这是由于马克思主义诞生于资本主义盛行的时代，其思想演进亦与资本主义发展息息相关。按照整体世界历史发展大势，近代中国早期的革命实践和目的亦是迈向资本主义社会，因而马克思主义中国化话语的早期形态便是资产阶级对其的译介。

英国传教士傅兰雅、美国传教士林乐知在中国创办了《中国教会新报》《西国近世汇编》《万国公报》等，其中对巴黎公社、普法运动等欧洲社会主义运动进行描述，同时传播了一些相关的社会主义学说，包括空想社会主义社会、均富论、共产主义等概念阐释。张德彝、王韬、郭嵩焘等一批清朝赴外人士，他们将自身所见所想写成日记或文章进行发表，间接性地传播了社会主义的相关学说。资产阶级改良派是资产阶级中较早对马克思主义进行译介的群体。比如，1902年，梁启超在《进化论革命者颉德之学说》中提到"麦喀士，日耳曼人，社会主义之泰斗也"①。这是对马克思本人生平的最初介绍。1904年，梁启超在《中国之社会主义》中提到"现今之经济社会，实少数人掠夺多数人之土地而组

---

① 梁启超：《进化论革命者颉德之学说》，《新民丛报》1902年10月28日。

成者也"①。这是对马克思主义的社会主义的主张进行了初步介绍。但梁启超对马克思主义宣传的目的，主要是推动君主立宪，因而其理解存在误区。如他在《干涉与放任》中提到"社会主义者，其外形若纯主放任。其内质则实主干涉者也"②，将马克思主义同干涉主义相等同。同时，资产阶级革命派也对马克思主义进行了相关研究。比如，中国资产阶级民主革命的先驱者孙中山先生在日本留学期间，就曾接触马克思主义，并在其之后的革命思想中有所体现，这也为后续促成国共合作提供了思想前提。朱执信是资产阶级中的马克思主义的集大成者，其曾对《共产党宣言》《资本论》《神圣家族》等马克思主义经典著作进行了翻译，阐释了大量马克思主义学说，且其论述相较于改良派也更为系统和原味。

早期的资产阶级革命者对于马克思主义的传播是一种附带性质的，主要是为了寻找在中国发展资本主义的道路。他们对于马克思主义相关理论的转译具有明显的选择性，往往只是为了补充其所要传播的资本主义思想，而非系统性地理解马克思主义，非主动性地传播马克思主义。因而，此时马克思主义还属于零星的传入阶段，对其话语的译介，更多是为了方便理解西方先进的社会发展理念，因而此时的马克思主义中国化话语，只是自发性的话语生成，并未形成系统性的话语群和话语体系。

（二）早期共产主义觉悟者对马克思主义的话语传播

十月革命的胜利，造就了一批初步具备共产主义思想的知识分子和革命者，包括李大钊、陈独秀、瞿秋白、蔡和森等。他们看到了一种全新的社会形态和一个全新的道路。这一道路实现的不是资产阶级少部分人的民主政治，而是全体劳工的民主解放，是"庶民的胜利"。这恰恰与中国历史上的多次改朝换代的现实相契合，与中国传统的"王侯将相宁有种乎"的思想相契合，使中国人看到了马克思主义可以解救中国。特别是在五四运动后，学生、商人、工人等广大的中国民众看到了资产阶级霸权下中国在国际上的卑微状态，部分民众在心理上也逐步向社会主义靠拢。为此，十月革命之后，马克思主义开始在中国广泛传播，这为后续马克思主义中国化话语体系的构建奠定了良好的群众基础。

---

① 梁启超：《中国之社会主义》，《新民丛报》1904年2月14日。
② 梁启超：《干涉与放任》，《新民丛报》1902年10月2日。

在一批批共产主义觉悟者中,最具代表性的便是李大钊。早在日本留学期间,李大钊就曾接触过马克思主义,回国后受十月革命胜利的鼓舞,他更加坚信"只有马克思主义才能拯救中国"。他先后发表了《法俄革命胜利之比较观》,阐明两者革命性质的不同,前者为"国家主义上之革命",后者为"社会主义上之革命"。① 以及在《庶民的胜利》一文中,他以更加简明和中式思维的话语,阐述了马克思主义关于社会主义必将战胜资本主义的观点,即"劳工主义的胜利",提到"大……主义"实为"专制的隐话",今后的世界必将为劳工的世界。② 之后李大钊还多次在《新青年》上发表文章,接连对政党问题、阶级斗争问题、剩余价值等进行了更为详细的阐述。除李大钊外,陈独秀、蔡和森、李达等人,也对马克思主义在中国的传播作出了巨大贡献。例如,陈独秀创办的《每周评论》刊载《共产党宣言》的摘译;蔡和森翻译《共产国际》《共产党人》《布尔什维克月刊》等革命书刊。三次论战期间,李达曾发表《无政府主义之解剖》《讨论社会主义并质梁任公》《马克思还原》等文章,回应了各种非马克思主义思潮的批驳,通过学理性和原创性的话语向中国人民阐释了马克思主义之科学。

早期共产主义觉悟者对马克思主义中国化话语体系构建的贡献,主要表现在进行马克思主义与非马克思主义的辩驳,开始明确地去研究和阐述马克思主义的普遍原理。这为后续中国共产党人推动马克思主义中国化话语体系的构建打下了坚实的理论基础。同时,他们通过不断吸收青年中的共产主义觉悟者,为建立全国性的共产主义性质的政党做准备。这也为后续马克思主义中国化话语构建提供了坚实的领导基础、政治基础和主体力量。

(三)早期中国共产党人对马克思主义的话语推广

早期的中国共产党人主要是从早期的共产主义觉悟者中诞生。中国共产党成立初期,相较于之前的话语生成的零散性,此时对马克思主义以及延伸性话语的传播,明显地具有一定的组织性和系统性,对马克思主义的传播也由此进入推广阶段。早期的中国共产党人不仅通过报刊和

---

① 李大钊:《法俄革命胜利之比较观》,《言治》1918 年 7 月 1 日。
② 李大钊:《庶民的胜利》,《新青年》1918 年 10 月 15 日。

文章对马克思主义的学说进行阐释，如《向导》周报，并且开始进行大量的书籍出版和院校建立的工作，以达到更为系统地推广马克思主义的目的。党的一大后，创办了党的第一个秘密出版机构——人民出版社，出版了一些系统性阐释马克思主义学说的著作。如李大钊的《史学要论》、蔡和森的《社会进化史》《党的机会主义史》和瞿秋白的《社会哲学概论》《社会科学概论》等。同时，还出版了工人和党员的教育培训类读物，主要是聚焦吸纳党员和教育新党员的目的。党的二大后，党组织设立了各样的农民运动培训班和讲习所。1924年，党的第一次中央执委会扩大会议上便提出："党内教育的问题非常重要，而且要急于设立党校养成指导人才。"[①] 与之而来的便是在话语的生成上，更加注重贴近工人群体，如毛泽东在《所希望于劳工会的》中提到了"劳工神圣"；蔡和森在《中国劳动运动应取的方针》中提出了"卖力"与"饿死"的两条路，资产阶级对工人采用的"戒严令"，对待罢工者是"枪毙"，指出半封建中国要走的是"恐怖的资本主义"，这必然是"要倒霉""要短命"等。[②] 这些都是通过使用通俗的白话让工人农民等非知识分子的党员更易理解党的革命目标。

  就话语本身而言，不论是前期资产阶级的译介，还是早期的共产主义觉悟者，其在马克思主义中国化话语的产出上仍然处于探索阶段。此时，其话语生成的目的主要有两个：一是服务于传播思想本身。因为对部分西方概念的理解不够明晰，以及为了不改变话语中所传递的本义，在翻译中甚至会使用直接的音译。二是服务于本阶级的革命。虽然不管是资产阶级还是早期的共产主义觉悟者，都十分关注中国命运，但其却是根据自身阶级的利益出发，选择性地传播马克思主义，其话语仍然受到甚至是延续之前的革命话语进行表述，不能展现出新的革命特征，亦不能完全体现中国实际。中国共产党的成立标志着马克思主义中国化话语的构建进入新阶段，因为中国共产党所开展的是一场全新的革命，这

[①] 中共中央党史和文献研究院、中央档案馆编：《中国共产党重要文献汇编》（第四卷），人民出版社2022年版，第180页。

[②] 中共中央文献研究室、中央档案馆编：《建党以来重要文献选编（1921—1949）》（第一册），中共中央文献出版社2011年版，第60—64页。

个革命具备与以往革命完全不同的特征，实实在在地完成了以往革命所要达到的革命要求，开启了马克思主义中国化的社会发展道路，这也使得我们在话语构建上达到了马克思主义与中国实际内在契合的效果。此后，中国共产党为了更好地传达和传播这一话语，不断对这一话语的表达结构、传播模式、外在保障等方面进行完善，逐渐构建起马克思主义中国化话语体系。

二 大革命前后的争论与话语的曲折探索

中国共产党的成立给中国革命带来了新的曙光指明了新的道路。马克思主义中国化话语的生成也逐渐进入丰富拓展的阶段，其中毛泽东、周恩来、刘少奇等中国共产党人对话语构建作出了重大贡献。但新的革命道路开展前期，由于中国共产党人对于马克思主义的理解呈现多样化，以及受到国民党和共产国际等多种思潮的影响，因而话语演进的过程中存在一些争论。这里主要探讨的是党内在这一时期的主要争论，包括关于"中国社会性质""中国革命道路""中国革命指导思想"的三大话语争论。

（一）关于"中国社会性质"的话语争论

近代以来，关于"中国社会性质"问题是关系着"中国何去何从"的重大问题，这一问题甚至贯穿于后续关于革命道路和指导思想的争论之中。由于封建社会在中国历史上存在的时间之久，因而中国人民在这个问题上，是从"一片空白"即从未思考过这一问题和不知从何思考这一问题，逐步走向另一个"一片空白"即完全套用西方社会发展模式，不知道要从中国实际出发进行探究。中国共产党党内关于这一问题的争论不是单纯的"社会性质"问题，更多的是聚焦于中国革命如何开展以探究当前我国的社会性质，即"革命性质"和"几步走"的问题。

在前一个问题上，根据马克思主义所指明的人类社会发展规律，中国社会正处于从封建社会向资本主义过渡的阶段，而这也与中国旧革命的实际相契合，但大革命的失败使得这一长期以来的争论得以爆发。虽然在党的六大上党内对这一问题作出了基本性的回答，明确指出"中国仍然是半殖民地和半封建社会"，"中国革命的性质也仍然是资产阶级民主革命"①，但是党内仍有一部分人认为大革命已经完成了反帝反封的任务，当前中国的社会性质应为资本主义社会走向社会主义社会阶段。但现实情况则是大革命以后的国民政府中仍然存在着大官僚和大地主，甚至是西方殖民帝国的背影。因而，在1929年后，中国共产党党内针对这一争论进行了针对性的批驳，再次强调党的六大上确立的社会性质，从而为后续形成正确的民主革命纲领做了政治准备。

在后一个问题上，以毛泽东为主要代表的中国共产党人也经历了多年的探讨。从1923年的《北京政变与商人》到1925年的《中国社会各阶级的分析》，再到1935年的《论反对日本帝国主义的策略》，都体现了毛泽东对这一问题的正确认识。同时，也正是在这一认识基础上，毛泽东才能作出对革命性质的正确判断。1937年，在党的全国代表大会上毛泽东把新民主主义革命和社会主义革命比喻为"两篇文章"，提出"只有上篇做好，下篇才能做好"②。1940年毛泽东在《新民主主义论》中作了更为详细的概述，指出"中国已逐渐地变成一个半殖民地、半封建的社会"，"中国革命的历史进程，必须分为两步，其第一步是民主主义的革命，其第二步是社会主义的革命，这是性质不同的两个革命过程"③。这一话语争论充分体现了中国共产党人在整个中国革命过程中，对马克思主义基本原理的坚守和对马克思主义中国化时代化的理论创新和实践探索。

（二）关于"中国革命道路"的话语争论

关于"中国革命道路"的问题，中国共产党党内的主要争论体现在"和平革命"与"暴力革命"、"城市中心"和"农村中心"两个方向上的争论。就马克思主义的普遍原理和俄国革命的现实指向，党内的主要倾向是"暴力革命"和"城市中心"。由于孙中山的"新三民主义"与党的部分思想的契合，以及国民党在革命上的前进，党内提出要实现国共合作，放弃阶级对立，先以暴力革命打倒军阀封建势力。这一时期的马克思主义中国化话语一定程度上受到国民党内势力和共产国际的部分

---

① 孙建华：《马克思主义中国化思想通史》（第一卷），人民出版社2019年版，第295页。
② 《毛泽东选集》第一卷，人民出版社1991年版，第276页。
③ 《毛泽东选集》第二卷，人民出版社1991年版，第665页。

影响。由于错误理解了国民党内势力和革命力量，从而导致右倾观点在党内的蔓延。与此同时，一部分党内成员唯马克思主义论，缺乏对当前迅速实现反帝反封建任务的必要性的认识，盲目发动工人运动，缺乏对农民运动的正确认识，这也为后续"左"倾错误在党内的蔓延埋下了隐患。

中国共产党党内成员总体上仍能够正确认识当下形势，能够实际地运用马克思主义应对中国革命问题。党的四大上，党内就提出必须要坚持无产阶级在民主革命中的领导权。但由于对国民党内部的阶级性质缺乏更为深刻的认识，因而未提出具体的做法。1925年，毛泽东在《中国社会各阶级的分析》中谈到了同盟军的问题，对右倾和"左"倾两种倾向都进行了批驳，强调农民在革命中的重大作用，这初步显示了其对于中国革命道路的独特思考。之后毛泽东在广州农民讲习所授课时，再次指明中国革命实际上是农民革命；后续撰写的《湖南农民运动考察报告》，肯定了农民运动在革命进程中的重要性。党的五大上，党内明确指出要与资产阶级争夺领导权，要把争取农民、推进土地革命作为革命的重要任务，特别是在紧急召开的八七会议上，明确表明要开展土地革命和武装反抗国民党，即走农村中心和暴力革命的道路。同年，毛泽东领导开展三湾改编，切实加强党在军队上的领导权。党的六大以后，毛泽东起草中共湘赣边界党的二大的决议案和给中央的报告，初步阐述了"工农武装割据"的思想。之后又根据革命实际的不断丰富发展，从马克思主义的方法论视角出发，撰写《调查工作》一文，强调根据调查研究和实际状况解决争论。这些都为后续走向"农村中心"的正确革命道路提供了思路，逐渐明确了中国共产党在革命道路上的话语生成方向。

（三）关于"中国革命指导思想"的话语争论

关于"中国革命指导思想"争论的焦点并非在于马克思主义本身，而主要在于"中国共产党"与"共产国际"之间的争论，即"中国化的马克思主义"与"苏化的马克思主义"之间的指导思想之争。就今天来看，解决中国问题必然是要坚持中国化的理论，这也符合马克思主义实践性的本质。但就当时的社会背景而言，中国的革命存在极端的复杂性，主要表现在进行过多次革命，且在内忧外患的双重打击下，国内存在多个阶级势力的利益斗争，以及党内成员对马克思主义的接触时间和实践探索较少。特别是有苏联的成功案例，共产国际一定程度上在世界共产主义事业中具有一定的权威性，从而导致党内在思想上的主导性存在弱势。

　　共产国际成为中国共产党内的隐形指导者在大革命时期便初见端倪。在大革命失败后，八七会议的枪杆指向城市。然而，南昌起义、秋收起义、广州起义等城市中心的武装斗争都基本受挫，中国共产党才被迫走向农村。此时，党内部分成员开始对红色政权存在悲观态度，亦有部分成员坚持沿着共产国际的道路继续攻打城市。但由于这一坚持是对中国革命形势的错误认知，后续也导致了更为严重的损失，即反"围剿"的失败和红军被迫长征。同时，以毛泽东、朱德、周恩来等为代表的中国共产党人在这期间找到了革命的突破口。毛泽东基于中国革命的实际，看到了中国红色政权存在区域的零散性，看到了中国红色政权存在大量的群众基础。之后，在《井冈山的斗争》一文和给林彪的复信中，毛泽东进一步阐述"工农武装割据"的具体路线，即要逐步推进游击战与扩大群众武装，以边缘农村包围城市。此外，毛泽东还就群众运动、政权维护、根据地建设、人民军队领导权等问题进行更深一步的阐述。与此同时，朱德、张闻天、周恩来等革命党人也就如何建立人民武装、群众的宣传工作、前线的政治工作等问题进行了相关阐述，逐渐形成了系统化、中国化的马克思主义革命指导思想和话语内容。1935年遵义会议召开，"确立了以毛泽东为主要代表的马克思主义正确路线在党中央的领导地位"，"开启了党独立自主解决中国革命实际问题的新阶段"。[①] 这反映了党在指导思想上话语争议的结束，也确立了中国化的马克思主义在解决中国问题上的权威性和正确性。

　　综上可见，新民主主义革命时期的三次话语争论，都与大革命失败之后的"左"倾情绪在党内的蔓延息息相关，亦与共产国际的一部分错误指导息息相关。"左"倾革命话语在党内占据主导，先后三次造成了危及党自身存亡的危机，而这一话语之所以对马克思主义中国化话语的构建产生阻碍，原因在于：一是"左"倾错误在思想上实质是本本主义和

[①] 中共中央党史和文献研究院：《马克思主义中国化一百年大事记》，中央文献出版社2022年版，第38—39页。

教条主义的思想倾向的蔓延，而这与马克思主义的世界观和方法论相悖，是背对马克思主义方向的话语转换。二是"左"倾错误在实践上实为拥护苏联的唯共产国际论，但马克思主义中国化话语的构建理应立足于本国的革命实际，而这便与中国革命的现实指向和切实利益相背离，事实上这也确实导致了中国革命的受挫，是背对中国化演进方向的话语转换。因而，大革命前后的马克思主义中国化话语处于曲折的探索阶段，同时也正是由于这一时期的话语争论，为后续话语构建和发展扫清了障碍，明确了方向。

三 新民主主义革命斗争与话语的渐进生成

经历了前期的"两次胜利，两次失败"，进入这一时期的中国共产党人对于马克思主义在中国的实际运用有了更为深刻的理解。中国共产党人开始对前期的话语内容进行反思和修正。正是在这一时期，中国共产党明确提出"马克思主义中国化"这一命题，再加上特殊的民族危亡形势，中国共产党与国民党之间的阶级斗争也发生了一些微妙的变化，而这一系列变化也导致了马克思主义中国化话语的发展与转向。

（一）抗日延安时期马克思主义中国化的话语攀升

在遵义会议之后，中国共产党根据当时的形势，确立了抗日民族统一战线的策略，作出民族矛盾成为主要矛盾的判断，同时吸取大革命时期的教训，党内同意与国民党合作抗日，但也绝不忽视阶级斗争的内部风险。正是在这一背景下，马克思主义中国化话语的演进也呈现新的变化，主要表现在：一是话语主题的新扩展。虽然仍以"革命"为大主题，但是此时的革命由国内扩展到了国际，不再仅仅是民族内的革命，而是转向民族与民族间的斗争。二是话语内容的新发展。这个发展既有对过往话语内容更为详细的补充，同时也有对新领域话语内容的拓展，即不再更多地局限于军事和政党建设上话语的发展，在经济学、哲学、社会学领域的马克思主义也得到了丰富发展。

在既往的土地革命、根据地建设话语上，毛泽东于1940年提出抗日根据地上的"三三制"主张，后续又提出根据地土地政策的三条基本原则，以及关于根据地的经济建设的相关主张。在中国革命领导权的话语表述上，除了过往强调的阶级间的夺权和无产阶级领导权的问题，毛泽东于 1937 年又提出了"领导责任"的概念,进一步凸显无产阶级的人民立场和世界担当。在党的建设的话语表达上,中国共产党在抗战期间尤其重视组织建设和党风建设,特别是提出要跳出教条、跳出主观,克服狭隘视野。对此,毛泽东等中国共产党人多次撰写文章、报告进行说明,包括毛泽东本人的《改造我们的学习》《反对主观主义和宗派主义》《反对党八股》等,以及刘少奇的《论共产党员的修养》《论党内斗争》等。

在话语内容上,抗日战争时期,毛泽东尤其重视对马克思主义哲学上的话语创新,由此确立了其"实事求是"的思想灵魂,特别是延安时期撰写的《实践论》《矛盾论》,系统阐述了实践论、认识论与辩证法等马克思主义的哲学方法论。毛泽东在给陈伯达的信中,结合中国墨家的哲学思想对"质"与"量"、"必然"与"偶然"等问题进行了探讨;在给刘少奇的信中,对人的社会性问题进行了探讨,融入了中国传统"是非观";1942 年在《如何研究中共党史》中,毛泽东提出的"古今中外法",体现了哲学领域的话语创新。在后续的战争学说和政党学说中也应用了这一科学方法论,比如,1937 年毛泽东提出的统一战线中的"和"与"争"的对立统一;在《论持久战》中,运用主次矛盾提出的"三个阶段"的划分和国民党内部的两面性问题;等等。

在社会主义文化建设上的话语,毛泽东尤其注重帮助党员和群众树立对抗日战争胜利的信心,先后了提出"爱国主义""国际主义精神""共产主义精神"等等,并提出了"中华民族新文化"的概念,呼吁文艺界、知识分子聚焦现状、服务大众,学习马克思主义的科学文化精髓。在这一时期,毛泽东开始对少数民族的发展问题予以关注,比如 1941 年的《陕甘宁边区施政纲领》创造性地提出了"民族自治区"的概念。

这一时期话语发展的主要原因:一方面,基于先前的话语争论和革命实践,中国共产党人在马克思主义与中国实际相结合的问题上更加富有经验,由此得出的思想成果也更加深刻;另一方面,马克思主义本身不仅是一国的学说,更是全世界人民解放的学说,因而从世界性、整体性的视野重新看待马克思主义,使得中国共产党人能够更好地领悟马克思主义的真谛。这就进一步拓展了马克思主义中国化话语发展空间,也为后续构建话语拓展提供了方向,为后续话语体系的构建打下了基础。

(二) 解放战争时期马克思主义中国化的话语转向

自党的六届六中全会上明确提出"马克思主义中国化"的任务后，中国共产党人就此作出一系列相关论述，马克思主义中国化话语也开始进入较为稳定的生成阶段。抗日战争取得全面胜利后，党内的话语焦点开始从暂时性的"抗日"主题回归到"中国革命"的原始主题。

党的七大上，中国共产党就过往20年的革命经验和抗日战争中党的经验和优势进行总结。毛泽东在《论联合政府》的报告中提出要迎接国民党的大反攻和继续革命，建立新民主主义国家。同时，话语内容的主题虽然得到了回归，但话语内容上却发生了一定的转向，即在延续发展新民主主义革命话语进程中，开始转向建设新民主主义社会的话语。主要表现在：

第一，特别重视民主政治方面的工作开展。从1947年的《中国人民解放军宣言》到1949年党的七届二中全会，党中央主要围绕建立民主联合政府和人民民主专政的国家进行了一系列的思想宣传，以团结全国各阶级，为建立新中国打下基础，这为后续明确新中国的国体和政体做了话语内容上的准备。之后，毛泽东撰写的《论人民民主专政》系统性地阐述了新民主主义社会的国家学说。

第二，特别重视对具有强制规定性的制度和法律的制定。1947年，毛泽东在给陈瑾昆的信中，便提到了要研究新民主主义社会的法律。之后，中国共产党便将起草全国新宪法作为一项重要任务，并陆续开展了土地法案、劳动立法、刑事条例和婚姻法的草拟工作，这也初步开启了构建中国特色法治话语体系的历程。

第三，特别重视国际形势对革命胜利和新中国建设的影响。抗日战争结束之际，毛泽东在会见西方记者时曾谈到美苏之间的"中间地带"问题，这也是其后来"第三世界"思想的雏形。解放战争胜利之际，毛泽东针对苏联对中国的援助问题作出形势上判断，而在解放战争胜利后，毛泽东又连发五篇社论，针对中美关系进行阐述，向世界表明新中国在政治立场上的权威性和政治地位上的合法性，这为中国确立在国际交往中的良好形象奠定了话语基础。

第二节 调适与重塑：以"建设"主题
为核心的话语群构建

新中国的成立开启了中华民族复兴之路，但复兴之路上同时也伴随着新的难题。旧时期的话语和理论不能够完全适应新时期的社会变迁，这就对马克思主义中国化的话语体系构建指明了新的方向、提出了新的要求。过渡时期残留的非社会主义性质的阶级势力、制度框架和思想文化，以及国际上仍然存在对新生政权的质疑和打压，使得在百废待兴状态下的话语构建呈现"苏化"与"本土化"的交织、"正确"和"错误"的交织。在对过往话语进行符合过渡时期的调适和符合社会主义性质的重塑中，诞生了以"建设"主题为核心的马克思主义中国化话语群，马克思主义中国化话语体系也进一步得以构建发展。

一 过渡时期的现实境遇与话语的特殊"苏化"

半封闭与半开放是新中国在社会主义过渡时期的最初状态，这一状态在国际上表现为对社会主义国家的开放态度和对资本主义国家的封闭敌视，在国内则表现为在物质基础和理论水平上受援于苏联又受制于苏联的交织状态。为此，过渡时期的马克思主义中国化话语构建，也深受这一现实境遇的影响而呈现特殊的"苏化"势态。

（一）新中国的设想与马克思主义中国化话语的全新探索

中国作为全新的社会主义国家，其社会制度的建立本身就是对马克思主义的巨大创新。在新中国成立前，中国共产党人便对新中国的社会结构和社会建设等相关问题进行了探索和思考，于1949年开国大典前通过了《中国人民政治协商会议共同纲领》。该纲领从国体到政体、从经济政策到文化教育、从民族政策到外交政策等多领域作出具体指向，展示了新中国的整体构架。这一纲领性文件的通过也为后续的话语转型提供了方向，主要表现在：

第一，关于政体与国体方面。毛泽东先后多次强调，当前已经建立了人民民主专政国家，在对待民族资产阶级和民主党派的态度上必须进行转变，要采取"既团结又斗争"的策略。特别是在党的七届三中全会上作的《不要四面出击》的报告，毛泽东明确表示要让这类群体逐渐成为拥护党和社会主义中国的人民大众群体，而在之后的经济与文化政策中也有充分体现。比如，在1950年，毛泽东给刘少奇的信中阐述了要运用马克思主义经济学进行土地划分，分清生产资料和生产关系，避免因错误的阶级划分打压群众；陈云也突出强调新中国的经济建设计划必须包括私营经济，这些为后来实施的"三大改造"政策做了思想准备。

第二，关于思想文化方面。党中央这一时期加大对马列主义经典和毛泽东选集的出版。一方面通过广泛的通识性知识的传播来扩大群众基础，深化群众对中国共产党和共产主义的认可；另一方面则是改造知识分子和部分非社会主义倾向的旧势力，以帮助他们实现政治立场上的平稳转化。

第三，关于民族问题方面。党中央对民族区域自治的概念进行了制度化、法律化设计，以弱化西部地区的各分化势力。在宗教问题上，作出了马克思主义中国化的话语阐释和解读，主张既尊重各民族的宗教立场，又服务于社会主义和共产主义的改变，这也是对马克思主义的宗教学说的正确理解和运用。

第四，关于外交方面。虽受制于形势采取"一边倒"的策略，但中国共产党对国际交往问题的思考从未停止。1948年，毛泽东在中共中央政治局会议上作的报告，提到了党内对国际形势的两种判断，即"一种是或者和平或者战争；一种是有战争危险，但是不致爆发战争"[①]。毛泽东在报告中进一步指出，我们必须要克服世界战争危险，为社会主义建设提供和平环境和争取实践。而这与之后我国所提出的"和平共处五项原则""和平与发展""互利共赢"等理念一脉相承，都是对马克思主义世界交往理论方面的话语创新。

不可否认，新中国成立时期的话语探索仍然渗透着革命的要素。比如在调动积极因素和协调关系上，仍是强调农民和工人的基础力量，对民族资产阶级因素存在部分排斥和防范心理，以及在社会主义过渡上，由开始的逐渐过渡到后续的急躁情绪，等等，这些革命因子的存在对后

---

① 中华人民共和国外交部、中共中央文献研究室编：《毛泽东外交文选》，中央文献出版社1994年版，第68页。

续话语上的走向偏差具有极大影响。

(二) 苏联模式对马克思主义中国化话语的全面渗透

新中国成立不久,毛泽东提出了"一边倒"的外交政策,并于1950年正式结成中苏同盟关系,这给予了国内照搬苏联模式的政策支持。这也表明过渡时期话语的特殊"苏化",在某种程度上来说存在着不可避免性。

第一,就中国本身而言。在解放战争尚未结束前,中国共产党为避免即将到来的胜利出现问题和为新的建设做准备,不得已而求助于苏联。1948年,为寻求苏联的帮助,毛泽东曾指出"必须谈妥,以便我们的政策方针要与苏联完全一致"[1]。1949年2月,毛泽东向斯大林询问国家管理的相关问题,这使得当时中国在指导思想上呈现了"苏化"现象。面对新中国成立初期"一穷二白"的社会发展状态,苏联对我国在物质上和技术上给予了巨大援助,也使得情感上存在"苏化"的偏向。民众甚至将部分苏联话语作为生活话语。为更好学习苏联的技术和维护与苏联的友好外交关系,俄语在我国也得到了一定程度的普及。

第二,就苏联本身而言。苏联的社会主义建设虽然已经开展多年,但由于苏联长期处于与美国的军事竞赛之中,又先后经历了"一战"和"二战",以及参与了多个社会主义国家的民主革命进程,使得苏联的社会主义模式仍然处于一种落后和僵化的状态,停留于一种战争体制下的社会主义模式。这种模式恰恰与建设之初的新中国状态相契合,再加上苏联本身在世界社会主义国家中的领先地位,这就使得在建设时期苏联模式对中国本土话语的较大影响。

苏联模式看似阻碍了中国化话语的进展,但当时苏联模式仍然具有一定的可借鉴性。在中国虽然呈现"苏化"的状态,但在具体表述和实践上仍旧存在一定的差异。苏联模式对中国的话语影响主要在以下三个领域:第一,关于国家管理问题上的话语苏化。在国体和政体这一基础问题上,便可看出特殊"苏化"的现象,如"人民民主专政"的理论是受到斯大林"工农民主专政""联合政府"建议的影响,以及在政权体系

---

[1] 沈志华主编:《俄罗斯解密档案选编:中苏关系》(第一卷),东方出版中心2015年版,第269—270页。

上"人民代表大会"的设置也与"联盟苏维埃代表大会"相关联。除此之外，在中国共产党的建设问题上也受到苏联的"绝对领导、民主集中、自我批评、群众信任"等话语的影响。第二，关于现代化建设问题上的话语苏化。这一时期最为重要的经济建设活动就是开展"社会主义改造"，而这一过程中的"五年计划"的提法就是照搬苏联，以及具体的"农业合作社""公有制""计划经济""大跃进"也是由苏联的"农业集体化""全民所有制""指令性计划""社会主义竞赛"等话语演变而来。第三，关于理论教育问题上的话语苏化。如果说在国家管理和经济建设上，我们在实践中还未丧失绝对的话语权，那么在理论教育上的话语"苏化"则尤为严重。在1949—1950年，为加强干部的思想政治教育，共出版"干部必读"书目12种。其中，列宁和斯大林的著作就占据一半，而马克思和恩格斯本人的经典著作也主要是苏联的译本。之后，哲学领域的中国化进程也基本是在套用苏联的辩证唯物与历史唯物的二元划分，甚至影响到现在的中国马克思主义哲学研究上的思维框架。

二 社会主义道路的现实探索与话语的本土转换

自1953年提出过渡时期的总路线和总任务后，中国便开始了对社会主义道路的艰辛探索。虽然此时的整个建设框架仍然是仿照苏联模式的框架，但以毛泽东同志为核心的党中央坚持马克思主义中国化的基本方向，不断探索推进理论和话语的本土化，从而形成了中国特色的社会主义过渡理论、基本制度和基本矛盾分析法。

（一）关于社会主义过渡理论的本土化

要实现社会主义过渡的问题，必须回到其逻辑原点即"什么是社会主义"的问题上来。毛泽东在解决这一问题时，虽然一定程度上来说有局限于马克思和恩格斯所设想的社会主义形态本身，但并未抛弃其"实事求是"的思想构建灵魂。毛泽东遵循马克思主义的社会主义阶段理论，在纵观社会主义建设的国际经验和本国国情的基础上，提出了马克思主义中国化的过渡理论。这里将其大致归纳为政治、经济、文化三大领域的社会主义过渡。

首先，政治领域的社会主义过渡，主要是党内和党外两个方面的改造。针对党内的改造是为了进一步向共产主义政党靠拢，以着重增强党员的共产主义信仰来增强党内部的组织性，主要做法是加强理论学习、自我批评和民主集中制。比如1954年的党的七届四中全会通过了《关于增强党的团结的决议》。1956年，毛泽东在党的八届二中全会上的讲话上也指出："党内的事情，都要用整风的方法，用批评与自我批评的方法来解决。"① 针对党外的改造主要是对非社会主义的阶级势力的改造，主要是通过思想变化和组织变化，使这部分群体增强对社会主义国家的认同度，团结一切可以团结的人民。

其次，经济领域的社会主义过渡，主要是对农业、手工业和资本主义工商业的改造。针对农业的改造是与过往的土地改革完全区分开来的，不仅以消除封建剥削为目标，更是通过农业合作社实现生产力水平的提升和所有制上的改变。针对手工业和资本主义工商业的改造主要是为了实现集体化、国有化的改造，即经济成分上的问题。但在这一方面的过渡，党内也特别提出了其改造的困难性和长期性。比如，1956年毛泽东在听取地方工业部汇报时，强调要正确运用价值法则。在党的八大上，周恩来在《关于发展国民经济的第二个五年计划的建议的报告》中也提到了这一点，表明计划经济内仍可以存在自由市场。陈云在《关于资本主义工商业改造高潮以后的新问题》中也指出，我们要建设"适合中国情况和人民需要的社会主义市场"②，这为后续经济领域的市场化改革提供了经验借鉴。

最后，文化领域的社会主义改造，主要是对知识分子、科学家的思想改造，以及对文艺作品的价值指向的改造。具体表现在：1954年中共中央对中国科学院党组的批示指出，要"培养成工人阶级的新的科学家"③；1956年周恩来《关于知识分子问题的报告》中，指出知识分子"已经为社会主义服务"④；1956年，毛泽东提出"百花齐放、百家争鸣"

---

① 中共中央党史和文献研究院：《马克思主义中国化一百年大事记》，中央文献出版社2022年版，第158页。
② 中共中央文献研究室编：《陈云年谱》（中卷），中央文献出版社2000年版，第334页。
③ 中共中央党史和文献研究院：《马克思主义中国化一百年大事记》，中央文献出版社2022年版，第143页。
④ 中共中央党史和文献研究院：《马克思主义中国化一百年大事记》，中央文献出版社2022年版，第150页。

的方针，以及文学艺术要有民族形式和民族风格的建议；等等。

（二）关于社会主义基本制度的本土化

社会基本制度展现了一个社会形态的具体特征。在成功过渡到社会主义社会后，关于社会基本制度的问题便成为一个亟待解决的重大问题。之前曾提到，新中国成立后，在国家治理和制度框架上存在仿照"苏联模式"的问题。但在20世纪50年代后，苏联模式的弊端日益显露，党中央明确提出要实现马克思主义与中国实践的"二次结合"。1956年，毛泽东在听取国务院第三办公室的汇报时提出："人是生活在制度之中，同样是那些人，实行这种制度，人民就不积极，实行另外一种制度，人们就积极起来了。"① 这充分指明了构建中国特色社会主义基本制度的想法。由于具体的社会制度稍多，这里只对社会主义的几大基本制度的本土化进行分析。

第一，关于新型政权组织制度，即人民民主专政和人民代表大会制度。人民民主专政和人民代表大会制度的话语前身分别为"工农民主专政"和"苏维埃代表大会制度"，之后被重新提出时，也使用了上述的提法，可见马克思主义话语的本土化。在酝酿阶段，毛泽东明确肯定了这一制度的优势在于"最广泛的民主"，而这也是之后所提出的"全过程人民民主"的话语前身。在当时复杂的社会背景下，新政权的建立虽然给广大工农群众以极大的自信，但非社会主义性质的成分仍然存在，且广大群众在心理上依旧存在着部分对这类具有非社会主义成分群体的不信任。"文化大革命"发生后，也可以看到对立与激化所导致的不良后果。但人民代表大会制度克服了当时存在的国内阶级性矛盾，也克服了苏联在"无产阶级专政"上的根本性制度设定，更克服了资本主义国家的精英的民主制度，真正发挥了社会主义民主制度应有的"全人民的民主"和"全过程人民民主"的优势。

第二，关于新型政党制度，即多党合作和政治协商制度。政党问题是解决国家治理主体不可忽视的关键问题。在大革命时期，毛泽东曾指出："要实现无产阶级、小资产阶级及中产阶级左翼的联合统治，即革命

---

① 中共中央党史和文献研究院：《马克思主义中国化一百年大事记》，中央文献出版社2022年版，第151页。

民众的统治。"① 在之后的全面抗战和全国解放中,他更是对多党派的协商合作表示肯定,甚至在确立根本制度前,于1949年便召开了第一次政治协商会议。这一政党制度在当时全面照搬苏联的建设形势下实现了本土化,而非照搬苏联的绝对一党制。此外,这一制度也未仿照西方两党和多党制,而是中国共产党领导下的多党合作制,从而克服了政党斗争所导致的不必要的内耗,实现了政治管理的高效率和高质量。

第三,关于新型民族治理制度,即民族区域自治制度。在全面抗战的民族战争中,中国共产党人便关注到了民族统一性和特殊性的问题。在1941年的《陕甘宁边区施政纲领》中就曾提及民族区域自治的理念,之后在中华人民共和国成立前率先实现了内蒙古的区域自治。关于民族区域自治的问题在早期酝酿阶段,也曾进行过如同苏联联邦制一般的设想,进行过单一制和复合制的选择,但最终基于中国所独有的多民族聚居的历史背景,以及前期的区域自治实践,实行了单一制下的复合制。而正是这崭新的尝试和践行,恰恰形成了符合中国实际的民族治理制度,实现了新中国成立后长久的民族团结和统一。

(三)关于社会主义基本矛盾的本土化

马克思、恩格斯本人并未对社会主义社会作非常详细的阐述,也未曾指明社会主义社会会出现的具体矛盾。但是马克思主义的普遍真理和方法却指明了社会主义社会的多变性和长期性,以及其矛盾的普遍存在性。因而,以毛泽东为主要代表的中国共产党人对于这一问题的思考也是一种中国化的新尝试。在作《论十大关系》报告后,毛泽东又曾提到:"十大关系的基本观点就是同苏联作比较。"② 这充分表明了我们在社会矛盾问题上具备了独创性的观点,逐渐从话语上开始跳出了"苏联模式",探索中国自己的道路。

首先,肯定社会主义社会存在矛盾。毛泽东强调社会主义社会仍然属于阶级社会的范畴以内,但其本身的矛盾问题、矛盾性质和矛盾处理方法却与以往的阶级社会存在不同。在解决社会各种矛盾的同时,也要做好新矛盾出现的准备,做好矛盾反复发生的准备。比如,毛泽东在

---

① 《毛泽东文集》第一卷,人民出版社1993年版,第19页。
② 张静如:《中共党史学与马克思主义中国化研究》,人民出版社2016年版,第709页。

《论十大关系》中就指出:"世界是由矛盾组成",但又强调"这些矛盾在实践中是否能完全处理好,也要准备两种可能性"。[①]

其次,对社会主义社会的基本矛盾进行了两种性质的划分。一个是社会主义外部的敌我矛盾和内部的人民矛盾。前者是根本性和对抗性的矛盾,对这一矛盾的处理不当可能导致复杂情况的发生,甚至是根本性的变化;后者是非对抗性的矛盾,但却是主要矛盾,对这一矛盾的处理也绝不可因其本身的非根本性而忽视,因为矛盾之间可以相互转化,对后一矛盾的不当处理亦可能造成有害的结果。而毛泽东在1956年的《再论无产阶级专政的历史经验》和1957年的《关于正确处理人民内部矛盾的问题》中,都有对如何处理人民内部矛盾的问题进行详细阐述。

最后,对中国社会主义社会存在的具体矛盾进行分析并提出解决策略。毛泽东指出,现阶段中国的主要矛盾是人民内部的矛盾,而解决这一矛盾的主要思路是团结的、平和的态度,这是对马克思主义所指明的"资本主义内在矛盾"相对应的话语拓展。人民内部的矛盾具体表现为"十大关系"上的矛盾,而这十对矛盾当时的重点是在经济建设上的矛盾,其他关系上的矛盾也都与当时经济发展之间存在着关联。比如,毛泽东指出,"重工业是我国建设的重点。必须优先发展生产资料的生产,这是已经定了的"[②]。这也从侧面指明了中国社会的主要矛盾是经济发展上的矛盾,主要的解决思路便是调动一切积极因素发展生产力。这也与后续党的八大的判断和新时代新的主要矛盾出现以前的中国现实状况和实践进展相契合,同时证实了这一中国化的社会主义基本矛盾理论的正确性。

实际上,马克思本人并未系统阐述"矛盾"的概念和方法,而是在对黑格尔的解读和对人类社会的分析中透露相关的话语内容。而毛泽东在革命时期撰写的《矛盾论》中则对这一内容进行了中国化的话语整合,并将其抽象出来,实现了系统性的方法论提炼。毛泽东在《论十大关系》中提出的概念,以及后续的阐释则将其回归到社会分析之中,通过再次的话语整合,实现了完全中国化的概念和思想提炼。

---

① 《毛泽东文集》第七卷,人民出版社1999年版,第44页。
② 《毛泽东文集》第七卷,人民出版社1999年版,第24页。

综上分析，虽然此时的中国仍处于"建设"主题的时代背景下，但就话语内容而言，开始表现出明显的"改革"倾向。比如政治领域中对社会基本制度以及党内制度方面的话语讨论，明显地呈现出要摆脱苏联模式的思想倾向，表现出中国在政治体制上作出"改革"的决心，以及在经济领域中对"市场"这一概念的具有开放性的话语讨论。这为后期以"改革"主题为核心的话语群生成和构建提供了重要的话语资源。

三 经济社会发展的复杂局势与话语的徘徊受挫

20 世纪 60 年代以后，伴随着中苏关系的破裂，中国的经济社会发展陷入复杂局势，一方面，由于前期过多地采取苏联模式，从而导致在建设路线上的摇摆；另一方面，由于国际上社会主义国家建设的失利，从而导致在建设上的急躁情绪。这两方面的压力致使中国这一时期在指导思想上呈现"正确"与"错误"相互交织，这也导致了马克思主义中国化话语的徘徊与受挫。

（一）正确指导下的马克思主义中国化的话语徘徊

在中苏关系正式破裂以前，中国共产党内有着浓厚的中国化话语氛围。1958 年，毛泽东曾指出要反对经济工作中照搬苏联的现象，破除西方文明的崇拜，以及对商品经济的正确态度。直至 1966 年中国共产党内虽然由于一系列复杂原因导致一些错误性的指导，但这一时期在马克思主义中国化领域仍然存在一些正确的话语导向，主要表现在：

第一，党的作风建设领域上的正确指向。针对前期照搬国外经验所导致的经济建设上的盲目性，以及"大跃进"和人民公社化运动所导致的生产积极性下降的现状，党中央逐渐看到了经济高度集中下的单一计划经济的弊端。中国共产党强调在话语上要践行革命时期的优良作风，以克服当前党内经济建设上过于盲目和教条的问题。比如，1962 年，刘少奇在中共中央扩大会议上，强调要发扬实事求是优良作风，让主观能动性符合客观规律；同年，邓小平在七千人大会上指出"党的五个优点"；1964 年，毛泽东在给刘少奇的信中，强调要让党员干部深刻认知和运用马克思主义的认识论，以克服教条主义。

第二，国际形势领域上的正确指向。伴随着中苏在社会主义建设上的争论加剧，以美苏为首的两个阵营的矛盾加剧，中国共产党内对这一时期在国际形势问题上的话语判断日益增多。虽然国内受到国际形势影响而出现了"左"倾思想，但中国共产党在国际话语上却未采取过于激进化的态度。1968年，毛泽东在审阅中共中央对外联络部的一封贺电稿中批语道，"一切外国党（马列主义）的内政，我们不应该干涉"①。1971年，毛泽东在审阅第二十六届联合国大会上的发言稿时，又对"超级大国"问题提出了中国态度。1973年，他会见美国国务卿时提出"一条线"思想。1974年，毛泽东会见赞比亚总统时也曾提出"三个世界"划分战略。这些话语内容集中体现了中国共产党在这一时期对国际形势的正确判断和选择。

（二）错误指导下的马克思主义中国化的话语受挫

面对社会主义建设后期出现的错误指导，首先我们要以正确的态度去分析它，才能在其中找到话语受挫的主要原因和主要方面。这一时期所出现的错误是多种因素引起的，而不应仅仅归咎于领导者个人，从这些错误话语中甚至可以看到与毛泽东本人前期相违背的思想。这一时期的错误指向主要是在经济建设和指导思想上的方向跑偏。

第一，经济建设上的方向跑偏。这主要是由于政治上的主要矛盾的错误判断所导致的。前期中国共产党内在经济建设上虽强调对其进行社会主义性质的改造，但重心仍聚焦于提高生产力，对于生产关系上是否坚持社会主义原则，并未作出明确的话语表述。毛泽东多次强调要正确运用价值规律，要正确处理劳资关系，要坚持所有制上的公有制。他肯定计划经济中必然存在市场经济建设的现状，强调了过渡的长期性。后期伴随着政治领域指出的阶级斗争风险的出现，阶级矛盾这个非主要矛盾成为主要矛盾，这便导致了经济建设过程中对社会主义成分的过分关注，从而导致经济在过渡时期呈现超前建设的现状。这种超前所导致的便是经济领域的进一步失衡，以及政治和文化领域内的话语错误，比如，对中国共产党内部分人士的"走资派""反动派""工贼"的称谓，对部分知识分子的"牛神蛇鬼""臭老九"的称谓，以及"斗私批修""打倒帝修反""红色恐怖""文攻武卫"等阶级斗争话语。

---

① 中共中央党史和文献研究院：《马克思主义中国化一百年大事记》，中央文献出版社2022年版，第194页。

第二，在指导思想上的方向跑偏。由于对国内形势的误判，错误思潮的蔓延，致使中国共产党内在思想作风方面出现了一些状况，比如，有人对"毛泽东语录"的片面使用，将发展生产力、按劳分配等正确的社会主义建设理论批判为"洋奴哲学""爬行主义"。伴随着错误思潮的遏制，中国共产党内重新树立了"实事求是"思想路线，但部分话语表述中仍然存在"左"的思想，即"两个凡是""阶级斗争为纲""继续革命理论"等话语表述。直到 1977 年在党的十一大邓小平纠正"左"的话语错误，马克思主义中国化话语开始进入新的构建阶段。

第三节　继承与发展：以"改革"主题为核心的话语群构建

党的十一届三中全会后，中国进入社会主义建设的新时期。在这一时期，以邓小平同志为核心的党中央以重新走向世界的开阔视野，对过往的经验和教训进行总结，确立了解放生产力的建设重点，作出了改革开放的伟大决策。进入世纪之交，中国共产党人在继承和发展中继续进行马克思主义与中国实践的新的伟大结合。在全面开放状态下进行话语构建，形成了中国特色社会主义理论体系，生成了以"改革"主题为核心的马克思主义中国化话语群。

一　重新走向世界的态度选择与话语的回归理性

进入新发展时期之际，以邓小平同志为核心的党中央破除"两个凡是"的思想禁锢，确立了"真理"和"实践"的权威，实现了思想上的拨乱反正。同时，在实践上开始了各领域的全方位调整，实现了行动上的拨乱反正。这两方面的拨乱反正体现出新时期的中国聚焦现代化建设重新走向世界的进路选择，也为马克思主义中国化话语的理性回归和内容转换做了思想上的准备。

（一）解放思想成为马克思主义中国化话语新发展的序幕

社会主义建设时期，我国在指导思想上曾一度陷入迷茫。对此，邓小平在 1977 年的讲话中，多次声明要纠正思想作风上的"两个凡是"，恢复党的优良传统，纠正对知识分子的批判，为现代化建设保留人才。

这也为1978年开启真理标准问题讨论的思想解放运动和党的十一届三中全会彻底破除"两个凡是"等思想禁锢做了前提准备。自此直至1981年,党的十一届六中全会实现思想上拨乱反正的完全胜利,中国共产党顺势进一步推进各领域工作中的思想解放,揭开了新时期马克思主义中国化话语新发展的序幕。

首先,解放思想为话语的新发展提供了话语基础。主要表现在对毛泽东思想的正确评价上。邓小平批判了对毛泽东思想"形式主义的高举",重新确立了整体性的毛泽东思想的正确性和其在党和国家发展上的指导意义,肯定了毛泽东思想"实事求是"的灵魂,肯定了毛泽东思想在马克思主义中国化成果中的重要地位。而这也肯定了我国前期的中国化话语发展方向是正确的,是能够作为后期话语新发展的基础而存在和演进的。

其次,解放思想为话语的新发展明确了方向主题。主要表现在这一时期反复出现"四个现代化""改革""领导制度""社会主义民主法制""小康"等话语内容。这些概念性的话语还需要进一步阐释,这就为后续话语的构成提供了方向主题和发展空间,之后也是在这一过程之中构建了更多具备新时期、新实践独有特征的新话语内容。

最后,解放思想为话语的新发展提供了思想方法。主要表现在这一时期不断出现"四项基本原则""实事求是""优良作风""精神文明"等话语内容。这充分体现了中国共产党在开展后续的工作中,在思想方法上的高度重视。在现代化建设的实践中也明确提出了"物质"与"精神"两个文明并重。这一系列思想作风上的改进,潜移默化地融入马克思主义中国化的进程之中,成为党和人民构建和发展新话语内容的方法论。

(二)全方位调整与马克思主义中国化话语的拨乱反正

解放思想为马克思主义中国化话语的新发展做了方向上的思想准备,各领域的全方位调整则为话语的发展做了物质准备。之后话语的新发展也由序幕的揭开进入实践阶段,主要表现在由解放思想时期对关键话语的反复强调,到全方位调整后对话语表述的现实转换。通过这一话语转换实现了话语的拨乱反正,为后续新话语的生成和构建提供了经验启示。

第一，对开展国内建设工作方面话语的拨乱反正。主要包括：在经济领域的重大调整。党中央作出"改革开放"的决定，邓小平提出要在保持"公有制""按劳分配"不动摇的基础上，发展"商品经济""经济特区""市场调节"等等，强调要"门路多一点"，利用"开放"得来的资金技术反向推动"改革"。在党的领导制度上的调整。1980年，邓小平在中共中央扩大会议上关于《党和国家领导制度改革》的讲话中，对党的指导思想、作风、纪律等问题进行阐述，指明了政治体制改革的基本方向。在1982年修改的新党章中，特别强调党员的八项义务和党在思想和政治两方面的高度一致；在民主法制上的调整，多次提出"发扬民主""加强社会法制"等话语，强调要在社会保障和法律制度领域的改革，充分发挥社会主义制度优越性；在教育领域的调整，包括针对党员干部的"四化"教育和针对国民教育的"三个面向"改革，以及针对科技人才问题的培育。

第二，对走向世界态度方面话语的拨乱反正。虽然前期中国共产党人对于国际形势的判断和政策总体是稳健的，但仍存在部分"左"倾的基调。在重新走向世界的进程中，党中央并未单一坚持苏联阵营而是面向西方开放，这看似是一种妥协，但实为正确的战略抉择。向西方开放并不意味着马克思主义中国化的退后，恰恰意味着前进。只有正确解读资本主义才能真正克服资本主义的弊端，真正找到走向共产主义的正确的社会主义建设道路。对此，邓小平继承党的第一代中央领导集体，多次在话语上强调"反对霸权主义""和平共处五项原则""党际关系""第三世界力量"，以及后期作出了"东西南北"的世界形势和"和平和发展"的时代主题判断。

至此，马克思主义中国化话语体系的构建仍然是处于一个初期的发展阶段，这一时期的话语内容虽然进行了转向并开始形成体系，但总体上仍然是关于过往话语的归纳、总结和调整，尚未完全形成具有明显中国特色的马克思主义中国化话语体系，尚未达到话语体系的成熟期。特别是在话语体系的构建上仍然停留在丰富思想和拓展内容上，对于话语体系内的表达和传播方面虽然也做出了一些改变，但并未形成与世界相对接的体系化的表达方式和传播途径。

二 改革开放的全面展开与话语的开拓丰富

伴随着思想上的全面解放，社会主义建设渐入佳境，改革开放的政策亦进入全面开展阶段，与之相对应的各领域的新实践带来了新的话语内容和新的理论升华，并逐渐形成了总体性的中国特色社会主义构建思路。这一大潮涌起下的话语生成和理论构建亦给进入新世纪的马克思主义中国化带来了蓬勃生机。

（一）"什么是社会主义"与马克思主义中国化的话语拓展

历史上的一些失误，造成了中国共产党党内的思想徘徊和思想禁锢，关于"什么是社会主义"这一问题，便成为新时期开展各领域工作必须解决的思想难题，其主要涉及的内容便是社会主义的本质和社会主义发展阶段的问题。邓小平在继承并整合前人的思想精华和大胆实践的基础上，对"什么是社会主义"这一问题进行了理论上的思考和话语表述上的演进。

第一，关于社会主义本质问题。受制于当时的话语语境，马克思和恩格斯早期比较认同"共产主义"这一表述，而对"社会主义"的提法相对较少。在后期的不断思考中，他们逐渐转变思路，提出了"社会主义"是"共产主义"的必经阶段。在本质论的问题上，马克思和恩格斯主要是通过描述社会主义和共产主义的一般特征来将其与资本主义相区分，如"高度发达生产力""阶级消亡""按需分配""消灭私有制"等。这也导致了之后的共产党人受现实社会发展复杂性的影响，在本质问题上出现了共产主义与社会主义混淆的现象。在苏联，列宁、斯大林基本上是延续马克思主义经典作家的基本观点进行社会主义建设，不过他们特别强调社会主义的"无产阶级专政"的问题。毛泽东曾想打破苏联模式，对经济上的平均主义进行过相关批判，但受制于历史条件并未完全提出具有中国话语特色的社会主义的本质论主张。邓小平继承毛泽东等中国共产党人的相关思想，基本上形成了对这一问题的中国化阐述。邓小平对社会主义本质的思考主要从"优越性"这一视角出发，以此指明社会主义与资本主义的本质区别。他多次强调"社会主义有两个非常重要的方面，一是以公有制为主体，二是不搞两极分化"[①]。这表明社会主

[①] 《邓小平文选》第三卷，人民出版社1993年版，第138页。

义制度旨归上的优越性和社会主义社会性质上的不动摇,特别是对"公有制""消灭剥削"一般特征的阐述。"贫穷不是社会主义,发展太慢也不是社会主义"①,这表明了社会主义物质旨归上的优越性,特别是对"生产力"和"共同富裕"一般特征的阐述。

第二,关于社会主义发展阶段问题。马克思在《哥达纲领批判》中将共产主义分为"第一阶段"和"高级阶段",但这两者之间明显还有更大的阶段划分空间。列宁便对这一观点进行了细化,将"第一阶段"称为"社会主义阶段"。在《共产主义左派幼稚病》中,列宁又将无产阶级夺取政权以后的社会主义划分为最初、低级、中级和高级四个阶段。1959年,毛泽东读苏联《政治经济学教科书》,在与读书小组的谈话中,对这一问题进行了中国化的解读,将社会主义划分为"不发达"和"比较发达"的两个阶段,并指出"后一阶段可能比前一阶段需要更长的时间"②。邓小平则在这一基础上进一步发展了社会主义发展阶段理论的话语,对"不发达"这一概念进行改进,转为使用"初级"这一概念,并对这一初级阶段内社会主义国家所具有的特征进行了更为细化的表述,即"生产力落后""商品经济不发达""巩固和发展社会主义制度""摆脱贫困"等等。

(二)"中国式现代化"与马克思主义中国化的话语拓展

"现代化建设"是改革开放全面开展后的一个核心主题。关于"什么是现代化"的问题,1964年,周恩来在做《政府工作报告》时,已完整地提出了"四个现代化"的概念和"两步走"的战略构想。1979年,邓小平在会见英中文化协会执行委员代表团时,将过去的"四个现代化"提为"中国式的四个现代化",随后又进行了更为具体的中国化表述,为"中国式现代化"赋予了更为具体的阶段,即"小康"的概念和"三步走"的战略。关于"如何实现中国式现代化"这个关乎整个国家顶层设计的重大问题,其涉及的领域广泛,话语内容更加多样,难以在这一部分完全阐述。因而,对于这一问题的解决邓小平只是开了个头,还需要一代代中国共产党人进行新的探索和话语转换。正如在党的二十大报告

---

① 《邓小平文选》第三卷,人民出版社1993年版,第255页。
② 《毛泽东文集》第八卷,人民出版社1999年版,第116页。

里,习近平对其提出了一系列新表述。邓小平对这一问题吸取了过往的启示,强调只有思想正确,政策和行动方向才可以得到保障。

首先,思想路线上的话语拓展,主要包括提出"四项基本原则"的基本路线。同时,邓小平还充分借鉴了过往革命的"三大法宝"中"统一战线"的提法,强调新时期现代化建设要充分发扬"统一战线",提出了新时期的统一战线,包括将"革命统一战线"的内容更新为"工人阶级领导的、工农联盟为基础的社会主义劳动者和拥护社会主义的爱国者的广泛联盟"[①],以及针对国家统一问题上的"爱国统一战线"。

其次,开展经济建设的话语拓展,主要包括针对经济体制上的改革。邓小平坚持马克思主义基本观点,强调发展商品经济是现阶段经济发展不可逾越的过程,同时也并未否认"计划"作为社会主义经济发展手段所具有的优越性,进而提出"社会主义市场经济"的概念。虽然建立了市场经济体制,但中国的经济体制本身是社会主义性质的。马克思主义认为社会主义社会在经济体制上必然实行公有制,认为这是社会主义制度不同于现存制度的独特优越性,即效率上的优越性,这种优越性所带来的便是生产力的高速和高质量发展,而后续的中国实践也进一步证明了这一制度的优越性。因而,在分配问题和所有制问题上,邓小平将"按劳分配"这一社会主义的分配原则,根据现实状况拓展为"允许按要素分配",以及后续又表述为"按劳分配为主体,多种分配方式并存"和"公有制为主体、多种所有制经济共同发展"的提法。在对外开放方面,邓小平发展了过往革命中对陕甘宁边区和根据地等具有独特意义的话语表述,创新性地使用了"特区"的概念。伴随着开放的不断推进,引进了西方话语中的一些概念和范畴,出现了诸如"金融改革""高技术""股份制""现代管理"等话语。

最后,开展政治和社会建设的话语拓展,主要涉及党的领导制度、民生、法治、教育问题。社会主义性质的现代化始终坚持马克思主义的人民立场,生产力的发展是现代化的物质基础和现实指标,而精神境界的提升才是全面现代化的价值归旨。对此,在党的领导方面,邓小平在既往的党风问题的话语上,提出了"思想战线不能搞精神污染"。对党内

---

① 《邓小平文选》第二卷,人民出版社1994年版,第187页。

官僚主义所造成的腐败问题，提出了党内干部的"四化"，克服"家长制"，废除"职务终身制"；在民生和法治方面，提出了"社会主义精神文明""人治和法治""两手抓""法治教育"等话语内容；在科技教育方面，邓小平将毛泽东"向科学进军"的表述延伸发展为"尊重知识、尊重人才""科技是第一生产力"，提出了"四有信任""三个面向""教育体制改革""教育立法"等话语内容。

（三）"一国两制"与马克思主义中国化的话语拓展

"一国两制"这一独特的具有中国话语特色的理论创新和话语创新，是在坚持和灵活运用马克思主义的国家学说以及整合前期中国共产党人处理国家统一问题的思想精髓和话语表述的基础上而形成的。马克思、恩格斯强调要坚持无产阶级专政和实行单一制的民主国家结构，指出此类国家结构更有利于实现社会主义高度化的发展生产。但同时马克思、恩格斯本人并未完全否定联邦制，而是在一定程度上肯定了地方自治所发挥的积极作用。在苏联方面，列宁前期基本延续了马克思、恩格斯所提出的单一制，十月革命后，面对地区分裂问题采取了联邦制，而这种违背恰恰体现了马克思主义政党的灵活性和先进性。由于苏联方面将"联邦制"视为权宜之计，之后便迫切转向高度民主集中的状态，导致后期民族问题的恶化态势。

中国的情况较为复杂，除了民族地区和殖民地区的争端外，还涉及政党之间的地区争端，因而在这一问题上便形成了中国化的独特思维。1954年，毛泽东同英国工党代表团的谈话中曾指出："不同的制度是可以和平共处的"，满足的唯一条件是"双方愿意共处"，这一思想体现了中国共产党人对待地区争端上的开放的思想态度。由于当时这一思想主要是立足于国际的紧张态势，因而并未将这一思想运用于解决国内统一问题。之后，邓小平作出"和平与发展"的时代判断，将这一观点的视野放于解决国内问题，总结出"一国两制"的构想，并成为长期的基本国策。1982年，邓小平在会见美国华人协会主席李耀滋时，首次提出"一个国家，两种制度"概念。[①] 并在后续不断对这一理论进行深化拓展，对

[①] 中共中央党史和文献研究院：《马克思主义中国化一百年大事记》，中央文献出版社2022年版，第227页。

"一国"和"两制"两个概念分别进行解读。因而不管是针对世界上"一国两制"是属于"单一制"和"联邦制"的话语争论，还是针对"一国两制"是否是"社会主义性质"的话语争论，其实际话语内容都坚持了马克思主义且符合中国国情，在现实意义上保持了国家的稳定统一。"一国两制"创新理论的历史价值，不仅仅在于成功解决了香港、澳门的回归问题，还在于其为解决国际上的制度争端和国家分裂问题提供了可实践性的典范，属于具有世界性意义的国家治理方略。

三 建设中国特色社会主义的崭新课题与话语的繁荣发展

从党的十二大邓小平提出"建设有中国特色的社会主义"，到党的十六大上江泽民正式使用"中国特色社会主义"这一概念，再到党的十七大胡锦涛首次提出"中国特色社会主义理论体系"。这一系列的话语演进标志着进入21世纪的中国正式开启了探索新主题的新征程，也宣告这一时期建设中国特色社会主义的崭新课题，成为今后马克思主义中国化的理论、实践和话语构建方向。有了明确方向的马克思主义中国化话语体系，也愈加呈现出繁荣发展的状态。

（一）江泽民对马克思主义中国化话语的继承创新

即将进入21世纪之际，面对新的世纪难题，特别是以美国为首的西方国家在短暂的和平建交后，又复出的经济制裁与和平演变，以及国内关于十年改革要不要继续、对外开放要不要深入的话语争端，江泽民在坚持指导思想不动摇的基础上，为新世纪新建设指明了话语方向，继续推进马克思主义中国化话语的拓展。

在关于"改革"是否继续的问题上，江泽民在党的十四大上指出，经济体制的改革在21世纪仍然是关乎中国社会主义建设大局的重大问题，不能因为一时的总体实力的上升，就认为各领域的改革可以停止。对此，江泽民进一步指出"社会主义市场经济体制是同社会主义基本制度结合在一起的"[1]，这表明继续推进经济改革是巩固和完善社会主义制度的必经之路。对此，江泽民就经济体制改革中的关键领域进行了话语拓展，包括基本路线方面的"粗放型向集约型"的经济发展方式转变、

---

[1] 江泽民:《江泽民文选》第一卷，人民出版社2006年版，第227页。

"改革、发展、稳定"的重大关系和"政治高度对待经济风险"的问题等；农业领域的"建设社会主义新农村""救济式扶贫改为开发式扶贫""以工补农、以工建农"等；工商业领域的"中国特色国有企业改革道路""防范化解金融风险""引导非公有制经济"等新理念和新表述。

同时，关于"开放"是否深入的问题，江泽民提出了"引进来""走出去"的重大战略，不再集中性地大量学习国外经验，开始重视对中国企业、文化等各方面的输出，极大程度地去提高中国在国际中的话语主动权。除经济领域的改革外，江泽民尤其重视执政党内部的改革，创造性地提出了"三个代表"重要思想，这明确了21世纪党的建设方向和目标。围绕这一目标，又相继提出了具体的建设策略和路径，包括针对党内干部的"三讲"教育、"四个如何认识"的问题和"八个坚持、八个反对"的要求等。在精神文明领域的改革，江泽民重视加强思想宣传和教育引导工作，提出"科教兴国"的教育战略和"以科学的理论武装人，以正确的舆论引导人，以高尚的精神塑造人，以优秀的作品鼓舞人"①的社会主义文化建设方针，并对民族精神、抗洪精神和"两弹一星"精神进行阐释和弘扬，以提高社会主义国家广大人民群众的思想道德素质。在面对国际问题所秉持的态度上，江泽民在坚持毛泽东的"三个世界"和邓小平的"和平发展"的思想话语基础上，一方面提出要积极应对国际风险和敌对势力，"保持清醒认识，坚持独立自主，加强防范工作"②维护经济安全，以及做好"军事信息化"工作，打好可预见的信息化战争；另一方面也提出要适应全球化、多极化的趋势，建立"新安全观"，积极构建"国际政治经济新秩序"，等等。

（二）胡锦涛对马克思主义中国化话语的继承创新

经过多年改革开放，中国经济进入高速发展期。面对这一高速发展的状态，以胡锦涛同志为代表的中国共产党人，顺势而上继续在经济领域稳步前进，同时也对高速发展下存在的生态环境破坏、发展不平衡和人文价值弱化等隐患进行深度思考，从而进一步推进马克思主义中国化

---

① 《江泽民文选》第三卷，人民出版社2006年版，第85页。
② 《江泽民文选》第二卷，人民出版社2006年版，第545页。

话语的创新发展。

胡锦涛提出"科学发展观"的新发展理念。首先，在生态环境破坏问题上，胡锦涛明确要"坚持生产发展、生活富裕、生态良好的文明发展道路，建设资源节约型、环境友好型社会"①，提出经济发展方式上要转换，将"集约型经济"细化为"循环经济""产业结构调整"和"自主创新"等具体内容。

其次，在发展不平衡问题上，胡锦涛进一步发展过去中国共产党人的"统筹发展"理念，针对国内的不平衡问题提出"区域发展总体战略""城乡经济一体化""中国特色城镇化道路"；针对国际的不平衡问题提出统筹"两个大局"，并在此基础上总结过往"十个结合"经验，实现在理论与实践、中国与世界、经济与文化等多方面的统筹兼顾、和谐发展。

最后，在人文价值弱化问题上，胡锦涛强调要先从党的自身出发，发挥党的领导核心作用，针对反腐倡廉问题对执政党建设的话语进行了丰富拓展。以毛泽东为代表的早期中国共产党人面对这一问题往往从作风领域入手，比如，毛泽东先后提出了"两个务必"和"整风运动"。经历了一系列党内斗争后，邓小平强调党内作风建设，并从行政和法制角度出发考虑这一问题，先后颁布了《关于党内政治生活的若干准则》和《关于对党员干部加强党内纪律监督的若干规定》。江泽民在继承这些思想的基础上系统地回答了这一问题，提出了"三个代表"重要思想，针对党内腐败提出了"党风廉政建设责任制"的制度安排。胡锦涛则基于党风、纪律和制度防治上进一步深化和发展，提出了"权为民所用，情为民所系，利为民所谋"②的权力制约口号；"标本兼治、综合治理、惩防并举、注重预防"③的防止党内腐败"十六字方针"，构建了制度、教育、监督并重的完整的党内反腐倡廉治理体系。在党的十七大上，胡锦涛首次将反腐倡廉建设放到战略高度上进行考量。针对社会领域出现的"拜金主义"的价值观失衡状况，创新性地提出"社会主义和谐社会"的建设话语，特别是提出了"社会主义核心价值体系"的重要概念。胡锦

---

① 《胡锦涛文选》第二卷，人民出版社 2016 年版，第 624 页。
② 《胡锦涛文选》第二卷，人民出版社 2016 年版，第 9 页。
③ 《胡锦涛文选》第二卷，人民出版社 2016 年版，第 657 页。

涛在江泽民提出"民族精神"的基础上,增添了"时代精神"作为核心价值观体系的基本内容,强调以社会主义先进文化为方向推进中国文化体制改革。

综上分析,这一时期的中国伴随着改革开放逐渐深入的趋势,关于话语体系的构建也开始进入新的发展阶段。以对外输出为主的话语内容得以拓展,在话语表达上也更加的自主和自信,不再单纯地附和西方的话语表达模式。在话语传播途径和模式上也开始与世界对接,不再仅仅聚焦于国与国之间的国际交流,而是更加注重合理运用网络技术与世界人民进行话语互动;在话语传播模式上也变得愈发体系化。马克思主义中国化话语体系的不断完善,也更好地向世界人民传播了马克思主义中国化话语的内容。

第四节 创新与完善:以"复兴"主题为核心的话语群构建

在新时代,中国共产党人基于历史上正确与错误的思想交织、胜利与失败的战略抉择、陈旧与革新的话语争论,逐渐找寻到了实现复兴的正确道路,愈发坚定了实现民族复兴的决心,秉承以复兴姿态走向世界舞台中心的状态,在创新和完善马克思主义中国化的理论和实践中,开始了以"复兴"主题为核心的马克思主义话语群构建。

一 "中国梦"的新时代开篇与话语的守正创新

2012年,习近平在参观《复兴之路》展览时提出了"中国梦"的概念。"中国梦"是在马克思主义指导下生成和构建的话语内容。新时代,"中国梦"的实践探索更加具体,中国共产党对中国"实现什么样的发展、怎样发展"的战略目标和实践理念更为清晰,对"中国之问、世界之问、人民之问、时代之问"也有了更为科学的回答。围绕愈发清晰的"中国梦"主题所产生的马克思主义中国化成果和话语表述不断创新发展,在多个领域内推进着马克思主义中国化话语的拓展。

(一)马克思主义执政党建设领域的话语拓展

治国先治党,这是每一代中国共产党人在进入新的历史时期中始终不断推进的实践场域、始终不断扩展的话语场域。从整体性视域出发，马克思主义作为全世界社会主义政党成立的重要理论渊源，主要回答了"什么是共产党"的问题。受制于马克思、恩格斯所处的时代，他们关于执政党建设的理论，大多是从原则的视角出发，对共产党身为"革命党"和之后作为"执政党"应该具备的特征和完成的任务进行方向指引，对于具体的建设路径问题尚未进行系统阐述。

以毛泽东为代表的第一代中国共产党人，主要探讨了作为"革命党"和"执政党"两个身份下的党的建设问题。邓小平在继承毛泽东思想内核的基础上，进一步回答了如何转向"执政党"的问题，从而确立了身为"执政党"的中国共产党的政治立场和建设方向。江泽民、胡锦涛先后开拓和完善了新时期"建设什么样的党、怎样建设党"的根本问题，展现出中国特色的党建思想的概貌。立足新时代，习近平秉承中国共产党人代际传承的思想内核，进一步回答历史课题，对如何延续"百年大党"、克服"历史周期律"等问题作出崭新回答，提出了从内外两方面的全面建党理论，即内在就是要实现"党要管党"的自我革命；外在则要实现"制度管党"的体制改革，在目标原则、总体思路和具体路径上进行一系列话语革新，以全方位实现全面治党和从严治党的目标。

首先，关于执政党建设的目标原则。习近平实现了从毛泽东的"无产阶级是领导力量""共产党绝对独立领导"，到邓小平的"党和国家领导制度的改革"。再从江泽民的"提高党的领导水平"，到胡锦涛的"党的执政能力建设""党的全面领导""总揽全局、协调各方的领导核心"的话语演进。其次，关于执政党建设的总体思路。习近平在"整顿党风""发扬优良传统""加强党的思想建设""严格党的政治纪律"的基础思路上进行话语拓展，提出"必须以党章为根本遵循，把党的政治建设摆在首位，思想建党和制度治党同向发力，统筹推进党的各项建设"①，推进全面从严治党这一总思路，实现了从"学习型政党"向"学习型服务型创新型马克思主义执政党"②的党建目标的话语拓展。最后，关于执政党建设的具体路径。其话语内容主要是提出了对中国共产党党员更高、

---

① 《习近平谈治国理政》（第三卷），外文出版社2020年版，第20页。
② 《习近平谈治国理政》（第一卷），外文出版社2018年版，第365页。

更细、更严的要求；在"党的先进性"问题的基础之上，再强调"党的纯洁性"问题，实现了由"密切联系群众""遵守党的纪律""发挥先锋模范作用"的现实要求，到新时代党员做到心怀"国之大者"，深刻理解"两个确立"，切实把增强"四个意识"、坚定"四个自信"、做到"两个维护"落到行动上，做到坚定历史自信、增强历史主动、发扬斗争精神等的新要求转变，以及不断推进党的"自我革命"、抓住党内"关键少数"的党员建设和管理的话语演进。

（二）马克思主义科学社会主义领域的话语拓展

建设中国特色社会主义和实现共产主义是中国探寻的"复兴之路"，是贯穿马克思主义中国化话语发展的主线。如何走好这条"复兴之路"是新时代党和人民要解决的关键问题，追根溯源需要从马克思主义中寻找答案。中国正处于并长期处于社会主义初级阶段，根据这一国情，以毛泽东为代表的中国共产党人探索解决了"社会主义过渡"问题后，邓小平又接续回答和开启了"建设中国特色社会主义"的重大课题，进入新世纪、新时期，稳固推进中国特色社会主义建设成为新的话语焦点。

首先，社会主义建设总体布局的话语拓展。好的顶层设计是社会主义建设顺利进行的前提，而做好顶层设计的前提是对国情的正确分析。对此，习近平针对现实国情作出"新时代"的话语表述，并对"新时代"的内涵进一步进行话语阐述，包括对"社会主义主要矛盾"和"百年未有之大变局"的判断。同时，就多次出现的是否继续推进改革的问题，提出改革开放前后"两个历史时期"既相互联系又相互区别的判断，进一步发展了对社会主义初级阶段内部状况的划分，提出改革进入"攻坚区"和"深水区"。在正确判断国情和世情基础之上，习近平对社会主义建设的总体布局话语进行拓展，实现从"三步走"向"两个一百年""新征程"的发展规划的话语演进；实现了从"四个现代化""四位一体"向"四个全面""五位一体"的战略目标的话语演进；实现了从"科学发展观"向"五大发展理念"的发展理念的话语演进。

其次，社会主义建设具体领域的话语拓展。一是在经济建设领域。首次提出"经济新常态""供给侧结构性改革""国内国际双循环"等概念范畴，对市场在资源配置中的作用进行了由"基础性"向"决定性"的判断，对经济发展方式的转变要求进行了由"又好又快"的"高增长"

向"高质量"的转变。二是在政治建设领域。首次提出"国家治理体系和治理能力现代化""总体国家安全观"等概念范畴，提出"把制度优势转化为治理效能"。三是在文化建设领域。在过往提出"科教兴国""人才强国"战略的基础之上，提出"体育强国、网络强国、文化强国"等的方针战略；基于"提高文化软实力""社会主义先进文化建设"表述，提出对传统文化的"创造性转化、创新性发展"和加强"四史"教育的新路径；基于过往"民族精神和时代精神""社会主义核心价值观"表述，进一步提出要弘扬"中国共产党人的精神谱系"，总结归纳了"伟大建党精神"这一中国共产党人的精神之源。四是在生态建设领域。首次提出"绿水青山就是金山银山"，生动形象地表达了生态保护与物质生产之间的辩证关系，提出"污染防治攻坚战"，阐明了生态问题的战略地位。五是在社会建设领域。在医疗卫生体制改革方面，提出"健康中国"战略；在民主法治方面，提出了"全过程人民民主"和"中国特色社会主义法治道路、法律体系"的新概念；在反贫困领域，提出了"精准脱贫"和后续"乡村振兴"的全过程的脱贫政策和理论，并在2021年中央财经委员会第十次会议上提出推进"共同富裕"的总思路。

最后，军队建设领域的话语拓展。实现了从"听党指挥、服务人民、英勇善战"[①]向"听党指挥、能打胜仗、作风优良"[②]的新型人民军队的目标话语拓展，以及"三个根本性转变""政治建军、改革强军、科技兴军、依法治军"[③]的治军方式话语拓展。

2022年，党的二十大报告中，习近平指明了"中国式现代化"的本质要求和基本特征，这一概念表述的丰富和深化，是对上述社会主义建设具体要求的集中概述。中国式现代化丰富了现代化理论中的概念范畴，在过往"现代化"等同于"全球西化"的理念下，创新性地提出了现代化领域的新研究范畴。

（三）马克思主义意识形态领域的话语拓展

巩固意识形态是巩固国家政权和维护执政党权威的一项极端重要的

---

① 《胡锦涛文选》第二卷，人民出版社2016年版，第596页。
② 《习近平谈治国理政》（第三卷），外文出版社2020年版，第16页。
③ 《习近平谈治国理政》（第二卷），外文出版社2017年版，第417页。

工作。马克思主义对意识形态的本质、功能及无产阶级意识形态的认识均是立足当时的社会背景和实践条件进行分析的。百年来世界形势发生了极大的改变，具体的革命内容和形式同样也发生了极大的改变，这就要求中国共产党在意识形态领域进行中国化的思考和话语拓展。毛泽东在《新民主主义论》中就曾使用过"观念形态""思想体系"等话语概念来阐释"意识形态"，提出"文化革命"是为政治、经济革命服务的，并在一定程度上反映政治和经济。邓小平反驳了"文化大革命"期间出现的"泛意识形态"现象，强调文艺、教育、理论、政治工作者都要防范现代化进程中的意识形态风险，也要防范"无政府主义""个人主义"等不良思潮的泛滥。江泽民、胡锦涛高度重视党内的思想建设和社会主义文化建设这两个领域的主流价值观的传播，包括提出"民族精神""社会主义先进文化""社会主义核心价值体系"等概念。新时代以来，意识形态领域的争夺日益激烈，在这一过程中马克思主义意识形态领域的相关话语得到了丰富拓展。

首先，思想政治工作中的话语拓展。习近平就胡锦涛在党的十六大上所提出的"培养什么人，怎样培养人"的基础上，在党的十八大上增添了"为谁培养人"的表达。并且将思想政治工作的领域由党内扩展到党外，高度重视学校思想政治教育工作和青年理想信念的培育工作，先后提出了关于理想信念之"补钙论"、关于核心价值观之"扣子论"、关于思政课之"铸魂论"等话语表述。以及在传统思想政治教育理念下，延伸性地提出了"大中小一体化""课程思政"等新的思想政治教育理念。

其次，哲学社会科学发展中的话语拓展。习近平高度重视哲学社会科学的发展，并对这一事关党的指导思想的重要领域进行了系列表述，在"建设哲学社会科学创新体系"的基础上，具体地提出了话语指向，包括"学科体系、学术体系、话语体系"三大体系的建设目标；"中国特色、中国风格、中国气派"[1]的建设方向；"不忘本来、吸收外来、面向未来"[2]的建设要求。

最后，在中国精神谱系的构建和完善中的话语拓展。光辉的精神是

---

[1] 《习近平谈治国理政》（第三卷），外文出版社2020年版，第312页。
[2] 习近平：《在哲学社会科学工作座谈会上的讲话》，人民出版社2016年版，第16页。

一个民族屹立于世界的丰碑和底蕴，没有精神力量的支撑，人类的物质生产便难以延续，对民族精神的塑造和弘扬是巩固国家意识形态的重要工作。在既往党的领导人所阐释的精神内核基础上，习近平对伟大长征精神、伟大抗战精神、伟大抗美援朝精神等红色精神进行了全新和更为全面的阐释，同时也提出了一系列新时代的中国精神，主要包括丝绸之路精神、科学家精神、工匠精神、教育家精神等。

（四）马克思主义世界交往领域的话语拓展

根据马克思主义的交往理论，当前世界处于资本主义社会的普遍交往阶段，即现在所说的全球化。这种全球化在前期所指明的是经济领域的全球化，但世界性的交往必然是全方位的交往，世界历史也是在这种全方位的交往下发展演进的。实践证明，伴随着和平与发展成为各国外交的公认的理念和常态，全球化在经济领域的发展愈发局限，各领域全方位的交往愈发在全球化进程中凸显出来。从话语发展视角也可以看出，世界交往领域的演变，即对各种国际合作的名称从"经济体"逐步过渡到各种非经济领域的"联盟""组织"。对此，在马克思主义指导下中国特色的外交理念和话语也发生了变动与调整。

一方面，在外交理念和形势上的话语演进。新中国成立初期，由于新政权的非稳固性和中国自身在社会主义阵营所具有的极端重要性，此时对于外交形势判断在话语上呈现为"美苏冷战""两大阵营"等带有对抗性质的话语表述，以及"中间地带""第三世界"等较为中立性质的话语表述。改革开放后，邓小平提出了"和平和发展问题"是世界发展的核心问题。之后江泽民、胡锦涛也肯定了这一形势在新世纪后仍然不变的状况，作出"两极格局终结"和"多极化""新格局"的外交形势判断。此时，对外交形势判断是一种较为稳妥的状态，既肯定对世界性外交保持开放状态，又保持警惕心理，因而在话语上呈现为提出"新安全观""和谐世界"等外交理念。进入民族复兴大有可为的新时代，我国在外交形势上的判断仍然保持着警惕，但也开始走向主动，强调在掌握主动权基础上，促进世界各国的和平与发展。对此，习近平实现了从毛泽东"三个世界"到"与邻为善、以邻为伴"[①]的周边外交理念上的话语

---

① 《习近平谈治国理政》（第二卷），外文出版社2017年版，第444页。

演进；实现了从邓小平"尊重、对话、合作"到"相互尊重、公平正义、合作共赢"①的新型国际关系准则上的话语演进；实现了从江泽民"互信、互利、平等、协作"②向"共同、综合、合作、可持续"③的新安全观的话语演进；实现了从胡锦涛"持久和平共同繁荣的和谐世界"④向构建"人类命运共同体"外交理念上的话语演进。

另一方面，在外交策略和路径上的话语演进。中国一贯坚持和平自主的外交政策，从新中国成立时的"一边倒"到改革开放以后的"不结盟"，可以看到前期虽然有一定程度的偏向性，但实质都是以维护本国的主权和利益为根本，在这一基础上保证不侵犯他国的主权和利益。进入新时代，习近平在外交策略和路径上的话语内容也充分体现了中国这一一以贯之的外交理念，包括提出中国梦是"和平、发展的梦，更是合作、共赢的梦"的梦想共通论。面对"中国威胁论"提出觉醒的中国是"和平的、可亲的、文明的狮子"的和平醒狮论，以及在践行"人类命运共同体"外交理念的基础上，充分践行马克思主义的世界交往理论，进一步提出了"利益共同体""海洋命运共同体""生命共同体""健康共同体"等多领域的人类命运共同体话语，特别是提出"一带一路"的外交战略，通过睦邻合作实现由点到面的多国参与下的共同发展。

综上可见，在新时代开篇以后，伴随着百年大变局的出现，以及改革开放的变革性的深入开展，我国在这一时期话语内容上的拓展和深化显现出前所未有的良好态势，主要表现在：一方面，对过往话语的调整更加具有经验，不再仅仅是对过往概念的长篇解读，而是对过往话语进行概念和范畴意义上的归纳，并赋予这些概念和范畴以深化性的新理念、新思想。另一方面，对新话语的产出更加具有经验，不再仅仅是引用或转译西方原有的概念，而是切实地实现了将中国实践进行理论升华，将马克思主义基本原理与中式思维和传统文化相结合，进而打造出新概念和范畴。

---

① 《习近平谈治国理政》（第三卷），外文出版社2020年版，第45页。
② 《江泽民文选》第三卷，人民出版社2006年版，第108页。
③ 《习近平谈治国理政》（第三卷），外文出版社2020年版，第20页。
④ 《胡锦涛文选》第二卷，人民出版社2016年版，第350页。

二 "决胜全面小康"的目标开启与话语的优势凸显

2017年,党的十九大开启了"决胜全面建成小康社会"的新目标。此后,习近平对新时代以来各领域的发展理解得更为深刻,并围绕各领域的核心概念,作出了更为系统性的话语表述。而伴随着"决胜全面小康"新目标的开启,中国特色社会主义道路、理论、制度、文化的不断发展,中国共产党人逐渐关注到了马克思主义中国化的话语优势。马克思主义中国化话语体系的构建开始由自发性的话语生成走向自觉性的话语构建阶段,而马克思主义中国化话语体系的内在优势也凸显出来。

(一)中国道路与话语体系的发展优势

道路问题是关乎国家发展的根本问题。不同的发展道路所开展的社会实践不同,而不同社会实践中所产生的思想和话语内容也有所不同,中国道路的选择和发展对马克思主义中国化话语体系的构建具有重大意义。关于近代以来中国要走什么样的道路问题,在话语上我们经历了从"新民主主义社会"到"社会主义社会"再到"中国特色社会主义"的话语表述上的转变。在这一过程中,中国共产党人和中国人民对民族复兴道路的发展方向也愈发清晰,主要表现在:聚焦中国特色社会主义道路方向,进一步提出了"科学发展道路""和平发展道路""中国特色工业化道路""中国特色城镇化道路"等具体的道路指向。进入新时代,习近平又提出了中国特色社会主义"法治道路""政治发展道路""国家安全道路""共同富裕道路"等更加鲜明的道路。"中国道路"的显著特征在于"中国特色"的道路本身的特异性和"社会主义"的道路本身前景的光明性,而基于这两个特征所形成的道路是一条崭新的从未有人踏足过的道路,其所带来的必将是深刻而伟大的社会实践。愈是伟大的实践,其所带来的思想成果也将愈为宏大,其所产生的话语所指明的真理性和价值性也就愈深刻。因此,基于"中国道路"所构建的话语体系,有着巨大的前景和发展优势。在"中国道路"的探索历程中诞生了马克思主义中国化话语,这一话语的优势来源于"中国道路",而"中国道路"的优势也将由这一话语体系所阐释。

(二)中国理论与话语体系的架构优势

话语的内核是思想,马克思主义作为指导中国实践的先进理论,本身也是指导马克思主义中国化话语体系构建的先进理论。一方面，马克思主义为话语构建提供了方向指引，另一方面，也为话语构建提供了方法论指导。马克思主义在理论深度上探讨了整个人类社会历史的发展进程，在思想广度上则涉及了人类社会生活的全领域，甚至是部分未来社会生活领域，而这部分探讨也是基于历史和现实后，再通过合理的逻辑分析所得出的客观性的结果。就这一视角而言，坚持马克思主义为内核的"中国理论"确保了话语体系在内容架构上的深度和广度。"中国特色社会主义"的命题提出后，我国逐渐构建了中国特色社会主义理论体系。在这一理论指导下，我们实现了令西方为之震惊的"中国奇迹"，这充分证明了中国理论所具有的先进性和可行性，充分证明了中国从来不是思想和话语贫瘠的国度。在摆脱近代以来的压迫局面后，我们在思想理论的产出上具备着巨大潜能，特别是进入新时期、新世纪、新时代，面对各历史时期各阶段的交汇，面对不同的时代背景和风险挑战，中国化时代化的马克思主义理论不断得以完善和成熟，形成了全新的理论架构。就这一视角而言，以中国化时代化的马克思主义理论为根本的"中国理论"，确保了话语体系在内容架构上的巨大潜力。

（三）中国制度与话语体系的效能优势

社会制度是国家政治生活、社会生活安全和社会和谐的重要保障。中国特色社会主义制度是在坚持科学社会主义的制度设想下，结合西方国家和中国传统的政治体制构建经验的基础上所形成的特殊社会制度。从这一视角而言，中国的社会制度是在先进理论指导下，集各国社会制度建设的现实经验而建立的，具有理论根基上的优势。而就中国社会制度诞生的背景而言，其诞生于国家物质基础极其匮乏的时期，且作为社会主义国家的制度体制，其建设缺少可直接借鉴的实践经验，因而中国社会制度的建立过程是完全独立自主的。从这一视角而言，中国的社会制度具有独创性的优势。与此同时，这一制度依托于中国实践，并根据中国实践不断地巩固和完善，因而这一不断发展的制度完全契合中国国情、完全符合中国人民心意、完全与中国社会发展同频共振。从这一视角而言，中国社会制度具有高效能的优势。新时代，习近平提出要将制度优势转化为治理效能，这使得中国的制度优势得到更加具体而深入的发挥，而马克思主义中国化话语体系的构建正是在这一制度的运行下开展的。"中国制度"的优势发挥给马克思主义中国化话语体系的构建提供了坚强的领导核心、广泛的群众基础、坚实的物质保障、良好的社会语境等现实保障。同时，伴随着马克思主义中国化话语体系构建的逐渐完善，有了体系支撑的话语在现实的功能发挥上其有效性和可行性也得到了显著提升，马克思主义中国化话语体系的优势也得以不断凸显。

（四）中国文化与话语体系的特色优势

西方文明的强势入侵，使得近代以来中国在文化领域出现自卑心理并导致弱势地位。但中国文明作为世界历史上最为悠久的文明之一，其独特的文化底蕴和思想价值并非因物质上的落后而落后，世界文化具有多样性和平等性，这是普遍存在的共识。事实上，在马克思主义中国化话语体系的构建过程中，我们始终高度重视对中国传统文化精髓的吸纳，在话语表述上包括毛泽东提出的"古今中外"、邓小平提出的"精神文明"、江泽民提出的"先进文化"、胡锦涛提出的"社会主义核心价值观"、习近平提出的"文化自信"等概念。在具体的话语内容生成和构建中，中华传统概念、范畴和典故的频繁使用，深刻体现了中国共产党人对中华优秀文化渗透到话语之中的重视。同时，"中国文化"的优越性不仅仅在于悠久的历史所赋予的文化厚度，还在于多民族融合下多元文化所赋予的文化广度，以及社会主义和共产主义建设的独特实践所赋予的文化深度。这些文化是马克思主义中国化话语体系构建的重要资源，也是生成独特话语风格所必备的思维、意识和精神。一个国家可以有相同的社会属性、相似的社会制度建构，但唯独文化是一个国家所独有的不同于他国的标识。伴随着"中国文化"优势的日益凸显和党中央对传承弘扬"中华文化"的高度重视，马克思主义中国化话语体系的构建不再是仿照西方话语被动地承载中式思维，而是愈发重视以中式思维为主导，在融合西方文化精华的基础上生成话语内容，进行话语表达。只有这样，才能真正做到在内容和形式统一之上传递中国智慧、体现中国风格、展示中国魅力。

总之，党的十九大以来，对马克思主义中国化话语体系的构建进入了自觉阶段，主要表现在注重将中国本土优势转化为话语优势，注重以中国各方面外在的优势辅助于话语体系的构建，注重集合国家力量开展马克思主义中国化话语体系的构建工作。

三 "两个一百年"的历史交汇与话语的跃升转换

经历不同阶段的话语演进,马克思主义中国化话语的发展呈现出欣欣向荣的状态,马克思主义中国化话语体系的构建也愈发自觉,愈发走向成熟。当前,面对"两个一百年"的历史交汇和"百年大党"的延续发展,马克思主义中国化话语的发展开始进入新的跃升和转换的阶段,主要表现在对前期话语内容的系统完善,进一步推进与传统文化的深度融合,以及对话语传播力影响力的高度重视,进一步推进与世界话语的双向互动。

(一) 马克思主义中国化话语与传统文化的深层融合

在"两个一百年"的历史交汇期,习近平提出了"马克思主义与中华优秀传统文化相结合"的"第二个结合",并将其作为新征程中推进理论创新和话语拓展的内在要求。这为马克思主义中国化话语的发展指明了方向,也体现出新征程中马克思主义中国化话语体系构建的一个明显倾向,即实现话语体系对中华优秀传统文化的高度内化和深层融合。

马克思主义与中国传统文化相结合的过程总体经历了两个阶段:一是局部的整合拼接或者说是单纯的意义的概念互译阶段,二是整体性的理念融合和思维转换或者说是新理念、新范畴、新表述的产出阶段。近代以来,由于对马克思主义的理解不深入、不全面,中国共产党人在进行两者结合的过程中,往往是用传统文化作为解读马克思主义的补充,或者是直接进行词义替换,其阐释范式仍旧局限在马克思主义本身所附有西式思维的框架之内,以此来实现马克思主义的本土化。但这也并不能完全说明当时没有出现将传统文化与马克思主义深度融合的话语。早期中国共产党人在话语创新的过程中,仍然有将传统文化与马克思主义相结合的话语典范。进入新时代,这样的结合呈现出明显的深层融合的状态,主要原因在于:不管是党中央还是在哲学社会科学领域,逐渐树立起了"文化自信",进而主动推进中华传统文化的"创造性转化、创新性发展",并"形成了一个完整的关于中华优秀传统文化传承发展的思想体系"[①],而在

[①] 中国社会科学院直属机关党委主编:《繁荣发展新时代中国特色哲学社会科学》,中国社会科学出版社2018年版,第87页。

这一思想指导下生成的话语内容必然具有深度融合的特征。

这种深度融合主要表现在：第一，话语构建不仅要频繁使用典故名言，更重要的是要以其来解读马克思主义，进而阐释新思想，而非简单的词义替换。比如，习近平曾引用"海纳百川，有容乃大"来解读中国奉行的"求同存异"观念，进而指明马克思主义的和平理念。第二，话语构建中重视把握文化与政治、学术之间的界限。马克思主义中国化时代化的发展本身具有一定的政治导向和学理意义。融合传统文化的思想精髓并非将马克思主义通俗化，并非将传统文化的价值观念作为硬性指标，也并非将其与马克思主义思想生硬地联系在一起，这只会导致马克思主义中国化话语在政治性和学理性上的消解。对传统文化进行深入解读，需要立足现实实践，将传统文化中蕴含的思维方法和思想理念，与现实的理论成果相对接，构建出符合新时代要求的话语。比如，习近平关于推行"一带一路"政策的话语生成，将中国传统的"睦邻""大同""协同"等理念，转化为"共商共建共享"的原则和"开放、包容、均衡、普惠"等理念。

（二）马克思主义中国化话语与世界话语的双向互动

近代以来，由于中国在多个领域上呈现落后状态，使得马克思主义中国化话语体系的构建存在着两个倾向：一方面，话语体系的构建过于依赖以西方概念范畴为基础的马克思主义本土话语。部分理论研究者认为西方对马克思主义理论的解读更为还原马克思主义的本义。具体表现为新中国成立初期对苏联教科书的套用，以及后续学术研究中对西方概念范畴和研究范式的套用，以"西马解中马"的问题。另一方面，话语体系构建过于防范西方话语的介入，认为马克思主义中国化的理论探究要以中国本土的理论成果为出发点，具体表现为新中国成立后的一段时间内对"毛泽东思想"的盲目套用。

在"两个一百年"的历史交汇期，在借鉴过往话语演进的经验基础上，以及对西方话语的理解态度上，马克思主义中国化话语体系构建呈现出明显的双向互动的趋势。主要表现在：第一，马克思主义中国化话语体系的构建明显地体现了中国的本土立场。不管是在解读西方理论还是运用西方理论的过程中，始终从中国的立场和视角出发，对西方话语和理论作出正确的分析和判断。能够有意识地去区分西方概念范畴与中国特色的概念范畴，在话语上表现出鲜明的中国化风格和特色。习近平的对外宣传话语和学界研究中的话语，在理论基础上注重挖掘中华优秀传统文化中的思想底蕴，注重使用中国传统"典故"和"文本"。第二，马克思主义中国化话语体系的构建体现了中国的话语印迹。中国共产党人在完善中国特色社会主义理论，进而形成逻辑自洽的理论体系的过程中，不断构建能够体现中式思维和价值观念的概念群和范畴群，以此实现以"中马解西马"，进而提高中国化马克思主义的话语地位。重视从传统思想理论和党的先进理论中挖掘中式概念、范畴和术语，加强对既往的中国式新概念、新范畴和新术语的进一步阐释，从而完善理论体系和更新话语体系，加深话语上的中国印迹。[①]

纵观百年，马克思主义中国化话语体系已经形成了内在的框架，并且在国内已有极高的认同度，国际社会对这一话语体系的认可度也持续提升。但从中国共产党成立百余年来看，我们对于这一话语体系构建的自觉意识以及国际社会对话语权的关注，仍需进一步加强。因而，马克思主义中国化话语体系的构建仍具有巨大的发展空间。

---

① 陈红娟、靳书君：《中国化马克思主义学术话语的历史渊源与现实反思》，《社会主义研究》2016 年第 5 期。

第 三 章

马克思主义中国化话语体系构建的基本原则

遵循一定的原则,这是马克思主义中国化话语体系构建的方法论基础,是把握话语体系方向和影响话语体系有效性的关键因素。中国共产党成立百余年来,在不断推进马克思主义中国化的过程中,通过马克思主义中国化话语构建掌握主动权时所形成的革命、建设、改革、复兴等话语,不仅对当前中国以中国式现代化全面推进中华民族伟大复兴的中心任务有重大启示,还对百年未有之大变局的世界发展有重要作用。马克思主义中国化话语体系的构建,有着必须坚持的重要原则,主要包括坚持历史考察与逻辑分析相统一、坚持文本研究与现实观照相统一、坚持实证调查与解决问题相统一、坚持理论创新与实践发展相统一、坚持中国情怀与国际视野相统一等。

第一节 坚持历史考察与逻辑分析相统一

"历史从哪里开始,思想进程也应当从哪里开始,而思想进程的进一步发展不过是历史过程在抽象的、理论上前后一贯的形式上的反映;这种反映是经过修正的,然而是按照现实的历史过程本身的规律修正的。"[1]伟大革命导师恩格斯的这段话蕴含着历史与逻辑辩证统一的方法论,对构建马克思主义中国化话语体系具有重要的指导作用,是马克思主义中

---

[1] 《马克思恩格斯选集》第 2 卷,人民出版社 2012 年版,第 14 页。

国化话语体系构建的基本原则之一。

一 历史考察是马克思主义中国化话语体系构建的必备基础

习近平指出:"历史、现实、未来是相通的。历史是过去的现实,现实是未来的历史。"① 历史、现实、未来是有机构成的统一整体,历史作为贯穿于现实、未来的起点,历史考察无疑具有重大的理论与现实意义。"历史是最好的教科书"②,从历史中总结的实践经验是马克思主义中国化话语体系构建的重要资源和根本依据。

(一) 中华文明五千年承载着丰厚的话语给养

习近平强调,在五千多年文明发展中孕育的中华优秀传统文化,在党和人民伟大斗争中孕育的革命文化和社会主义先进文化,积淀着中华民族最深层的精神追求,代表着中华民族独特的精神标识。马克思主义中国化话语体系的构建与中华优秀传统文化密不可分。马克思主义从早期传入中国到在中国获得传播,之后在中国落地生根。不断推动马克思主义中国化的实践进程,其关键在于与中国具体实际中的中华优秀传统文化相结合。中华优秀传统文化是马克思主义中国化话语体系构建的源泉,是马克思主义中国化实践进程的根基与土壤。中华优秀传统文化开放、包容的姿态,为外来文化得以传入中国并被辩证性地吸纳提供了前提和基础。中国深邃的哲学智慧,与传入中国的马克思主义哲学思想一拍即合,二者在原理上有众多相通之处,这为推进马克思主义中国化时代化的历史进程发挥了不可忽视的重要作用。马克思主义与中华优秀传统文化的相通之处,是马克思主义中国化的关键起点,是马克思主义与中国历史实际和现实实际相结合的重要方面,是构建马克思主义中国化话语体系的重要基点。

(二) 社会主义五百年凝聚着深刻的话语启示

世界社会主义有着500多年的发展历史,从1516年莫尔的《乌托邦》出版到1848年马克思和恩格斯的《共产党宣言》问世之前的空想社

---

① 习近平:《以更大的政治勇气和智慧深化改革》,《人民日报》2013年1月2日。
② 习近平:《坚定不移走中国特色社会主义法治道路 为全面建设社会主义现代化国家提供有力法治保障》,《求是》2021年第5期。

会主义时期，再从1848年至今的科学社会主义时期，社会主义理论、运动和制度三种形态都获得了不同程度的发展，在各个国家的实现程度也是不尽相同。面对跌宕起伏的世界社会主义，中国从未动摇坚持走社会主义的决心与信心，在不断推进科学社会主义的发展中，坚定中国特色社会主义道路自信、理论自信、制度自信和文化自信，自觉承担起以中国式现代化推进中华民族伟大复兴的历史使命，对不断谱写新时代中国特色社会主义新篇章，开辟马克思主义中国化时代化新境界具有重要启示作用。中国特色社会主义之所以取得巨大成就，来源于中国坚持在实践中不断发展社会主义，始终做到坚持科学社会主义基本原则的运用与发展、坚持中国共产党对社会主义事业的全面领导、坚持人民至上的价值理念、坚持把社会主义置于坚实的物质与科学的理论基础之上、坚持走具有中国特色的社会主义发展道路。这些理论经验与实践总结，对构建马克思主义中国化话语体系具有重大的启示作用。

（三）近代百年屈辱激发了敢于批判的话语精神

一百多年前，在列强的欺辱下中华文明遭受了重创，中国社会的主流精英曾一度怀疑或否定过中国传统文化，在看到中国经济、军事不如其他先进西方国家的情况下，全盘否定自己国家的文化价值观。这是近代以来文化不自信的典型表现，其本质上是受西方意识形态主导，逐渐丧失了自己国家的主导话语权。但随着俄国十月革命一声炮响，为我们送来了马克思主义，在马克思主义不断与中国具体实际相结合的过程中，尤其是与中华优秀传统文化相结合的过程中，中国共产党人带领中国人民取得革命、建设和改革的成功，使我们的精神面貌焕然一新，从此由被动转为主动。革命、建设和改革实践的进步，带来了文化上的自信，也激发了我们对西方话语体系敢于批判的精神。在中国革命实践过程中，近代思想资源和历史经验是我们构建中国革命话语体系的重要支撑，如毛泽东在建构中国革命话语体系中，充分吸收和借鉴了孙中山的"三民主义"思想精髓；邓小平在建构改革话语中，总结和汲取了近代中国落后挨打的经验教训。从中国共产党构建中国话语体系的过程中，可以看出中国共产党是善于进行理论创新和注重吸收利用中国历史传统的革命政党，在守正与创新的过程中不断发扬中国共产党的优良传统。

（四）伟大事业昭示着话语构建的前进方向

马克思主义中国化话语体系构建的社会根基，来源于中国共产党带领中国人民不断推进中国特色社会主义伟大事业。在继续推进中华民族伟大复兴的事业中，在不断满足人民日益增长的美好生活需要的过程中，马克思主义中国化话语与中国实践相结合，将为马克思主义中国化话语体系的构建持续指引前进方向。这个伟大事业的持续推进，依然离不开中国共产党这个伟大政党的关键指引作用。百年大党风华正茂，中国共产党在带领中国人民成就社会主义伟大事业的过程中，发挥着主心骨的作用。回顾中国共产党的百余年历史，在建设和推进中华民族伟大事业的过程中，积累了不少成功与失败的经验教训。这些经验与教训对构建马克思主义中国化话语体系具有重大的启示作用。一是坚持并发展马克思主义，关系着社会主义伟大事业的正确方向。二是坚持和加强党的全面领导，关系着社会主义伟大事业能否行稳致远。三是坚持人民至上、汇聚磅礴力量，关系着社会主义事业的兴衰成败。四是坚持在守正中不断改革创新，关系着社会主义伟大事业生机活力。五是坚持和平发展、推动人类共同进步，关系着社会主义事业的发展空间。社会主义事业的发展遵循着人类社会发展的客观规律，理应成为全人类为之奋斗的共同目标，也只有在此目标指引下，才能不断为社会主义事业开辟广阔的发展空间。鉴于此，在构建马克思主义中国化话语体系时，也应具有全球视野和世界眼光。掌握国际话语权，是提升我国国际地位的关键，要不断为推进我国伟大事业创造有利的外部环境。

二　逻辑分析是马克思主义中国化话语体系构建的内在要求

历史的发展伴随着许多偶然性和不确定性因素，历史演进的本质和规律往往被多个表面现象所遮掩，常常表现出跳跃式发展和曲折性前进。从某种意义上来讲，逻辑分析不可避免地会带有个人主观性，但逻辑分析从根本上说，还是历史过程的客观规律性的反映，逻辑分析本身就是思维规律的逻辑形式的表达。话语体系作为一种综合表达，反映着一定时代的经济社会发展状态和文化传统，运用逻辑分析方法，能更好地揭示出马克思主义中国化话语体系构建的逻辑理路，为其提供强大的理论武器。

(一) 逻辑是支撑话语体系的内在框架

在逻辑思维过程中,一般存在着两种不同类型的逻辑规律:一是指形式逻辑规律,例如同一规律、矛盾规律、排中规律以及其他各种具体的思维形式结构规律等;二是辩证逻辑规律,例如以特殊形式表现出来的对立统一规律、质量互变规律、肯定否定规律以及各种具体的辩证思维规律等。二者都是在人类社会实践基础上,对客观事物最一般的关系和规律的反映,也是对思维规律的概括。客观事物由简单到复杂的发展过程,决定了思维从简单到复杂的逻辑进程,也决定了由零散言语到自成体系的话语表达。话语体系,是人类交往行为中交往主体之间建立起来的多重认知关系,深受经济社会发展阶段和经济实力的制约,是民族传统和时代精神的思想理论体系的外在表现形式。构建马克思主义中国化话语体系,除了客观反映马克思主义中国化时代化进程中各种事物之间的直接联系,还应该探讨其背后深层次的逻辑结构、运行机制和发展过程等思维规律。逻辑思维是构建话语体系的重要理路,通过理论抽象的方式,揭示实践进程的内在联系,思想历程的因果关系,以此呈现出话语体系的事实判断和价值判断,使其相互联系、融会贯通和自成体系。从思维的逻辑结构层面看,不同民族在长期的实践活动中形成的带有个性特征的概念集群、判断模式和推理方式,会固定在先天基因中并在后天的社会环境中生成相应的话语体系,形成不同的语言框架,表现出不同的说话方式。

(二) 逻辑分析是赋予话语体系科学性的必备手段

逻辑分析是一种科学抽象的方式,以此把握社会历史进程,就其本质来说,是一种摆脱了历史的外在形式和容易让人迷失方向的偶然性的历史方式。正如恩格斯所指出的:"逻辑的方式是唯一适用的方式。但是,实际上这种方式无非是历史的方式,不过摆脱了历史的形式以及起扰乱作用的偶然性而已。"[1] 逻辑分析是指概念由抽象到具体的思维运动,还指概念之间的次序、层次和关系等等。话语体系的建构,需要这样的逻辑分析过程,使具体言语上升到语言框架,凝练出带有标识性的话语体系,使之既有理论高度,又有实践深度,从而使话语体系具有科学性。

---

[1] 《马克思恩格斯选集》第 2 卷,人民出版社 2012 年版,第 14 页。

马克思主义中国化话语体系的构建亦是如此。马克思主义是科学真理，以中国化时代化的马克思主义来武装我们的头脑，把握时代，贴近生活。但是，这不等于我们获得了做事的所有方法，这些只是为方法论的形成奠定了一定的基础。逻辑思维活动是一种主客观相统一的创造性活动，注重理论与实践相结合的方法，运用科学的方法不断推进理论创新、实践创新的过程，最终用恰当的语言加以表达，为构建适合中华民族特色的马克思主义中国化话语体系增添更多科学性与实践性。

（三）马克思主义中国化话语体系具有强大的逻辑力量

马克思主义中国化话语体系是伴随着马克思主义中国化时代化的理论与实践过程而辩证发展的，有着严密的历史逻辑、理论逻辑与实践逻辑。三者统一于马克思主义中国化话语体系的建构过程。中国化的马克思主义话语体系的构建，是在马克思主义中国化时代化的实践过程中，立足于中国已有的原创性理论，不断总结历史经验和解决中国现实问题，以真实有效传播中国思想、理论、观点和价值为目的的系统性的话语集合。实践之所以能够上升为成熟的理性认识并最终转为系统完整的理论体系，需要有一个逻辑的思维活动过程。任何思想体系和理论体系都有比较严密的逻辑结构，即在逻辑的思维过程中形成的概念与原理之间的内在逻辑关联。马克思主义中国化话语体系作为马克思主义中国化实践的表达系统，有一个由现象到本质逐步深化的过程。其中反映的逻辑与历史相统一的过程，具有严密的逻辑层次。首先是围绕着马克思主义的理论体系而展开，主要涉及马克思主义基本原理；其次是关于中国革命、改革和建设发展中所涉及的基础理论问题的阐述，并最终形成具有中国特点与风格的话语表达；再次是以各个历史时期针对具体实际所制定的路线、方针、政策等更具有现实指导性的话语表达；最后是具体目标等话语范畴，如"小康社会""中国式现代化""社会主义现代化强国"等。它们构成了严密的逻辑层次，从抽象到具体，由理论到实践，展现出了马克思主义中国化话语体系的强大逻辑力量。

三 在坚持历史考察与逻辑分析相统一中开拓前行

话语体系的历史传承性决定了人类正是在继承和传播话语体系的进程中，不断提高自身认识能力和促进社会进步。在构建马克思主义中国化话语体系时，要坚持逻辑与历史相统一的原则，在尊重历史发展规律的过程中，不断推进理论创新与实践创新，即做到守正创新，守历史之正，创话语之新。

（一）坚持深化研究阐释共产党执政规律

坚持深化对共产党执政规律研究的阐释，需要在坚持贯通历史、现实和未来的过程中，展现出中国共产党执政的艰辛历程和辉煌成就。首先，需要立足于马克思主义政党 170 多年的历史，深刻阐释经典作家对马克思主义政党执政规律的探索成果，以此坚持运用历史唯物主义方法来分析党的建设，总结并提炼革命和执政规律，并提供可供借鉴的经验与启示。中国共产党作为新型的无产阶级政党，是按照马克思主义建党原则发展起来的。百余年来，中国共产党坚持把马克思主义基本原理与中国具体实际相结合，从确立党的执政地位到领导人民完成社会主义革命，进行社会主义建设，开启了中国共产党探索执政规律的光辉历程，之后又在改革开放和社会主义现代化建设中开创执政新路。在社会革命的过程中不断进行着自我革命，这是百年大党成功的奥秘。坚持逻辑与历史相统一的原则去分析党的百年奋斗史，才能对党的执政规律有更清楚的认识与了解，也只有在此基础上，才能不断深化研究阐释共产党执政规律。共产党执政规律是体现在历史中，这需要把历史、现实和未来贯通起来认识。中国共产党在带领中国人民逐步取得革命、建设、改革的成功过程中，深化了对执政规律的认识。结合历史、理论与现实，能为走向未来提供更加有用的经验，激励着中国共产党人不断前进。尤其是党的二十大之后，中国共产党紧紧围绕着党的中心任务即"团结带领全国各族人民全面建成社会主义现代化强国、实现第二个百年奋斗目标，以中国式现代化全面推进中华民族伟大复兴"[1]。以此把握现在，开创未来。

（二）坚持深化研究阐释社会主义建设规律

马克思主义中国化话语体系的构建是在中国共产党领导下，以马克思主义为指导思想，深化对社会主义建设规律阐释的过程。坚持逻辑与

---

[1] 习近平：《高举中国特色社会主义伟大旗帜　为全面建设社会主义现代化国家而团结奋斗——在中国共产党第二十次全国代表大会上的报告》，人民出版社 2022 年版，第 21 页。

历史相统一，应在中国特色社会主义发展与当代世界范围内社会主义发展的关系中，把握社会主义建设规律。回顾中国共产党的百年历史，带领中国人民进行社会主义建设的道路并不平坦，与资本主义在意识形态领域的斗争从未停息。历史一再证明，在建设社会主义事业中，我们不能不正视文化的意识形态分歧，不回避正面争锋，坚决占领意识形态主阵地是我们在社会主义建设过程中宝贵的经验与教训。高举社会主义伟大旗帜，坚持马克思主义在意识形态领域的指导地位，是增强中国文化软实力和民族凝聚力的重要经验。中国共产党是走过百年风雨历程的世界第一大执政党，在世界社会主义发展史上占据重要地位，吸引着全世界的关注。尤其是党的二十大提出党的中心任务之后，开启了迈向社会主义现代化建设的新征程，更是引起了社会主义阵营乃至其他非社会主义国家的注意。在推进中国式现代化进程中，需要充分考虑国际社会的严峻形势。当前，世界百年未有之大变局加速演进，国际力量对比深刻，中国式现代化的顺利推进，事关我们对社会主义建设规律的把握程度。中国特色社会主义是在解决经济文化比较落后的国家怎样建设社会主义、建设什么样的社会主义和如何建设与发展社会主义等一系列基本问题中，不断发展壮大的，即是在深化对社会主义建设规律的认识中开拓前进的。因此，构建马克思主义中国化话语体系，需要在党的百年历史长河中，不断总结提炼中国共产党对社会主义建设的规律性认识，在建构中国特色社会主义道路、理论、制度和文化等具体话语体系中，逐步建立起中国自主的话语体系。

（三）坚持深化研究阐释人类社会发展规律

马克思运用唯物史观，深刻洞察出人类社会发展进程的内在逻辑，揭示了人类社会发展的一般规律，为我们提供了宝贵的经验与有益的启示。中国共产党在马克思主义指导下，不断探索着世界变革中人类向何处去的时代问题。当今世界面临着百年未有之大变局，正处于全球大变革的历史进程中，世界不稳定不确定性增多，全球发展深层次矛盾凸显，但是全球治理体系却明显滞后，世界混乱局面势头出现，国际社会对变革全球治理体系的呼声越来越高。身处这样的国际环境，中国共产党在深刻认识人类社会发展规律的基础上，提出了"人类文明新形态"的重大命题，还提出构建人类命运共同体的战略思想，为人类文明进步发展贡献了中国智慧和中国方案。从新时代中国特色社会主义这个"特定的历史环境"出发，构建马克思主义中国化话语体系，需要在现实实践基础上创新发展各种话语，深化"三大规律"，这也是马克思主义理论在当今时代继续发展的现实需要。党的二十大报告指出，"推进马克思主义中国化时代化是一个追求真理、揭示真理、笃行真理的过程"①。马克思主义中国化话语体系也应随着马克思主义中国化时代化的进程而不断创新发展。习近平新时代中国特色社会主义思想是以全新视野深化对共产党执政规律、社会主义建设规律、人类社会发展规律的认识。因此，阐释好宣传好习近平新时代中国特色社会主义思想，是当前马克思主义中国化话语体系构建的重要任务，也是马克思主义中国化时代化不断向前推进的重要方向。

第二节　坚持文本研究与现实观照相统一

文本研究，主要指对经典著作的诠释，通过对经典著作进行说明、讲解、解释、释读、解读等方法，进而全面深刻地解释说明经典著作的原意。现实观照，则是指在研究过程中要把"现实的人"作为社会历史主体看待，并以此为出发点和落脚点。文本研究和现实观照都是哲学社会科学必不可少的重要研究方法，具体到马克思主义中国化话语体系构建更是如此，需要坚持二者相统一。

一　文本研究是马克思主义中国化话语体系构建的依据所在

文本是马克思主义话语体系的重要载体。因此，我们构建马克思主义中国化话语体系一定要从马克思主义经典著作出发，文本研究是重要依据和基本前提。只有认真研读马克思主义经典著作，研究文本背后的深刻意蕴，才能站稳站准马克思主义的基本立场，准确把握马克思主义的世界观和方法论。

---

① 习近平：《高举中国特色社会主义伟大旗帜　为全面建设社会主义现代化国家而团结奋斗——在中国共产党第二十次全国代表大会上的报告》，人民出版社 2022 年版，第 16 页。

(一)中国共产党善于从经典作家文本中吸收马克思主义话语精髓

文本是主要的话语资源，话语资源是话语建构的基础。话语不是平白无故产生的，其产生有一定的来源和基于一定的时代背景，建构话语体系是一个综合运用各种话语资源的过程。马克思主义经典作家的文本是构建马克思主义中国化话语体系的主要资源。马克思主义不仅能够为我们提供解决现实问题的立场、观点、方法，而且能够为我们进行理论创新提供了基本原则与方法论基础，是中国化时代化马克思主义的理论来源。在马克思主义中国化时代化的进程中，中国共产党一直善于从马克思主义经典作家文本中找到指引中国革命、建设和改革的话语，有些是直接引用来揭示中国的现实问题，有些则是间接引用指导着中国革命、建设和改革实践。在中国共产党辩证发展地使用马克思主义话语过程中，中国革命、建设和改革的话语不断得以提升和强化。例如，在阐释和论述中国革命、建设和改革的必要性和实施路径时，中国共产党注重吸收马克思主义理论与实践的经验。尤其是在社会主义革命和建设方面，吸收借鉴了十月革命和苏联社会主义建设经验，以此说明中国革命和建设话语的解释力和说服力。中国共产党正是善于从文本中挖掘理论资源，不断总结提炼马克思主义指导其他国家的实践资源，并在二者相结合的基础上为话语构建提供综合资源，不断推进马克思主义中国化话语体系构建。

(二)百年话语构建彰显对待马克思主义文本的科学态度

马克思主义是与时俱进的科学理论，需要在时代发展中接受世界上其他一切文明成果，如新的语言、学说、概念与认知等，这也是对待马克思主义文本应有的科学态度。马克思主义中国化话语构建的过程，是中国共产党人真学、真懂、真信、真用马克思主义的过程。理论对实践指导的成效，不仅在于理论本身的科学性，还关键在于对理论把握和运用的程度。中国共产党作为百年大党，之所以还风华正茂，带领中国人民取得了一个又一个伟大成就，很重要的一点就在于对待马克思主义抱着科学的态度，既不迷信也不贬低其真实价值。在学习和接受马克思主义文本的基础上，弄懂与精通马克思主义，还善于运用指导实践。与此同时，马克思主义中国化进程还促进了马克思主义理论话语体系的时代化、本土化和大众化，逐渐形成了具有中国特色的马克思主义话语体系。

以马克思主义为指导思想，中国共产党带领中国人民不断推进马克思主义中国化的实践与理论创新。中国百年话语构建足以证明，话语体系不单单只是用什么样的语言进行表达和形成什么样的概念问题，而是各种话语所表达的立场与导向在多大程度上是马克思主义的本意和发展中的新意问题。这也充分彰显了我们对待马克思主义文本的科学态度。

（三）文本研究与教条主义具有本质区别

回顾中国共产党的百年历史，在较长时间内，对马克思主义尚未形成统一的认识。新民主主义革命时期，对运用何种马克思主义来解决中国具体实际问题时，曾出现过不同甚至对立的观点，典型的是本本主义或教条主义与实事求是的观点。突出表现在革命时期，王明和毛泽东的不同观点。他们在对待马克思主义问题上具有不同态度，形成了针锋相对的马克思主义观，即科学的马克思主义观同教条主义的马克思主义观的对立。两种极具不同的观点曾在党内长期存在，并对革命产生了不同的影响作用。教条主义的马克思主义观占据上风时，革命和建设事业遭受过严重挫折；实事求是的科学的马克思主义占主导地位时，革命、建设和改革事业都取得了成功和巨大成就。在坚持文本研究的原则时，一定要注意与教条主义、本本主义区别开来。在构建马克思主义中国化话语体系时，既要坚持运用马克思主义话语体系构建的理论基础和基本原则，同时又要注重在坚持中有所发展，在符合中国具体实际的基础上，创新性地运用马克思主义理论的一些话语来解释中国革命、建设和改革中的成功经验与启示。文本研究要坚持实事求是的重要原则，只有真正理解文本的原意并合理地加以运用，才能真正体现出文本研究这个原则的重要性和不可或缺性。马克思主义的文本不应该成为教条，而应该与时俱进，具体问题具体分析。实事求是才是马克思主义的精髓，也是马克思主义中国化话语体系构建的关键。

二 现实观照是马克思主义中国化话语体系构建的逻辑起点

马克思主义关于经济基础与上层建筑辩证关系的哲学原理启示我们，国家和民族的真正崛起应该伴随着哲学社会科学的繁荣进步。社会经济发展为哲学社会科学繁荣进步提供实践来源。同时，哲学社会科学又为社会历史发展提供思想指引。但是，哲学社会科学如果不能准确反映社会、推动现实发展，国家和民族就不能实现真正的振兴。由此，构建马克思主义中国化话语体系，现实观照是前提基础、理论之源。

（一）"一切从实际出发"是话语体系构建的重要方法

"坚持一切从实际出发，理论联系实际，在实践中检验真理和发展真理。"① 这是中国共产党在长期的革命和建设实践中总结出来的思想路线，也是认识和解决现实问题应该遵循的根本指导原则。2021 年 7 月 6 日，习近平在中国共产党与世界政党领导人峰会上的主旨讲话指出，"中国共产党坚持一切从实际出发，带领中国人民探索出中国特色社会主义道路。历史和实践已经并将进一步证明，这条道路，不仅走得对、走得通，而且也一定能够走得稳、走得好"②。"一切从实际出发"是百年大党奋斗史的实践经验，也是不断续写历史辉煌的重要出发点。因此，马克思主义中国化话语体系的构建，也应以当代中国的实际为根本立足点，立足于现时现地的实际是理论研究的重要方法。中国话语体系当前面临的实际是还处于建构阶段，很多话语体系还未跟上实践和时代步伐，部分国人和外国人并未充分了解和理解我们的话语体系，理论总结滞后于实践发展。国内国际上，话语权没有牢牢掌握在自己手中，西方话语体系还占据着一定优势。我们只有意识到这个最大的实际，才能由内而外地建构起中国特色的马克思主义话语体系，在马克思主义中国化时代化的过程中实现马克思主义的通俗化，使之在中国形成新鲜活泼的、为老百姓喜闻乐见的中国话语。

（二）中国共产党人善于回应人民的现实诉求

中国共产党百余年的历史，就是一部为民族谋复兴、为人类谋进步、为世界谋大同、为人民谋幸福的历史，其中蕴含着深深的人民情怀，承载着对人民诉求的深切关怀。正是在不断回应人民的现实诉求中，获得了民心，为革命、建设和改革提供了坚实的历史基础和群众基础。马克思主义中国化话语体系的构建，需要满足人民群众在不同发展阶段的不同需求，以获得人民群众的长期拥护为根本目标，即坚持人民至上的观

---

① 习近平：《习近平在纪念毛泽东同志诞辰 120 周年座谈会上的讲话》，《人民日报》2013 年 12 月 27 日。

② 习近平：《加强政党合谋人民幸福》，《人民日报》2021 年 7 月 7 日。

点。新时代新征程，中国社会主要矛盾的转变，意味着人民群众的需求也要得到不同程度的满足，当前，人民群众的吃穿基本生活已得到相应的保障。在此基础上，人民群众精神生活上的需求突出，这就需要得到进一步的更高质量的满足。当务之急，则是深入群众，找准群众最关心、最直接和最现实的需求，以此解决群众问题，提出中国共产党解决的方案，以稳固中国共产党在群众心目中的重要地位，唯此才能让群众真正信服和拥护中国化话语。提出的话语有力量和能解决实事，是构建马克思主义中国化话语体系的坚实基础。

（三）观照现实是马克思主义中国化话语体系构建的基本要求

社会现实是话语体系构建的源头活水。社会存在决定社会意识，同时也决定着社会意识的客观需要以及需要的程度。话语体系的构建，需要与社会各阶段的现实相适应，社会的不同发展阶段需要不同的话语体系进行阐释和宣传，以满足不同的社会需要，达到不同的社会目的。随着马克思主义传入中国，并在中国落地生根，中国共产党应运而生，并带领中国人民取得了革命、建设和改革的胜利，中国从此在精神上才由被动转为了主动，建构马克思主义中国化话语体系的需要也逐渐凸显，并显示出越来越重要的地位。话语是一种权力的象征，中国共产党正是在带领中国人民取得革命、建设和改革的成就中，通过各种话语掌握了中国革命、建设和改革的话语主动权。党的二十大报告提出"中国式现代化"，强调的是全面系统的现代化，兼具中国特色与世界普遍性特征。纵观中国式现代化的形成过程，从道路发展到理论建构，中国式现代化理论逐渐丰富，内涵包含中国特色、本质要求、重大原则、世界观方法论，外延包括目标、战略部署、时间表和路线图。由中国式的现代化到中国式现代化话语范式的转变，展现了中国式现代化理论的成熟，其背后反映的是社会主要矛盾的转变，是实践推进的结果，说到底是社会现实的需要。因此，中国特色社会主义的发展现实是马克思主义中国化话语体系构建的源头活水。

三 在坚持文本研究与现实观照相结合中完善发展

坚持文本研究与现实观照相结合，其实质是正确处理理论与实践的关系，也是坚持马克思主义世界观与方法论的体现。坚持历史唯物主义和辩证唯物主义,是马克思主义中国化话语体系构建的理论来源,是迸发出马克思主义中国化话语体系光芒的重要内核。马克思主义之前的各种理论,往往忽视人民群众的现实需求,远离社会现实的历史唯物主义的出现才让我们在理论研究的同时,更多地去观照社会现实,去研究人民群众生活的社会条件和各种现实需求。

(一) 始终坚持马克思主义立场观点方法

马克思在论述历史唯物主义原则时,指出以往一切唯物主义的主要缺点在于"对对象、现实、感性,只是从客体的或者直观的形式去理解,而不是把它们当作感性的人的活动,当作实践去理解"[①]。实践的观点是马克思主义最根本的观点,是当代马克思主义理论研究的根本立足点和出发点,也是构建马克思主义中国化话语体系应当坚持的基本原则。建构马克思主义中国化话语体系,要坚持运用以体现马克思主义立场观点方法的核心概念和基本话语,并在坚持运用的基础上与实际相结合的过程中进行创新发展。中国共产党人正是在中国革命、建设和改革的过程中,运用马克思主义立场观点方法,不断推动马克思主义中国化时代化的进程,由此构建马克思主义中国化话语体系。之后中国共产党人继承和坚持了这一优良传统,在改革和建设的过程中,形成了具有中国特色的话语体系,尤其是"建设有中国特色的社会主义"理论体系的形成,为我们获得了对社会主义的解释权和改革开放的话语权。在新时代新征程中,坚持马克思主义立场观点方法,对构建马克思中国化话语体系仍有极其重要的现实价值。

(二) 深刻理解"学马列要精、要管用"

邓小平在 1992 年南方谈话时,提出"学马列要精、要管用"的观点,为我们如何学习马克思主义,怎样才能做到学以致用提供了重要的方法论。关于如何学习马克思主义的经典著作,邓小平以自身学习的经验做了分享,他提到"长篇的东西是少数搞专业的人读的,群众怎么读?要求都读大本子,那是形式主义的,办不到。我的入门老师是《共产党宣言》和《共产主义 ABC》"[②]。紧跟邓小平的教诲,我们学习马克思主

---

① 《马克思恩格斯文集》第 1 卷,人民出版社 2009 年版,第 499 页。
② 《邓小平文选》第三卷,人民出版社 1993 年版,第 382 页。

义,读原著、学原文、悟原理时一定要把握的基本原则就是要"精"且"管用"。学习马克思主义经典作家的理论,是在"精"读的基础上把握马克思主义的精髓,从而达到精通马克思主义理论,即要完整准确地学习马克思主义理论、正确全面地理解马克思主义理论。与此同时,在"精"的基础上,还要"管用",要能真正有效地解决现实问题。"管用"可以说是读马列著作的最终目的,这也体现出马克思主义本身的实践性。马克思主义中国化时代化的过程,是不断"精"学马克思主义并使之"管用"的过程,即在坚持马克思主义立场观点方法的基础上,不断解决中国革命和现代化建设的实际问题的过程。这对构建马克思主义中国化话语体系至关重要,只有在掌握马克思主义精髓的基础上,在坚持运用马克思主义解决中国具体实际的过程中,才能真正建立起对中国社会主义发展"管用"的话语体系,即真正构建属于中国自己的马克思主义话语,以此增强中国自信,发挥历史主动精神,牢牢把握住中国话语权。

(三) 注意避免"用理论裁剪现实"

在马克思主义中国化话语体系构建的过程中,坚持文本研究与现实观照相统一,更能凸显出马克思主义的理论深度。文本研究与现实观照的统一,体现出坚持与发展马克思主义要把握好理论与实际相结合的原则。坚持理论与实际相结合,有利于巩固马克思主义的指导地位,从而使中国话语体系既蕴含着深厚的马克思主义理论特色,又具有坚实的中国特色社会主义的实践基础。唯有如此,在文本研究的同时兼具现实观照,才能避免"用理论裁剪现实"。文本来源于现实生活,决定了文本研究必然与现实相连,而关注现实生活的人文关怀方面的话语,更具有理论穿透力。我们从马克思的一生,能深切体会到人文关怀对理论研究的强大促进作用。以马克思主义为指导,构建中国话语尤其要注意避免陷入"用理论裁剪现实"的错误方法。在构建马克思主义中国化话语体系的过程中,始终强调要坚持马克思主义,并不意味着固守马克思主义经典作家的本本,形成教条主义的错误态度,习惯于"用理论去裁剪现实"。我们不照搬照抄马克思主义的现成词句和具体结论,而是要在实践中运用马克思主义的立场、观点与方法,以马克思主义为行动指南和理论指导。在实际研究工作中,体现出马克思主义的真理力量,不断推进马克思主义在中国话语体系中的科学运用与创新发展。

（四）注重体现话语体系的人民性

马克思主义中国化话语体系要体现人民性才能掌握群众，并使之成为建设中国的强大物质力量。正如马克思在《〈黑格尔法哲学批判〉导言》中提到："理论一经掌握群众，也会变成物质力量。理论只要说服人，就能掌握群众；而理论只要彻底，就能说服人。所谓彻底，就是抓住事物的根本。但是，人的根本就是人本身。"[①] 所以，在构建话语体系的过程中，要以马克思主义为指导，让群众接受并掌握马克思主义这个思想武器。认识世界并改造世界，这不是依靠少数政治家、革命家和理论家就能够实现的，必须依靠广大人民群众，动员人民群众参与其中。这也是中国共产党带领中国人民取得革命、建设和改革成就的经验。中国之所以能够取得巨大成就与辉煌业绩，主要原因就在于紧紧依靠人民的力量，坚持走群众路线，让中国化的马克思主义理论成为改造中国的强大物质力量。百年党史，也是马克思主义中国化进程中不断使中国化的马克思主义理论掌握群众，变成改变中国物质力量的历史。在构建具有中国特色的马克思主义话语体系中，也应该掌握人民群众的社会实践活动的特点、反映人民群众的呼声，揭示人民群众社会活动过程中的社会关系及其演变特征。只有紧跟人民群众需要的话语体系，才能切实反映出人民群众的真实愿望，满足人民群众的实际利益。所以，构建马克思主义中国化话语体系的根本途径在于，深入人民群众，向人民群众学习，在调查研究的过程中总结和反映人民要求的话语体系。

第三节　坚持实证调查与解决问题相统一

实证调查，作为社会科学研究的重要方法，是指在坚持唯物主义原则下，通过社会调查，了解情况、掌握资料，进行归纳总结，并进行经验检验的过程。经验不仅是社会科学研究的重要方法，也是自然科学研究的必要手段。解决问题，是指坚持以问题意识来开展社会研究的过程。任何研究对象都内含着各种亟待解决的矛盾。解决问题也是化解矛盾的

[①] 《马克思恩格斯选集》第1卷，人民出版社2012年版，第9—10页。

过程，建构话语体系也是一个不断解决矛盾的过程。历史和现实都证明，中国共产党正是在不断调查研究人民现实问题中，不断推动马克思主义中国化进程的，为构建马克思主义中国化话语体系奠定了重要的实践基础。

一 实证调查是马克思主义中国化话语体系构建的重要方法

马克思主义中国化话语体系来源于马克思主义中国化理论与中国特色社会主义道路的建设实践，归根结底源自社会实践与现实需要，即在实证调查的基础上，构建符合人民群众实际需求的马克思主义中国化话语体系。马克思认为："不是从观念出发来解释实践，而是从物质实践出发来解释各种观念形态。"[①] 马克思主义中国化话语体系的建构是把马克思主义理论运用到中国实际，对取得的一系列成就用中国话语进行表达，其实质是概念、观念和理念的集合。而这些概念、观念和理念，说到底是要从物质实践中产生，通过实证调查、总结提炼所得。因此，实证调查是马克思主义中国化话语体系构建的重要方法。

（一）马克思主义经典作家是实证调查的"行家"

"马克思、恩格斯努力终生，作了许多调查研究工作，才完成了科学的共产主义。列宁、斯大林也同样做了许多调查。"[②] 这是毛泽东对马克思主义经典作家注重实证调查的相关论述。在继承与发扬马克思主义经典作家优良传统的过程中，毛泽东是当之无愧的实证调查的"行家"，他一直大力倡导要从调查研究中解决实际问题。毛泽东在江西寻乌进行社会调查时就提出："没有调查，没有发言权"[③]，在《反对本本主义》著作中，他认为"调查就是解决问题"[④]，"离开实际调查就要产生唯心的阶级估量和唯心的工作指导"[⑤]。在革命实践中，毛泽东一直注重调查研究工作，这对推动革命实践的成功发挥了重大作用。改革开放以来，在继续革命、建设中，邓小平、江泽民、胡锦涛和习近平同样非常注重调

[①] 《马克思恩格斯选集》第1卷，人民出版社2012年版，第172页。
[②] 《毛泽东文集》第二卷，人民出版社1993年版，第394页。
[③] 《毛泽东选集》第一卷，人民出版社1991年版，第109页。
[④] 《毛泽东选集》第一卷，人民出版社1991年版，第110页。
[⑤] 《毛泽东选集》第一卷，人民出版社1991年版，第112页。

查研究工作，把调查研究作为我们党的基本工作方法，继承与发扬了马克思主义经典作家重视调查研究的优良作风。马克思、恩格斯可谓是实践起家的。马克思主义的诞生既来源于实践，又指导实践，这足以证明，马克思主义经典作家是实证调查的"行家"。无论是在理论创新方面，还是实践发展方面，实证调查都是不可或缺的研究方法，马克思主义经典作家为此也起到非常好的示范作用。尤其是在构建马克思主义中国化话语体系的过程中，更需要在实践的基础上进行话语体系的创新，坚持与发展马克思主义经典作家的实践精神，始终在坚持马克思主义立场、观点和方法中开拓前进。

（二）建党百年历程展现中国共产党人对调研精神的深刻把握

中国共产党百年历史，是中国共产党人尊重实践、探索实践和推进实践的过程，也是根据不同实践探索构建马克思主义中国化话语体系的过程。在百年历程中，由于不同历史时期实践内容的不同，需要不同的话语进行表达，这就需要不断创新马克思主义中国化话语体系，用不断发展的话语体系引领大众话语的健康发展。革命时期，毛泽东一直强调对于社会客观情况的调查研究，坚决同理论脱离实际、一切只从主观愿望出发、一切只从本本和上级指示出发而不联系具体实际的错误倾向作斗争，从而建立起了我们党以"实事求是"为精髓的思想路线的话语表达。社会主义建设和改革时期，邓小平继承与发扬了毛泽东注重实证调研的优良作风，在尊重毛泽东关于调查研究意见的基础上，非常注重在改革过程中开展调查研究，并把调查研究视为领导工作和作重大决策的前提与基础。邓小平认为领导者尤其是主要领导者，要深入改革开放和经济建设的第一线，要"摸着石头过河""拿事实来说话"，坚持在实证调查中发现典型，在实践中总结人民群众创造的有用经验。这些越来越丰富的建设和改革话语，逐渐构建起了中国特色社会主义话语体系。新时代以来，马克思主义中国化话语体系逐步得到丰富与发展，更加彰显了中国共产党人对调研精神的深刻把握。

（三）实证调查助力百年话语体系构建

话语体系的构建，要以实践主题为基础。毛泽东的《实践论》强调理论对于实践的相互关系，因而提出"实事求是"的思想路线。邓小平在改革开放新时期，始终强调马克思主义的唯物史观和实践观点，坚持运用马克思主义分析解决问题的立场、观点和方法。江泽民和胡锦涛在继承与发展原有思想路线的基础上，提出坚持发扬"与时俱进、求真务实"的实证调研精神，进一步丰富和发展了在中国共产党思想路线的话语体系。党的十八大以来，在习近平新时代中国特色社会主义思想的指导下，中国共产党人在坚持守正创新的过程中，不断开辟马克思主义中国化时代化新境界。这为马克思主义中国化时代化话语广泛传播提供了理论与实践基础，同时也推进和拓展了马克思主义中国化话语体系构建的深度和广度。中国共产党人正是在实证调研的过程中，不断满足中国最广大人民群众的真正利益，做到始终严格遵循群众路线的工作方法，始终把群众的根本利益放在首位。日益脱离群众的话语体系会消解马克思主义话语主导权，不利于马克思主义中国化话语体系的构建。这些问题的出现，需要坚持发扬中国共产党人实证调研的精神，继续构建与人民群众利益密切联系的话语体系。

二 解决问题是马克思主义中国化话语体系构建的目标遵循

解决现实问题关乎着群众的切身利益，中国共产党人只有知道"为了谁""依靠谁"，才能真正明白"我是谁"，从而站稳人民立场。马克思主义中国化话语体系构建的根基在于实践，在于解决马克思主义中国化时代化进程中的现实问题，在于解释世界的同时改变世界。在实践中认识世界、改造世界，是构建马克思主义中国化话语体系的目标遵循。

（一）话语体系既要解释世界，也要改变世界

话语体系不是概念词语的简单组合，而是"由核心观念、主导思想、知识框架、文化符号、话语生产机制、话语传播机制、话语支撑机制所组成的一个整体"[①]。这些要素有效整合起来，构建起系统完善的话语体系，能增强话语的引领力和影响力，因而才能在解释世界的同时改变世界。在全球化时代，话语体系是提升国家形象、捍卫国家权益和促进文明交流的重要工具。国家话语权伴随着国家实力的增强，也需要牢牢掌握在自己手中。这就需要建立起中国自主的话语体系，建立起既能解释

---

① 张维为、吴新文主编：《中国话语：建构与解构》，上海人民出版社2021年版，第4页。

世界，又能改变世界的话语体系。马克思主义坚持理论与实践的统一，既是一种思想理论体系，也是一种社会政治运动。从思想理论层面来说，马克思主义是科学的真理，同时也是实践的理论，它不是束之高阁的空洞无实的理论。从社会政治运动方面看，马克思主义认识世界的目的在于改变世界，即注重在实践中解决问题，通过解决各种问题去实现世界的改造。马克思主义中国化的过程，是在不断解决现实问题和理论难题中推进的。马克思主义中国化话语体系的构建也需要在解决问题即改变现实世界中不断向前推进。从国内社会经济发展来看，各个时期在政治、经济和文化等各方面存在着不同程度的问题，需要提出具体的解决方法。这些经验方法上升为理论体系，进而成为阐释中国经验的话语体系，再进一步指导实践。

（二）百年话语构建致力解决国家民族前途命运大问题

百年党史是中国共产党围绕中华民族伟大复兴这个历史任务不断奋斗的历史过程，是不断回答和解决"什么是中国革命、怎样革命""什么是社会主义、怎样建设社会主义""建设什么样的党、怎样建设党""新时代坚持什么样的中国特色社会主义、怎样坚持和发展中国特色社会主义"等这些基本问题中向前推进的历史。马克思主义中国化话语体系的建构也是围绕着这些问题展开的，即在解决国家和民族的前途命运等大问题中形成与发展起来的。话语体系的构建围绕的是解决当下的现实问题，社会的主要矛盾和存在的关键性问题，以及不同历史阶段特定的紧要问题。革命时期，当时社会主要问题是帝国主义外来侵略、封建专制和封建压迫的存在，因此，反侵略和反封建专制成为革命的主要目标，一系列话语主要围绕革命展开，即革命话语体系形成。新中国成立初期，我国处于社会主义初级阶段，生产力水平低下是当时突出的社会问题，制定出改革开放决策之后，以经济建设为中心的改革话语逐渐形成。改革开放以来，新时期某些领域的发展出现了滞后的现象，改革的动力有些乏力，社会发展面临瓶颈期，针对这些突出问题，"三个代表"重要思想和科学发展观的话语出现。党的十八大以来，我国面临着严重的国内外风险与挑战，在清醒认识到国际国内各种不利因素的长期性、复杂性，以及统筹中华民族伟大复兴战略全局和世界百年未有之大变局中，以习近平新时代中国特色社会主义思想为指导，逐渐形成了以中国式现代化全面推进中华民族伟大复兴的马克思主义中国化话语。

（三）在解决问题过程中实现话语体系的迭代更新

话语体系的构建是在不断解决现实问题中实现的，马克思主义中国化是持续解决中国问题的过程。马克思主义中国化话语体系是在解决中国革命、建设和改革等重大问题中构建起来的，是历史唯物主义和辩证唯物主义的运用与发展。时代在发展，新的问题也在不断凸显，新的问题要求发展的理论加以指导，新的话语体系也需要在不断解决新的问题中加以建构，进而实现话语体系的迭代更新。马克思主义要实现本土化、中国化，既要与马克思主义一脉相承，又要与时俱进，运用马克思主义的立场、观点、方法解决中国不同时期的不同问题，需要创造性地采用不同的战略、路径与方法，也需要形成不同的话语体系。任何理论都不可能一时解决所有问题，也不能一劳永逸地解决任何时候的各个问题，理论只有与时俱进才能焕发出持久生命力。话语体系作为理论指导实践的经验总结，也应跟着理论创新与实践发展而不断创新发展，即在持续解决问题中得到验证与发展，并随着新问题的出现而不断与时俱进。马克思主义中国化话语体系随着马克思主义中国化不断深化而丰富发展起来，尤其是党的十八大以来，新时代马克思主义中国化时代化实现了新的历史性飞跃，马克思主义中国化话语体系逐渐成熟，更具系统性并不断完善，在世界上的影响力也不断增强。例如"中国式现代化"和"人类命运共同体"这些话语，得到世界上越来越多人的赞同与认可。

三 坚持实证调查与解决问题相统一提升话语表达的实效性

实证调查本就是一个解决问题的过程，二者辩证统一于马克思主义中国化实践，并不断推动马克思主义中国化话语体系的构建。坚持实证调查与解决问题相统一，需要构建问题式话语体系。坚持问题导向，以问题为中心，是建构马克思主义中国化话语体系的主要途径。在实证调查过程中以现实问题为中心与坚持问题导向是辩证统一的，二者共同构成了问题式话语体系的内核。

（一）以问题意识引导深入把握社会实际

坚持实证调查与解决问题相统一，需要科学把握社会主义矛盾，以强烈的问题意识深刻把握社会发展的时代脉搏。在问题意识的引导下，以抓社会主要矛盾来把握中国实际，不断推动马克思主义中国化时代化的进程。以问题意识为导向，是马克思主义唯物辩证法的重要体现，也是马克思主义中国化的时代要求。在马克思主义中国化时代化的进程中，要始终坚持问题导向，也就是坚持以解决最广大人民群众的切身利益作为根本方向。新民主主义革命时期，话语构建是随着半殖民地半封建社会、新民主主义、人民民主专政和过渡时期等话语议题而进行的，形成了新民主主义革命理论、新民主主义社会理论和过渡时期理论等革命话语体系。社会主义建设时期，随着论十大关系、人民内部矛盾、"双百"方针、社会主义建设总路线等话语议题的设置，形成以社会主义建设理论为主要内容的建设话语体系。改革开放新时期，随着社会实践的深入，更多话语议题得到展开并形成理论，如社会主义初级阶段、社会主义本质、社会主义市场经济、"三个代表"重要思想、科学发展观等理论，最终形成了改革开放话语体系。新时代以来，立足于实现中华民族伟大复兴的战略全局和世界百年未有之大变局，中国梦、"四个全面"战略布局、"五位一体"总体布局、新发展理念、人类命运共同体和中国式现代化等话语议题的出现，为构建新时代中国特色社会主义话语体系提供了重要的实践基础。

（二）以实证精神研判解决社会存在的真问题

坚持实证调查与解决问题统一于马克思主义中国化话语体系构建过程中，还需要注重以实证精神去研判解决社会存在的真问题。一般而言，研究过程中发现问题是第一步，也是非常重要关键的一步，有时甚至比解决问题更为重要。但是，发现并提出问题有一个去伪存真的过程，即提出的问题在现实生活中是否具有价值，需要在实证调查的过程中证明或证伪问题的现实性与真实性。也就是说，真问题是来源于现实生活的，不是脑海中臆想出来的纯思维问题，需要以实证精神去研判解决现实中的真问题，进而从现实生活实际中找到解决问题的思路与方法。立足社会实际，解决现实问题，是提升话语体系实效性的根本途径。中国共产党在新民主主义革命、社会主义建设和改革开放时期，既注重坚持和学习马克思主义，又强调要着眼于马克思主义在中国的具体运用与发展。例如抗日战争时期，中国共产党在延安和各抗日根据地开展的整风运动，在整顿党风、学风、文风中，重点围绕马克思主义开展的教育运动，其目的是正确运用马克思主义，以指导中国革命实践取得成功、奠定思想基础。在实践中探索出的解决问题的话语，才能真正增强马克思主义中国化话语体系的吸引力和实效力。

（三）深刻领会贯彻"实事求是"的思想路线

"实事求是"是中国古代的智慧结晶，在马克思主义中国化时代化进程中，中华优秀传统文化与马克思主义相结合，赋予了中国智慧"实事求是"的马克思主义哲学意涵。"实事求是"从古代治学态度内涵延展到中国共产党的思想路线，是马克思主义中国化的思想精髓，也逐渐成为马克思主义中国化话语体系构建的科学方法。马克思主义中国化话语体系的构建，坚持实证调查与解决问题相统一的原则也就是坚持实事求是的原则，即在调查研究中了解实际和掌握实情，再去探索和掌握事物发展的规律，进而解决现实问题。实事求是，是毛泽东把中华优秀文化与马克思主义相结合而形成的马克思主义中国化的世界观和方法论，是毛泽东思想活的灵魂和马克思主义的精髓，也是中国共产党革命时期的主要思想路线。改革开放新时期，邓小平提出解放思想才能更好地坚持实事求是的思想路线，认为"只有解放思想，坚持实事求是，一切从实际出发，理论联系实际，我们的社会主义现代化建设才能顺利进行，我们党的马列主义、毛泽东思想的理论也才能顺利发展"[①]。对"实事求是"的思想路线进行了坚持与发展。新时代以来，习近平进一步强调"坚持实事求是，就是坚持一切从实际出发来研究和解决问题，坚持理论联系实际来制定和形成指导实践发展的正确路线方针政策，坚持在实践中检验真理和发展真理"[②]。在守正创新中传承发展"实事求是"的思想路线。

第四节　坚持理论创新与实践发展相统一

理论创新，就是指作为实践主体的人用新的理论分析新情况，解决

[①] 《邓小平文选》第二卷，人民出版社1994年版，第143页。

[②] 中共中央宣传部：《习近平新时代中国特色社会主义思想学习纲要》，学习出版社、人民出版社2019年版，第243页。

新问题，揭示和预见认识对象或实践对象的本质、规律和发展变化的趋势，是人类对历史经验和现实经验作出的概括性总结与提炼。历史证明，只有把实践作为检验真理的唯一标准，才能不断推动实践发展，推进马克思主义中国化时代化进程，为构建马克思主义中国化话语体系奠定坚实的实践基础。"理论创新"与"实践发展"是辩证的关系。实践发展为理论创新提供不竭动力，理论创新为实践发展提供科学的行动指南。

一 理论创新是马克思主义中国化话语体系构建的不竭动力

马克思主义中国化话语体系的构建，是在马克思主义中国化时代化的历史进程中形成的，也是中国共产党领导中国人民在不断推进社会主义建设的伟大实践中进行理论创新的过程。理论创新是马克思主义中国化时代化话语体系构建的不竭动力，只有不断进行理论创新，马克思主义中国化话语体系才能根据最新实践，逐步建立与完善起来。

（一）"创造精神"是中华民族精神的非凡特质

"周虽旧邦，其命维新。"① 在五千多年的历史发展中，中华民族培育了创新的传统，凝聚了非凡的"创造精神"。"苟日新，日日新，又日新"②"推陈出新""革故鼎新""返本开新"等用语，反映了中华民族对创新的不懈追求。一部百年党史，就是一部不断推进马克思主义中国化的历史，就是一部不断推进理论创新、进行理论创造的历史。习近平指出，中国人民在长期奋斗中形成了伟大民族精神，中国人民具有的伟大创造精神、伟大奋斗精神、伟大团结精神、伟大梦想精神对实现中华民族伟大复兴具有重要意义。③ 其中，伟大创造精神被突出强调，这意味着创造、创新精神之重要性。一般意义上，创造指的是制造、建造或者发明创新出前所未有的事物。但是，在中华民族发展的不同历史时期，创造被赋予了不同时代的创新内涵。新时代，我们面临着以中国式现代化推进中华民族伟大复兴的中心任务，需要用中华民族孕育的伟大创造精

---

① 习近平：《习近平将对希腊进行国事访问并赴巴西出席金砖国家领导人第十一次会晤》，《人民日报》2019年11月8日。
② 习近平：《在文化传承发展座谈会上的讲话》，《求是》2023年第17期。
③ 向阳：《习近平点赞的中华民族伟大精神是什么》，《人民论坛》2019年第1期。

神去坚定地走中国特色社会主义道路,为完成伟大事业奠定坚实根基,提供精神支撑。中华民族伟大精神具有非凡创造性,其创新性不仅体现在物质文明和精神文明上,还体现在制度文明上。从我国古代的四大发明到当前的创新型国家的建设成果,从孔孟之道、四书五经到新时代文艺作品的创造性发展,从春秋战国时的郡县制到当前阶段的政治制度改革发展,中国特色社会主义事业获得了持久稳定的发展与壮大,为中国道路自信、理论自信、制度自信、文化自信提供了坚实的基础,是马克思主义中国化话语体系构建的精神源泉。

(二) 理论创新是话语体系构建的重要力量

理论创新是马克思主义中国化时代化历史进程中的重要经验。在马克思主义中国化的历史过程中,全国代表大会作为党的最高领导机关,对推动党的理论创新和理论创造起着重大的促进作用。党的二十大报告指出"实践没有止境,理论创新也没有止境"[①]。理论创新不仅是实践发展的力量源泉,也是马克思主义中国化话语体系构建的持久动力。中国共产党在推进现代化建设过程中所形成的中国式现代化话语,就是根据中国特色社会主义实践发展并不断进行理论创新而总结概括出来的。在构建具有中国特色话语体系的过程中,迫切加强创新理论并加以指导中国现代化建设。同时,立足中国发展实际,正视中国现代化话语体系不够完善的实际情况。站在新的历史起点上,党和国家事业要持续向前发展,需要继续发挥理论创新的重要作用,坚定地承担起当代中国共产党人的历史责任和时代使命,即"继续推进实践基础上的理论创新,首先要把握好习近平新时代中国特色社会主义思想的世界观和方法论,坚持好、运用好贯穿其中的立场观点方法"[②]。这也是新时代构建马克思主义中国化话语体系的重要方法。要充分发挥理论创新的作用,认真学习领会习近平新时代中国特色社会主义思想的世界观和方法论。在马克思主义中国化话语体系构建过程中,要始终坚持人民至上、坚持自信自立、

[①] 习近平:《高举中国特色社会主义伟大旗帜 为全面建设社会主义现代化国家而团结奋斗——在中国共产党第二十次全国代表大会上的报告》,人民出版社 2022 年版,第 18 页。

[②] 习近平:《高举中国特色社会主义伟大旗帜 为全面建设社会主义现代化国家而团结奋斗——在中国共产党第二十次全国代表大会上的报告》,人民出版社 2022 年版,第 18—19 页。

坚持守正创新、坚持问题导向、坚持系统观念、坚持胸怀天下的立场观点方法。

(三) 百年话语创新推动了马克思主义中国化进程

话语体系来源于实践发展，同时又推动着实践发展的进程。马克思主义中国化话语体系随着中国特色社会主义事业的发展而不断更新完善。构建与时俱进的马克思主义中国化话语体系，是持续推进马克思主义中国化时代化，建设具有强大凝聚力和引领力的社会主义意识形态的有效途径之一。要不断推动马克思主义中国化时代化的进程，创造出人民群众喜闻乐见的话语形式，并树立起"短、实、新"的文风，还要善于运用具有深厚中国传统文化底蕴的诗词典故来推进马克思主义的中国化传播，这也是坚持理论创新的重要体现。中国共产党的百年话语创新推动了马克思主义中国化时代化进程。新时代坚持理论创新，对持续推动马克思主义中国化时代化进程至关重要。在马克思主义中国化话语体系构建的过程中，创新是必不可少的因素之一。中国共产党百年话语的不断推陈出新，构建出符合中国特色的话语体系，既有历史继承性又有鲜明的时代特征，是马克思主义中国化的重要发展。尤其是党的十八大以来，在实践基础上的各种话语的创新性表述，如新时代、"五位一体"的总体布局和"四个全面"的战略布局，以及党的二十大报告提出的"两个行"和对"两个结合"具体内涵的表述。这些新阐述、新概括和新提炼把马克思主义中国化时代化提升到了一个新的认识高度，真正开辟了马克思主义中国化时代化的新境界。

二 实践发展是马克思主义中国化话语体系构建的现实依据

实践是理论的来源，理论对新的实践起着重要的指导作用。构建马克思主义中国化话语体系来源于中国革命、建设和改革的伟大实践，来源于取得巨大成就时的丰富经验。实践发展的程度决定了话语体系构建的程度，适应社会大发展、大变革、大调整的时代要求，马克思主义中国化话语体系发展到一定程度，也需要对其进行变革，并赋予其生命力与创造力。

(一) 立足实践是话语体系构建的必要条件

理论研究的展开来源于实践的需要，并在解决实践问题中不断推进，从而指导新出现的种种问题。新时代新征程，要运用马克思主义中国化时代化的最新话语体系来呈现中国特色社会主义伟大实践的新问题。立足于现有的历史实践并着眼于未来的历史探索，紧跟人民首创性实践是推动话语构建的必然选择，是马克思主义中国化话语体系构建的必要条件。新时代，我国社会主要矛盾已转化为人民日益增长的美好生活需要和不平衡不充分的发展之间的矛盾。社会主要矛盾的转变是当前最大的实际，决定了新时代面临着新的社会现实。在全面建成社会主义现代化强国、实现第二个百年奋斗目标，以中国式现代化全面推进中华民族伟大复兴的新征程中，中国坚持走中国特色社会主义道路，以实现现代化建设为目标"创造了中国式现代化新道路，创造了人类文明新形态"①。当前阶段，中国式现代化已成为完整的理论体系，要构建中国自主的哲学社会科学，理应紧跟当前中国式现代化的理论与实践，构建和宣传中国式现代化话语，以此不断推动马克思主义中国化话语体系构建的进程。

（二）在指导实践发展中体现话语价值

马克思主义中国化话语不仅来源于实践，也指导着实践。立足发展实际，依据不同时期社会发展的实践主题的不同，马克思主义中国化话语也不断更新变化，这也是马克思主义中国化话语的价值体现。回顾党的百年历史，我们的话语从未离开过中国各个发展阶段面临的历史课题，从"实现民族独立和人民解放"进行的"民族民主革命"中，创立了新民主主义革命和新民主主义社会的话语体系，再到新中国成立后，由革命话语转变为社会主义建设的话语，这些都是紧跟社会面临的历史课题而不断转变的话语体系。改革开放新时期和中国式现代化新时代更是如此。马克思主义中国化话语体系不断更新，立足于实践并指导实践的话语也不断创新，马克思主义中国化话语的价值也不断得到彰显。在紧跟人民实践和与时代接轨的话语创造过程中，话语权也逐步得到提升。历史发展和社会现实证明，要推动马克思主义中国化话语体系构建的进程，就必须依据不同历史时期实践主题的变化而推进话语的创新，才能继续指导实践不断向前发展，体现出话语创新的理论意义与实践价值。在不

---

① 习近平：《在庆祝中国共产党成立 100 周年大会上的讲话》，《人民日报》2021 年 7 月 2 日。

断指导实践中创新话语体系，马克思主义中国化话语也只有在解决实际问题中才能得以广泛传播与应用，才能继续指导实践并促进社会经济发展，进而体现出其持久的生命力和影响力。

（三）在实践检验中实现话语的去伪存真

一切从实际出发，理论联系实际，实事求是，在实践中检验真理和发展真理。中国共产党基于马克思主义立场观点方法，在坚持唯物辩证法过程中，从中国社会发展实际出发，致力于解决人民实践中遇到的社会矛盾，达到理论与实践的统一，而不限于从盲目的经验主义之中解决实际问题，从而最终实现马克思主义中国化话语体系的构建与完善。但是，不同的人对同一社会现实和发展实际具有不同的评判，对同一事物具有不同的话语表达，从而凝练出不同的话语体系。这就需要继续在实践中加以检验，以实现话语的去伪存真。马克思主义中国化话语的构建需要在实践中得到检验，这是由于"一切从实际出发"中的"实际"，指的是涉及人民生活方方面面的社会实践，包含着经济、政治、文化、社会和生态等各方面的复杂关系。需要运用马克思主义立场观点方法去全面、发展、变化地看问题，做到具体问题具体分析，解决社会发展中存在的主要问题，进而不断总结经验与教训，以此检验马克思主义中国化话语是否符合最广大人民的根本利益，是否符合客观事实，是否具有现实价值性，是否需要不断更新变化以符合最新发展实际。所以，实践才是最客观的评判标准。无论何种话语，要想深入人心，体现出价值性，就必须经得起实践的考验，在推进实践中获得话语权，掌握主动权。

三　坚持理论创新与实践发展相统一推动话语体系持续完善

话语体系的构建必须坚持理论和实际相结合的原则。马克思主义中国化话语体系的构建从一开始，便是以马克思主义为指导去解决当时中国革命所面临的问题。从建党初期到抗战期间，中国共产党一直在探索马克思主义中国化的途径，最终找到一条把马克思主义的革命理论与中国的革命实践相结合的道路，第一次真正实现了马克思主义中国化，这也为马克思主义中国化话语体系的构建奠定了基础条件，也决定了在构建马克思主义中国化话语体系时，更应该坚持理论创新与实践发展相统一的原则。

（一）深化理论与实践关系认识

实践的观点是马克思主义的首要观点，从现实出发是其根本立足点和出发点。我们认识世界的目的在于改变世界，所以需要一切从实际出发，实事求是，坚持在守正创新中实现理论创新和实践创新的良性互动。理论联系实际，不仅需要从中国社会发展去认识和总结当今中国的发展变化，还需要从人类历史发展规律、社会主义建设规律和共产党执政规律的视野去认识和总结中国经验。具体到马克思主义中国化话语体系的构建过程中，需要用马克思主义经典文本的论述来解读中国经验，更需要运用中国话语来概括总结中国实践，真正实现理论与实践的统一。百余年中国共产党党史证明，坚持从中国实际出发而不是从抽象的理论原则出发，是构建马克思主义中国化话语体系的关键所在。当前，马克思主义中国化话语体系的构建还明显落后于中国特色社会主义建设实践的发展和新时代要求，还未完全形成具有中国特色的学术话语体系。这都需要在深化理论与实践关系的认识中，全面系统地总结中国特色社会主义建设的基本经验和伟大成就，概括提炼中国式现代化的理论内涵，构建新时代中国特色的马克思主义话语体系。

（二）吸取理论脱离实际的一切历史教训

近代以来，以马克思主义之外的其他思想为指导进行革命或自救的中国农民阶级、地主阶级和资产阶级均遭到失败，吃尽了苦头。五四运动之后，中国共产党应运而生，并且将马克思主义作为自己的指导思想和精神武器。受国内外和党内外多种因素的影响，中国共产党在成立初期吃过把马克思主义教条化的苦，吃过把苏联经验神圣化的苦。党的十八大以来，以习近平同志为核心的党中央统筹世界百年未有之大变局和实现中华民族伟大复兴战略全局，以马克思主义为指导，结合中国实际和时代发展要求，再次实现了马克思主义中国化时代化的新飞跃，创立了习近平新时代中国特色社会主义思想。以习近平新时代中国特色社会主义思想为指导，党和国家的事业取得历史性成就、发生历史性变革，为实现中华民族伟大复兴提供了更为完善的制度保证、更为坚实的物质基础、更为主动的精神力量。同时，我国逐步走近世界舞台的中央，科学社会主义在21世纪的中国展现出新生机和新活力，世界社会主义运动逐步得到振兴，中国式现代化话语体系逐渐形成。这是在理论脱离实际的一切历史教训中得出来的经验与启示，是新时代掌握话语权和马克思主义中国化话语体系不断健全的重要标识。

（三）始终保持"与时俱进"的话语追求

马克思主义的时代化决定了马克思主义中国化话语体系必须是与时俱进的理论体系，需要在时代发展中吸收借鉴一切文明成果，需要对各个民族和国家在经济社会发展过程中形成的新语言、新学说、新概念和新认知，加以肯定并合理地吸收借鉴。同时，在构建马克思主义中国化话语体系中，要保持与世界文明进程同步，即始终保持"与时俱进"的话语追求。坚持与发展马克思主义，尤其是构建马克思主义中国化话语体系，应完整准确、适时地诠释马克思主义，使其体现出现实性和始终保持与时俱进的理论品质。马克思主义的时代化需要马克思主义中国化话语体系的与时俱进。在马克思主义中国化话语体系的构建过程中，应以中国正在进行的社会主义实践为现实依据，不断创新马克思主义关于经济、政治、文化、社会和生态等方面的理论，以此进一步指导中国当前的实际，并构建起一整套理论体系，以启迪其他民族和国家的社会经济发展路径。因此，构建马克思主义中国化话语体系不仅仅是为了解决中国问题，在坚持中国立场的同时也应兼顾世界眼光。唯有如此，才能真正做到与时俱进、与世偕行，也才能真正使马克思主义中国化话语体系具有国际话语权，进而在国际上发声，为解决世界问题，构建国际新秩序贡献中国力量，体现中国担当。

第 四 章

马克思主义中国化话语体系构建的现实路径

马克思主义中国化话语体系是以马克思主义作为生成方法论和思想导向，以中国实践为内容根基，以中国式独特表达为外在表征，以多样和广泛的传播为现实路径的话语表达方式。在阐明马克思主义中国化话语体系的基础理论，梳理其百年历程，探讨其基本原则的基础上，要从更新话语内容、优化话语表达、促进话语传播和加强话语保障等方面采取有效举措，以更好地突出话语体系的思想性、增强话语体系的认可度、扩大话语体系的影响力、提高话语体系构建的实效性，从而不断推动马克思主义中国化话语体系的进一步完善和发展。

第一节 突出思想性：更新话语内容

话语内容是话语体系的内核，而思想性则是话语内容的内核。流传至今的经典话语无不蕴含着深刻的思想，即使经过反复多次的解读仍旧能够使人得到智慧和启迪。纵观马克思主义中国化话语体系构建的百年历程，其在内容上的构建经验主要表现为坚持马克思主义的科学指导、汲取中华优秀文化的思想精髓和立足国情世情进行话语更新，以此赋予马克思主义中国化话语内容具有贯通古今中外的深刻性和思想性。

一 坚持马克思主义，以科学理论指导话语内容

习近平指出："支撑话语体系的基础是哲学社会科学体系。"① 马克思主义中国化话语体系就其本质而言，是具有深厚理论底蕴和一定学术性质的话语体系，因而其构建就理论原点而言，必然要坚持马克思主义的内容指向，从马克思主义的科学方法和价值立场出发进行话语构建。

（一）坚持马克思主义内容指向

马克思主义作为具有实践性、发展性、科学性的理论，其内容指向尤为深远，涉及整个人类社会生活的方方面面。这为话语内容的构建提供了巨大的思想理论资源，也为话语内容的更新拓展提供了巨大的延伸空间和发展潜力。

在以马克思主义的思想架构为指向进行话语内容的构建时，一方面，要遵循各思想领域的逻辑源点来构建话语内容。马克思主义中国化话语来源于马克思主义话语的叙事逻辑和框架，在进行话语更新和拓展的过程中，必然要坚持从马克思主义本身所涉及的各思想领域的话语语境和逻辑源点出发，进行马克思主义中国化话语内容的构建。例如，在对马克思主义政治经济学领域的思想内容进行话语解构的过程中，不能仅仅在区分资本主义与社会主义的经济差别后，便单纯而偏执地一味去发展社会主义经济方面的话语内容，而忽视了资本主义经济也是人类经济发展的必然阶段，忽视了经济学这一领域中更为基础和根本的生产力和生产关系理论。因此，要从经济这一概念和范畴诞生的逻辑源点出发，从资本主义和社会主义经济学所在的不同语境出发，推进话语拓展和建构。

另一方面，要遵循马克思主义整体性思想来构建话语内容。单个的词句本身只能作为话语的构成要素，而完整且成熟的话语应当具备完整表达一个观点和理念的功能。作为体系的话语内容是由零碎的话语内容组合而成，但它本身又并非零碎话语的简单拼凑，而是将零碎的话语进行逻辑性的整合，使其既保留本身话语所传达的观念意识，又能与整个话语体系内在联系。例如，社会主义市场经济这一马克思主义中国化的原创性理论，它既是对马克思主义政治经济学的话语拓展，同时亦归属

---

① 习近平：《在全国党校工作会议上的讲话》，人民出版社2016年版，第20页。

于马克思主义科学社会主义的思想领域,属于整体性的马克思主义中国化话语体系的组成部分。① 要重视某一思想领域与其他思想领域之间的关联性,要在马克思主义所涉及的各思想领域内进行辩证性的话语拓展和建构。

(二) 坚持马克思主义科学方法

恩格斯指出:"马克思的整个世界观不是教义,而是方法。"② 话语本身的思想内涵,不仅反映在表面的词句之上,也反映在观点理论本身,还反映在其内在的思维逻辑和哲学方法之上。对此,马克思主义中国化话语内容的拓展和建构,应在坚持内容导向的基础上,内化马克思主义本身的哲学方法论,并以其为指导进行话语构建。

首先,要遵循马克思主义的语言观构建话语体系。马克思主义的语言观最为直接地揭示了话语本体的发生和发展、本质和特征、结构和功能、属性与特性等涉及话语构建的基础性问题,明确了话语体系构建中各个具体的研究对象,是开展话语体系构建最为直接的方法论。例如,马克思主义语言观阐明了话语与思维意识的必然关系,揭示了话语与人类社会的必然联系,以及探究了话语在语法和结构上的演变,包括不同民族的语法结构的差异,以及同一个民族历史进程中语法结构的变化等,这些都为话语构建指明了具体方向。

其次,要遵循马克思主义的哲学方法论来构建话语体系。马克思主义的哲学方法论是与世界观相统一的方法论,因而它虽然并未如马克思主义语言观一般,对话语体系的构建提供直接的方向指引,但其本身却是马克思主义语言观诞生的方法论基础,其所提供的方法是最为广泛和彻底的。具体来说,马克思主义的哲学方法就是坚持唯物史观,即在话语构建中坚持现实地去理解马克思主义这一思想的理论源点、逻辑源点和现实源点,而非机械性地套用概念范畴进行话语内容的拼凑。坚持实践地解读中国社会,要能够自觉辨别中国社会表面之下所展现的深刻的发展规律,自觉解析理论运用于实践所产生的实际效果,而非简单地将

---

① 俞思念:《马克思主义原创性问题的学术价值与实践意义——兼论新时代中国特色社会主义对马克思主义的原创性贡献》,《海南大学学报》(人文社会科学版)2022年第5期。
② 《马克思恩格斯选集》第4卷,人民出版社2012年版,第664页。

马克思主义的理论成果套用中国实践，或将中国实践结果套进马克思主义话语框架内，而是要将两者结合起来进行深度的话语分析。

（三）坚持马克思主义价值立场

价值立场是话语体系发挥功能效用的现实导向。话语从诞生起就不可能一直停留在理论和学术层面，归根结底是要回归到现实世界发挥应有的作用。马克思主义向我们指明了马克思主义中国化话语体系的构建，应坚持人民立场，坚持中国特色社会主义的意识形态立场。

首先，要坚持话语体系构建的人民立场。语言是基于人类现实交往的需要而诞生的，伴随着人类社会交往范围的扩大，话语所指明的对象也不断扩大，而这一对象便是全体社会成员，这表明语言自诞生起便属于全人类。基于此，马克思主义向我们指明，整个人类社会历史便是一部交往史。创造人类历史的是广大人民群众，人民群众的利益代表了全人类的利益，人民群众的话语是能够反映全人类价值取向的话语，这便指明了话语构建的根本立场必然是人民。对此，马克思主义中国化话语构建的核心场域是中国，其价值立场是立足中国人民的利益。同时，马克思主义中国化、时代化的最新理论成果是21世纪的马克思主义，其价值立场亦是立足世界人民的利益。

其次，要坚持话语体系构建的意识形态立场。马克思主义中国化话语体系构建的现实语境是阶级社会，这一话语体系本身便带有一定的意识形态属性。马克思主义中国化话语体系内在地蕴含着马克思主义所指明的社会历史发展的必然规律，在话语内容上也有部分概念和范畴上表现出明显的政治立场。[1] 为此，在马克思主义中国化话语体系的构建过程中，要赋予这一话语体系以一定的意识形态倾向，从而使其能够抵制西方资本主义意识形态话语的入侵。从阶级社会发展的现实立场来看，任何非意识形态的话语都是非真实的，秉持非意识形态下所产出的话语即使表面呈现得再真实、再深刻，其所带来的实践成果也必然与历史发展进程相违背。

---

[1] 邓纯东：《努力构建以马克思主义为指导的哲学社会科学话语体系》，《马克思主义研究》2014年第6期。

二 汲取中华优秀文化，以优秀文化创新话语内容

文化是一个国家的独特标识，是区分话语体系的核心要素。西方马克思主义话语与中国化的马克思主义话语的区分，不仅仅在于话语产生语境上的差异，更在于中西方不同文化所带来的价值观念和思维观念上的差异。对此，马克思主义中国化话语体系的构建必须要汲取中华优秀传统文化、革命文化和社会主义先进文化的思想观念和基因符号，以此才能抓住话语创新的内在生长点。

（一）以中华优秀传统文化成果创新话语内容

如果说马克思主义中国化话语的逻辑源点是马克思主义，那么这一话语的概念源点便是中国传统文化。根据马克思主义中国化话语构建的历程来看，马克思主义中国化的相关概念、范畴、表述最初是从译介开始的，而这种译介的最初形态并非现在的白话，而是传统的文言文。[①] 可见，中华传统文化在马克思主义中国化话语生成中所具有的重要作用。为此，要以史为鉴，充分考察话语的概念演进史，分析话语是如何在运用传统文化阐释本义的过程中创造新义的，进而实现由西式概念到中式概念，再由中式概念到中式话语的转换。

第一，要探寻传统文化与马克思主义话语的契合点。在话语初创时期，对话语的构建往往是直接寻求意思相近的词汇和概念进行套用或替换，而后再在这基础上对这一词汇和概念进行进一步的话语阐释，从而使这一词汇和概念具有全新的象征意义，这就实现了最初的马克思主义中国化概念和范畴的构建。之后伴随着新概念的诞生，结合实践又不断延伸出新的概念和范畴，最终形成完整的话语内容体系。但这一过程之中往往会出现西式逻辑覆盖中式思维的现象。对此，话语构建要从马克思主义与传统文化的契合点入手，以呈现中式思维和理念的传统文化为根基，进行新的概念、范畴和话语的构建，进而形成中国化的概念群、范畴体系和逻辑体系。同时，在这一过程之中也要避免形式主义的套用所带来的理论曲解。

第二，要从传统文化中探寻与马克思主义话语的创新点。以传统文

[①] 杨彬彬：《中国特色社会主义制度的话语转换与话语建构》，《求实》2020 年第 4 期。

化创新话语内容的主要目的，一方面是为了赋予话语以文化象征，从而实现话语体系的中国形象构建，形成话语体系的独特标识。另一方面也是为了赋予话语以文化价值，从而实现话语体系的中式思维框架的建构，提升话语的思想性。从这一视角来说，以传统文化观念进行的马克思主义的中国化解读仅仅是对传统文化精华的浅显运用，更深层次的运用便是要寻找两种思想理念在话语表达上的突破，即进行原创性的话语构建，能够提出符合马克思主义理论场域内的崭新的中国命题和中国论断，从而实现内化到内生的话语演进。

（二）以中华优秀革命文化成果创新话语内容

革命文化诞生的时期是马克思主义中国化话语体系的萌芽期，更是中国传统文化与近代文化相互交织融合的历史关键期，这一时期的革命党人对马克思主义中国化话语的构建具有借鉴意义。因为这一时期的话语生成背景与马克思主义的话语语境相契合，因而能够实现理论和实践的相互印证，进而有效地推动马克思主义中国化原创话语的大量生成。基于此，通过汲取革命文化中的优秀成果，可以发现马克思主义中国化话语构建的最初逻辑，从而更好地理解和把握传统文明与现代文明在马克思主义中国化话语上如何实现融会与贯通。

第一，要注重区分革命文化话语中的精华与糟粕。在革命时期，中国共产党对马克思主义的理解还处于初步阶段，以及当时人民物质文化生活较为落后，为了更好地使人民大众理解马克思主义，因而这一时期的话语往往以直白和通俗为主。为此，需要合理地理解和使用这些话语，对于具有象征意义和经典性的话语内容要予以保留和弘扬，而对于部分过于直白和通俗以致不符合新时代社会发展形势、容易产生歧义和错误引导性的话语，需要对其进行解读后选择性地融入新时代马克思主义中国化话语内容中。

第二，要注重革命文化与新时代话语之间的双向互动。革命文化对话语构建的重要价值和意义，不仅在于提供了彰显当时时代特征的话语表述和概念符号，更为主要的是其为话语内容构建提供了革命精神内核。包括话语中坚定的人民立场和共产主义信仰，以及话语对政权合法性的逻辑阐释，等等。这些话语内容不仅仅是我们过去社会主义建设的"根"，也是我们继往开来实现新的伟大征程的"根"。因此，在汲取革命文化进行话语拓展和创新的过程中,要始终注重保留这些根本性的内涵要素,并以此作为实现革命话语与新时代话语之间可延续性对话的桥梁,使话语内容构建做到既传承思想理论又传递精神情感。[①]

(三) 以社会主义先进文化成果创新话语内容

社会主义先进文化是在新中国成立后,特别是在改革开放后不断繁荣发展的一种崭新的文化样态。这一文化样态生成于中国化时代化的马克思主义指导下的特定的社会主义制度背景和社会实践,因而这一文化具有典型的社会主义性质和社会主义中国的特色,是马克思主义中国化话语体系构建的文化根源之一。

第一,要以先进文化的前进方向指导话语内容构建。社会主义社会作为共产主义的必然阶段,这一时期所诞生的文化也必然是要服务于未来共产主义社会的,因而这一先进文化的前进方向便是共产主义文化。这启示我们在话语建设中要明确话语发展的未来方向,在立足现实实践进行话语构建的同时,要坚持不忘本来、面向未来,对过往旧的话语内容要以面向未来的视野进行反思和批判。在不断产出新的话语内容的过程中,也要进一步完善过往的话语内容,结合先进文化的发展稳步推进话语内容的构建,有效实现传统话语与现代话语的双向融合,建构真正符合人的现实需求的马克思主义中国化话语。

第二,要以先进文化的核心价值取向指引话语内容构建。要以先进文化中能够反映出时代和人民需求、具有前沿性的核心价值取向作为构建马克思主义中国化话语的要素。这里的核心价值主要表现为以社会主义核心价值观为主的价值取向。这就启示在话语内容的构建中,要以国家、社会和个人三个层面的价值取向为指引,使所构建的话语内容能够反映三个层面的价值需求,并用以指导实践。同时,话语具有指导实践的功能,在于话语的思想意蕴能够激发话语接收对象的主观能动性。先进文化指明了激发中国人民积极性和能动性的两大精神要素,即民族精神和时代精神,而这也是话语构建中应该具备的核心价值要素。

[①] 张朋林、石书臣:《革命文化话语转化:动力、价值及方式》,《思想教育研究》2021年第4期。

三 立足国情世情，以时代发展丰富话语内容

话语体系的构建必须始终符合历史与现实的逻辑。只有满足实践需要的话语，才能反映真实的世界，进而发现世界的未知，成为真实有效的话语。对此，马克思主义中国化话语体系的构建既要立足现实国情、挖掘中国特色，鲜明地体现"中国意志"，又要契合时代世情、展现大国风范，响应"时代感召"。

（一）立足现实国情，挖掘中国特色实践话语

新时代的中国正处于前所未有的战略机遇期，而这同时也意味着中国有了更为广阔的发展场域，意味着中国需要更加自信地向世界表达自己。此外，历史也证明，不能实事求是地作出正确的国情判断，在话语方向上出现错误，往往会带来现实中更大的实践失误。对此，话语内容的构建不能仅仅停留于过往的实践背景之下，停留于过往的国情判断之中，而要立足现实国情挖掘新的符合中国实际的话语内容。

首先，要强化问题意识，提出新课题。马克思主义中国化话语要讲清楚中国的社会主义实践，不仅需要实事求是地叙述，更需要讲清楚每一个历史阶段中国实践所面临的现实问题、存在原因、解决路径和未来前景，使马克思主义中国化话语内容具有独特性、深度性和实效性。基于此，从实践出发进行话语构建，不能仅仅是单纯地描述事实，更要具备问题意识，必须挖掘事实之下存在的隐患和风险，并将这些风险隐患转化为新的研究课题，以新课题为方向指引，产出真正具有针对性和实效性的话语内容。

其次，要强化政治意识，明确大方向。将马克思主义中国化话语定位为理论创新的需要，进而将这一话语体系局限在学术话语内容之上，或者因服务人民群众的需要，而将这一话语体系局限在大众话语之上，都是不正确的话语构建导向。基于客观需要，话语要以维护党的执政地位和国家利益为首要目的。只有在政权稳定和国家利益不被侵犯的基础上，才能保障良好的学术生态和满足人民群众的生活需要。基于此，话语构建必须强化政治意识，做到话语方向上的旗帜鲜明，使话语内容既具备明学理的"学术叙事"、接地气的"民间叙事"，更需要具备辨国家是非的"政治叙事"。

（二）契合时代世情，构建中国气派大国话语

中国是国际社会的重要成员。马克思主义作为世界性的学说，马克思主义中国化话语发展必然要依托于世界性的实践成果，这样的话语内容能最大程度地具备全面性，使话语内容在彰显中国独特智慧的同时接纳多样的世界智慧。

第一，要秉承大国责任来构建话语内容。作为以马克思主义为指导的话语体系，马克思主义中国化话语体系的构建要坚持实事求是原则和坚持为人类谋进步为使命。中国要秉承大国责任，以国际社会上的事实为根据进行话语构建，对于西方社会存在的"双重标准""普世价值"等虚假话语，要秉承实事求是的原则予以批驳。同时，立足世情进行话语构建时也要坚持问题导向，对国际社会中的各类难题提出中国方案、给予中国实践，充分展现中国为人类文明进步作出的巨大贡献。要以中国话语内容指导中国实践，以中国实践证明中国话语，互为佐证，让世界看到中国话语是可信的、可行的、可用的。

第二，要以主动态度回应西方话语。近代以来，西方国家凭借着资本、权力上的优势，在话语场域中也长期占据着主导地位，对其他国家的意识形态话语内容呈现排斥甚至是打压的势态。对此，在百年未有之大变局下，中国应以大国担当主动回应西方各种霸权式、敌对式和欺骗性的话语。要积极参与国际活动，主动发声，以具有中国智慧的话语内容回答西方社会提出的各类问题，为解决世界发展的共同难题贡献中国智慧，主动打破西方在话语的"议题设置、规则制定、主流内容"[1] 等方面长期垄断的解释权和掌控权。

第二节　增强认可度：优化话语表达

在马克思主义中国化话语体系构建的进程中，存在关注内容上的建设，甚至直接将这些话语内容等同于话语体系进行构建的情况。但语言的魅力不在于内容上的文字堆砌，而在于内容之外的独特的表达所带来

---

[1] 韩升、段晋云：《全人类共同价值国际弘扬的话语体系建构》，《新疆社会科学》2022 年第 3 期。

的韵律和美感，给予人以更为丰富而深刻的情感体验。对此，要不断强化表达思维、借鉴多元风格、融入深厚情怀，从而提升话语的准确性、生动性和感染力，以超脱知识和概念外的话语表达，达到话语的意识形态和价值观念的传达，最终实现话语在理论和情感上的双重认同。

一　注重话语表达逻辑，提高话语准确性

话语是人的思想意识的直接反映，是通过人的逻辑思维将具备一定指代意义的词句进行有条理性的组合而形成的。缺少思维的介入，单纯由词句堆砌而成的话语难以令人理解和接受，也不能发挥话语最为基础的思想传递功能。能够让人准确理解的话语是反映现实与人类生活密切相关的事实性话语，是有理有据能够让人们获得情感和行为指向的引领性话语。基于此，马克思主义中国化话语体系的构建必须强化实践性和整体性思维。

（一）强化实践性思维，注重事实性表达

话语中的实践性思维，主要是指在话语表达时要根据事物发展的现实顺序过程和外在表征，通过叙述或阐释的方式将事物本身的现实价值和意义呈现出来。以实践性思维进行话语表达，并不意味着话语表达必须按照实践结果一一对应地进行思想内容的呈现，而是要使话语内容与事物曾经出现的或者现在正在呈现的基本状态相对应，以确保话语表达出来的思想内容和价值意义既符合事实，也切实有效。

一方面，要以发展的观点进行话语表达。实践着的人和一切现实的事物，其本身是动态的、发展的，绝对静止的观点不符合实践性思维。这表明在马克思主义中国化话语体系的构建中，以实践性思维进行符合事实的话语表达，并不一定要完全使用陈述性的话语，对事物的外在表征进行照镜子式的复述，而是要按照事物发展的历史顺序或按照事物发展的逻辑顺序进行表述。既要有微观上的表述，又要在描述事物发展具体细节基础上，能够内在地指明事物在宏观上的发展势态，以实现话语表达在现实基础和思维逻辑上均符合实际。

另一方面，要以现实实践成果作为话语表达的内容支撑。实践成果是实践性思维最为重要和根本性的内容支撑，没有实践成果为支撑的话语内容是站不住脚的，而基于这一内容所进行的话语表达也不易被人所

认可。但这并不意味着在运用实践性思维进行话语表达时,要完全脱离过往的话语,单纯地依托现实实践成果进行构建的话语是不存在的。这表明在使用过往文本组织新话语时,需要从这一文本诞生的历史语境中去解读这一文本,同时联系现实实践成果作出现实性的分析判断,以及在解读文本时要始终秉承客观的态度,尽量避免过于主观和个性化的表述。但完全屏蔽个人情感的话语也是不存在的,有时独特的个人表达风格和中式表达思维恰恰能够与中国现实实践相辅助,更加为人民所认可,进而强化马克思主义中国化话语的表达效果。

(二)强化整体性思维,注重引领性表达

话语中的整体性思维,主要是指在进行话语表述时,应以辩证的态度对话语要表达的对象进行全面性的分析和论证,包括通过理论和实践相互补充的方式或通过理论思辨的方式,做到尽量完整地阐述出话语要表达对象的全貌。以整体性思维进行话语表述并不意味着话语表述上的长篇大论,也不意味着对话语内容对象的来源、发展和未来进行从头到尾的详细表述,而是要实现话语表达的有理有据、前后呼应,从而确保话语所传达的思想观点和价值导向符合话语主体所想要达到的目的。

一方面,要做到话语表达的逻辑自洽。不同于以实践性思维进行话语表达所要达到的目的呈现的事实的功能,以整体性思维进行话语表达所要达到的目的,更多是实现价值引领的功能。也就是说,通过逻辑自洽的话语表达,让话语受众能自觉地代入话语主体的思维逻辑中,以实现主客体之间的角色互换。将话语主体的逻辑内化为自身的逻辑,让话语表达的客体主动得出话语所要传达的思想观念,这就实现了话语主体的目的,即得到话语表达客体的认可。可见,话语表达的逻辑自洽是实现话语本身功能的关键要素,一旦话语表达过程中出现逻辑断层,那么即使话语体系在内容上是科学的,但表达出来的意思却是相反的,话语内容的可信度也就大大降低。

另一方面,要以一定的理论基础为话语支撑。由于整体性话语的目标在于实现话语的价值引领性,因而需要更加注重使用过往的话语文本内容进行辅助性表达,从而使传达的话语信息更为全面。而这便需要以一定的理论为支撑,特别是要遵循马克思主义哲学方法论作为话语表达的内在逻辑支撑，以此才能实现有理有据地构建和传播马克思主义中国化话语，更好地构建马克思主义中国化话语体系。同时，通过以已经得到较大公信度的理论为话语支撑，并基于此进行更为理性和抽象性的话语阐述，这比直观和具体的事实性阐述更加具有难度，但这种复杂的理性和抽象性话语往往比事实话语更容易让人们觉得是真实下的本质，更容易启发话语受众的思考，实现话语的思想引领和价值塑造作用。

二　借鉴多元话语风格，增加话语生动性

马克思主义中国化话语本身具有较强的学术性和政治性，但作为话语体系而言，其所构建的目标不仅仅包含文本上的话语内容生产，还涉及整个话语内容在产出后，如何进行再加工和整合的问题，从而使话语在传输的过程中更能吸引话语受众。对此，在马克思主义中国化话语体系构建的过程中，要不断整合和借鉴多元话语风格，包括中共中央领导人的话语风格、人民群众的话语风格和网络社会中的话语风格，以提升话语的生动性，使话语能够最为广泛地关照到话语受众。

（一）借鉴中共中央领导人的话语风格

中国共产党是探索马克思主义中国化话语的领导者和主力军，更是传达这一话语的核心主体。了解中共中央领导人在话语风格上的共通点，并加以借鉴，有助于更好地领会马克思主义中国化话语的精髓，更好地进行话语传达。

一方面，要善用经典话语。这里所说的经典话语主要指两部分内容：一部分是马克思主义经典话语，这是马克思主义中国化的元话语。历代中共中央领导人的重要讲话均会使用马克思主义的经典原句，并在原句基础上进行大众化阐释。坚持马克思主义经典话语更好地保证了话语中的政治方向不动摇，守住了马克思主义中国化话语构建的红线。另一部分是中国历史上的经典话语，包括历史上的各种文化典故以及前期中国共产党人的经典话语，这同样是马克思主义中国化的元话语。不管是历史典故还是前期中国共产党人的经典话语，都是人民群众在现实生活中所熟知或日渐熟悉的话语，通过引用这类经典话语能够更好地实现新旧

话语的衔接,实现"以旧释新、以旧养新"①,让人民更加深刻地感受到马克思主义中国化话语的传承性和先进性。

另一方面,要善用条理性的短句。不管是"十大关系""四项基本原则",还是"四个全面""五位一体"等让人民群众朗朗上口的话语表述,都体现了中共中央领导人在话语风格上善用条理性短句的特点。相较于学理性的长句和政治性的纲领文件,在数字上条理明晰的短句更容易让人记忆。以及这些条理性的短句能够直接明了地帮助人民群众明确话语所表达的"是什么",进而去深度了解话语中的"为什么"。此外,条理性的短句还包括口号式的短句,这些话语表达往往更加生动形象,便于人民群众所理解,也更加便于媒体宣传,从而能够激发广大人民群众全面建设社会主义现代化国家的热情。

(二)借鉴人民群众的话语风格

人民群众生活中朴实无华的话语,往往反映着最真实和最直接的现实问题,蕴含着高超的智慧。这表明话语体系构建必须倾听民意,话语表达要坚持以人民群众乐于接受的话语风格为借鉴,挖掘其与马克思主义中国化话语风格的共鸣,更好地发挥话语的信息传递和价值引领的功能。

一方面,要善用日常叙事。人民群众的生活话语往往是最为质朴的叙事话语,而非经过多次加工整合而形成的辞藻华丽、对仗工整、抒情达意的文艺话语,这表明在马克思主义中国化话语体系的构建中,要充分运用这一质朴的叙事方式。例如,将马克思主义复杂的唯物史观叙事为人民群众在创造历史;将复杂的共产主义社会的概念叙事为人民群众所向往的小康生活和美好生活等,以及将解读党史的过程叙事为"复兴之路",再娓娓道来这条路是如何走的。通过这种"讲故事"的日常叙事的话语表达,让人民群众能够将复杂的理论和政策变为他们生活中实实在在经历的元素,进而使这些话语深入到群众生活之中,成为人民日常生活话语的元素。②

---

① 张谨:《习近平新时代中国特色社会主义思想在大众文化中的话语转化与现实意义》,《长白学刊》2021年第2期。

② 赵雅文、刁文朝:《新媒体时代我国国家领导人形象传播话语风格的转型》,《新闻爱好者》2016年第9期。

另一方面，要善用通俗比喻。人民群众在学习生活工作中，也会使用一些基础性的词汇或者说是"行话"，但这种词汇往往本身就具有形象性，能够让人在听到这一词汇时就清晰地在脑海中浮现出来。这表明在进行马克思主义中国化话语体系构建时，要学会以老百姓生活中的"行话"来替代马克思主义中国化话语中的"行话"。例如，针对农业生产问题，以"饭碗"问题为替代；针对民族团结问题，以"石榴籽"来形容；针对意识形态问题，以"旗帜""根""魂"等进行表述，通过这些通俗比喻使话语变得更形象。[1]

（三）借鉴网络社会中的话语风格

网络社会是一个崭新的社会场域，是马克思、恩格斯所处时代从未有过的一种社会存在方式，但不可否认，这个虚拟社会对现实社会有巨大影响。尤其是在意识形态争夺上，网络社会已经成为世界各国必争的话语场域，谁能够占领网络话语阵地而获得更高的网络话语权，谁就能更好地掌握传播意识形态的主动权。可见，充分把握网络社会的话语风格和特点是优化马克思主义中国化话语表达的重中之重。

一方面，要善用网络热词。一个网络热词的出现往往反映出一类典型的社会现象，同时网络的虚拟性也给予人们以释放情绪的空间，能够反映出真实社会中人们的心理状态。对此，马克思主义中国化话语体系的构建要重视去解析网络话语、积极回应网络话语、正确使用网络话语，特别是要能够以网络热词回应现实争议，以大众通识的热词修正大众在认知上的偏差。要赋予网络热词以学术意义，将其作为新的概念、范畴甚至是理念，作为马克思主义中国化研究的崭新领域进行话语拓展，甚至发展形成新的学说。

另一方面，要善用幽默形式的反讽。网络话语的一个显著特征就在于幽默式的反讽，这种形式在现实文本中也常常能够看到，但是在作为政治话语和学术话语时，往往被认为是不严谨和不恰当的。回顾马克思主义的经典文本，不难发现马克思、恩格斯本人也常常使用这种幽默式的反讽话语。对此，不能一味地排斥网络话语的表述形式和风格，认为

---

[1] 朱大鹏、付静伟：《新时代的政治话语风格及其启示——基于党的十九大报告的文本考察》，《广西社会科学》2019年第7期。

其不适合在马克思主义中国化的话语中所使用。这就片面地强化了话语表达的学术性和政治性,削弱了话语表达中的大众性和人文性。事实上,这种幽默式话语风格所产生的话语和文本,在某种程度上是广大人民群众所喜闻乐见的,甚至能够成为经典性话语而被后人作为典故来引用。

三 融入深厚家国情怀,增强话语感染力

情感是话语中的重要价值因素,纯粹理性的人在现实生活中是完全不存在的。对于人类而言,话语中的感性因素往往最先表达和呈现出来,其或多或少会影响到人的理性因素,甚至超越理性的因素。因而只有能引发情感共鸣的话语,才是真正具有感染力的话语。对此,优化话语表达要坚持以"情"为话语基点,以"理"为话语核心,做到情理兼修才能推动话语认同从自觉走向自发。[①]

(一)以"情"为话语基点,强化理想信念

在话语传输过程中,人们最先接收到的往往是情绪认知,而后才是理性认知。只有将话语表达与个人情感相联系、与个人发展相关联,话语才能更加具有感染力。对此,在进行马克思主义中国化话语表达时,要做到激发个人情感和表现理性认知的同步进行。

一方面,要在话语中融入时代要素。个人发展与时代发展息息相关,人作为社会性的动物,是在社会生活中体验各种冷暖情长,并获得情感和能力上的发展,因而在话语表达过程中,个人情感与时代烙印始终相互交织。例如,革命时期与新时代的话语表达,在情感倾向上便存在明显差异。革命时期的话语表达更为热情,展现了人民建设共产主义的积极态度;新时代的话语表达则更为开放,传达了人民建设社会主义现代化强国更为稳健的心态。因而,话语表达要高度重视融合时代发展要素,特别是要能够显性地体现出当前社会的整体精神面貌。通过话语表达上的情感渲染,影响个人对整个时代和社会的价值观和世界观,引领个人树立符合时代需求的更高的理想信念,从而做出符合社会发展要求的话语表达行为,进而提升中国人民的凝聚力。

---

① 彭茜:《论国家认同的"情感转向"及其教育意蕴》,《西北师大学报》(社会科学版) 2022 年第 1 期。

另一方面,要在话语中强化使命担当。在话语中融入能够满足个人发展的时代要素,仅仅是完成了个人最基本的情感需要。不可否认,高尚的道德和使命担当给个人所带来的情感体验往往更加深刻,这种情感体验也是人们内心所希望获得的。对此,马克思主义中国化的话语表达要注重融入时代楷模和红色历史的相关内容,以强化人们的使命担当,将话语表达中所传递的情感逐步上升为信仰。

(二)以"理"为话语核心,唤醒民族记忆

马克思主义中国化的话语表达要做到"以情化理",话语要能够在激发情感的基础上唤醒人们的理性。通过强化个人对党和国家、对社会主义社会的情感认同,进一步推动人们形成对现实生活的正确认知,进而投入改变世界、全面建设社会主义现代化国家的伟大实践之中来。

一方面,要坚持历史文化自信。一个国家和民族的历史文化是人民内心最为深沉的情感诉求,也是人民内心最为坚定的理性认知。鼓舞人心的话语往往承载着一定的历史文化,这样的话语才能唤醒人民进行情感倾诉和观念表达的意愿。因此,在进行话语表达时,要增强历史主动、挖掘历史记忆;要秉承历史文化自信,主动将中华文化中独特性的内容融入马克思主义中国化话语的表达中,同时对于历史文化中的一些屈辱的历史也要予以真实的态度,不要在表达上过于回避。这部分内容会导致人们的悲观、惋惜的情绪,但同时也更能够激发人们对现实的反思,进而产生积极的情绪反应。

另一方面,要立足正确的家国关系。话语主体在进行话语表达前,自身要能够明辨家与国关系,这样才能在后续的话语表达中呈现正确的价值观念。中国传统的家国情怀从来不否认个人的发展因素。国家发展是个人发展的基础,个人发展是国家发展的保障,两者之间是相互影响、相互依赖的关系。在把握这一辩证的家国关系的基础上进行马克思主义中国化话语表达,才能让人们在情和理上都接受。否则在话语表达中片面地传达牺牲个人利益的家国观念,不仅不会换取人民对国家的真正认同,反而会引起人民群众的反感。因为这种话语表达在立场上站不住脚,它与人民立场相对,也与中国的立场相悖。

第三节　扩大影响力：促进话语传播

传播是话语体系构建中的关键环节。如果仅仅将话语体系的建构限制于思想内容上的调整与解构，或限制于表达风格上的抒情与达意，那么话语体系的构建就仍然局限在话语本身。马克思主义中国化话语体系的构建要达到传递其本身的思想性和增强其认可度的功能，不仅仅要在内容和表达上下功夫，更要注重在传播上下功夫，通过扩大话语的影响力，来更好地实现话语功能。

一　掌握公共话语权，提升主体能力

话语传播作为话语体系构建中的重要部分，其首先依靠的是话语主体本身对话语的掌控力。话语主体是话语体系构建和传播的重要力量，话语主体能力与话语体系构建成效息息相关。但受一些因素的影响，使得党对提升话语权的动力有待提升、对加强话语权的现实认知有待加强。

（一）提升话语供给能力

掌握话语内容是话语主体首先要具备的能力。既作为个体又作为群体的话语主体，如果不能够掌握和供给正确的话语内容，其话语传播的效果也必然会大打折扣。

一方面，话语主体要充分把握话语资源。把握话语资源主要有两方面的要求，一是指对话语资源的产出和输出渠道上的掌控，即要掌握马克思主义中国化话语的主导权，做到"有话可说"。中国作为这一话语的原发地，在对这一话语内容的产出上必然是要具有先进性和主导性，不能让非主流意识形态的话语介入马克思主义中国化话语之中，从而扭曲这一话语内容的本义，甚至使马克思主义中国化话语体系在政治立场上出现动摇。否则作为话语原发地却不能够产出具有本国特色和符合本国发展实际的话语，而是让其他势力来解释和阐述中国的实践，那这样的话语又何谈可信度。二是指对话语内容的思想内核和价值导向的掌控，做到"说的有理"。话语主体本身首先要深刻理解话语内容，进而才能够深刻阐释话语内容，从而正确地传达话语本身所要表达的意思。否则，话语主体本身的理解便存在误区，那么传递出来的观点必然会存在歧义，

其要达到的话语效果非但不能实现，反而容易被敌对势力抓到话语把柄，产生适得其反的效果。

另一方面，话语主体要提升正面宣传意识。在掌握话语资源后，话语主体本身还要有主动供给话语内容的意识，即积极地进行正面宣传，做到"有话直说"。话语主体要对重大性和突发性的国际国内热点事件主动发声，表明官方态度，向中国人民证明马克思主义中国化话语所具有的官方性和权威性，向世界人民证明马克思主义中国化话语的可行性和正确性。

（二）提升话语引导能力

单纯的话语供给仅仅是满足最基本的话语传播要求，话语传播更为重要的是传播策略的问题，而这便涉及话语主体本身的表达思维、语言艺术、价值偏好等方面对话语本身的影响，归结而言是指话语的引导能力。对此，习近平提出："要讲究舆论斗争的策略和艺术，提升重大问题对外发声能力。"[1] 话语主体的引导能力越强，其在话语上的公信力便越高。

一方面，话语主体要能够进行自我言说。话语主体在进行话语内容传达之前，要先对这部分话语内容进行自我言说。这一方面是指通过数量上多次的自我言说，进一步加深对话语文本的印象，做到清晰流畅表达。另一方面是指通过内心多次的自我言说，进一步加深对话语文本内含的观点主张和价值导向的认同。只有话语主体首先对所要言说的话语内容发自内心地认同，才能既完整地传达话语内容的要点，又鲜活地传达话语内容的情感意蕴，做到话语内容打动人心、深入人心。

另一方面，话语主体要充分把握话语对象。话语主体要真正掌握话语内容，进而对群众进行话语引导，所需要的不仅是清晰流畅地记忆话语文本，更重要的是要对话语对象有正确的认知。对此，习近平指出："要采用贴近不同区域、不同国家、不同群体受众的精准传播方式"[2]，只有了解话语对象的现实需求和心理需求，才能对话语文本进行符合话语对象思维逻辑的话语表达，才能采取针对不同对象的话语传播策略，从

---

[1] 《习近平谈治国理政》（第四卷），外文出版社2022年版，第318页。
[2] 《习近平谈治国理政》（第四卷），外文出版社2022年版，第318页。

而使话语内容变得更易被不同的话语对象所理解和认同。

(三) 提升话语防控能力

网络社会的发展,导致话语权的争夺变得更加激烈,在话语权争夺上的风险和挑战也变得更加复杂和难以把握,而话语体系构建的最根本的目标就是要提升话语权。因此,话语主体在提升自身的话语供给和引导能力的同时,还需要有话语防控的能力。

一方面,话语主体要总体把握话语权争夺的环境。应对风险首先要了解风险。长期以来马克思主义中国化话语在传播上面临的主要风险,就是西方话语霸权与入侵问题。针对前者的工作是长期性的,所需要的不仅仅是防控能力,而且是多方面能力的提升。而针对后者,要提高主体对多元话语的防控意识。由于西方话语霸权导致西方话语在多元话语中的渗透,因此防范话语入侵绝不能仅仅关注西方话语本身,而是要关注多元话语,做到准确高效地识别隐藏在当前话语多元化保护层下的一些恶性话语,包括诋毁中国共产党和中华民族的话语、与马克思主义相违背的各类话语以及违背人类基本道德规范的话语等等。

另一方面,话语主体要积极抢占话语前沿阵地。习近平指出:"宣传思想阵地,我们不去占领,人家就会去占领。"[①] 话语作为思想传播的媒介也是如此。就话语防控而言,最有效的防控能力便是正面回应,有理有据的话语内容往往比任何喊口号式的话语反抗更为有用。对此,话语主体要积极辨别当前国际上的各类话语前沿阵地,针对热点和前沿议题,积极进行思考,提出对各类国际问题的看法和主张,占据国际话语前沿阵地。

二 顺应百年新变化,精准议题设置

议题是话语传播中的核心要素,设置议题则是话语传播的重要环节。实践证明,在国际交流合作中,一个崭新议题的提出往往标志着一个国家在某一领域所具有的先进性,展现了一个国家的综合实力,也展现了这个国家核心话语体系的优势。因而,推动议题的精准设置,把握议题

[①] 中共中央文献研究室编:《十八大以来重要文献选编》(上),中央文献出版社2014年版,第465页。

设置的主动权，对于推进马克思主义中国化话语传播，完善马克思主义中国化话语体系具有重要意义。

（一）把握议题设置核心

议题实际上是话语的一种，是一类话语凝结而成的主题性话语，因而设置议题就是设置话语主题。马克思主义中国化话语体系的构建需要解决中国问题，也需要解决世界问题，这也就是当前议题设置的出发点和着力点。

一方面，要将"中国道路"作为根本议题。任何议题设置的背后都是意识形态、政治博弈和经济竞争等多方面力量综合的结果。议题设置的过程就是不同政治立场的话语主体进行话语博弈的过程。马克思主义中国化相关议题的提出立足于中国实践，这一议题设置为中国发展指明了方向，在此基础上所提出的延伸性议题的焦点便是"中国道路"。具体包括与"中国道路"基本制度的建立和完善的相关议题、政党建设上的相关议题、现代化发展的相关议题、思想文化建设的相关议题，等等。

另一方面，要将"世界道路"作为重大议题。马克思主义本身就是致力于解决人类未来发展的学说，中国自古以来便有"达则兼济天下"的理念。当前，伴随着全球化的不断演进，世界各国处于命运共同体的状态，不管是在宏观上的政治经济文化领域，还是微观上的各国人民社会生活的具体领域，都存在着一些共有性的问题，而这些问题汇总为一个议题便是人类文明的发展道路问题。因而，马克思主义中国化话语作为民族的、世界的话语，其核心议题也必然会指向"世界道路"，其延伸性议题具体包括世界道路上的贫困与发展的相关议题、人类文明形态演变的相关议题、包含人类共同价值的相关议题、世界生态治理问题上的相关议题等等。

（二）规范议题设置流程

议题的产生并非无规律可言，任何议题在产生前经过了多方的实践调查和理论探讨，再经由议题设置主体提出。议题设置后，其落实和解决议题是议题设置的最终环节和最终目标。[①]

一方面，要规范议题设置的主体。任何一个崭新议题的提出有其必

---

① 高飞：《思想政治教育议题设置研究》，《马克思主义理论学科研究》2021年第2期。

然性，其背后有一定的主体推动。马克思主义中国化话语的议题设置主体是中国共产党及其领导下的人民大众，其客体则是整个中国和世界的实践。规范议题设置主体就是要明确各主体在议题设置中如何发挥其作用，即保障党在议题设置中的领导作用，保证专家学者在议题设置中的关键作用，保证人民群众在议题设置中的主体作用。通过明确议题设置主体的不同作用，才能实现议题的有效设置。如果议题设置未坚持党的领导，就有可能出现意识形态问题；如果缺乏专业人士的讨论，议题设置便可能缺乏深度；而如果缺少人民群众的主体参与，议题设置很容易流于形式，不能准确反映和解决问题，从而导致虚假和无效性议题的产生。

另一方面，要规范议题落实的全过程。提出议题仅仅是议题设置的前部，如何落实议题则是后部。议题设置不仅仅是为了引发关注，更重要的是为了解决争议。对此，要规范议题落实的全过程，在吸取民众的关注和讨论的意见后，通过意见汇总和多主体讨论，对议题进行延伸、拓展和深度解读，实现议题在理论上的升华总结，而这一理论升华的过程也是丰富拓展马克思主义中国化话语内容的过程。同时，解读后议题还需要经过专业人士的评估，以及相关实践进行验证，从而确保结论的真实。是否需要对该议题再度进行探讨，或者提出该议题的延伸性的议题，就涉及话语内容的进一步传播和发展的问题。

三　善用新媒介渠道，推进媒体融合

习近平指出："舆论工具一旦不掌握在真正的马克思主义者手中……就会带来严重的危害和巨大的损失。"[1] 话语传播上，要坚持"内容为王"的基本原则。媒介是话语传播的重要战略资源，不能在技术上和方法上熟练地掌握和运用媒介，那么即使再有优势的话语内容，也很容易在传播过程中出现话语效果弱化，甚至是因为技术垄断所导致话语湮没的现象。对此，善用新媒介渠道、推动媒体融合，对扩大话语传播力影响力具有重要意义。

---

[1] 习近平：《干在实处　走在前列——推进浙江新发展的思考与实践》，中共中央党校出版社2006年版，第307页。

(一）坚持党管媒体，把握新闻媒体的话语导向

由于马克思主义中国化话语本身自带的政治属性，因而中国共产党对这一话语内容的深度阐释更加具有权威性，在这一话语内容的供给上相较一些非官方媒体更具有优势。

一方面，坚持党管舆论安全，把握话语方向。话语作为人际交往的媒介，其传播的重要一环就是形成舆论，但舆论走向问题涉及多方博弈。对此，要维护本国的舆论安全，防止舆论走向恶意和争端，便需要一个正确的领导核心来保证话语方向的正确，保证舆论形成和进展的过程中始终保持话语的原初意义。纵观话语体系构建的百年历程，可以看到中国共产党在马克思主义中国化话语内容上始终占据着先进性和领导性，不管是传统的报刊、广播媒介还是新世纪以来的信息网络媒介，党都能在各样信息洪流中保持警惕，维持其"话语中心"和"话语权威"的地位。

另一方面，坚持党管媒体安全，把控话语资源。伴随着信息网络的发展，"信息战"成为各方博弈中的新词汇和新焦点。在确保话语内容优势之外，当前话语传播中还需要重点防范西方的信息窃取和技术垄断所导致的话语湮没的问题。对此，要借助党在政治和经济上的政策、物资和技术等的支持，推进党政媒体与非官方媒体的深度合作，不仅仅包括话语资源的共享，还包括技术物资的互助，从而更好地把控话语资源，维护国家在国际上的话语主权。

（二）搭建话语平台，促进新旧媒体的融合传播

促进新旧媒体融合，形成全媒体传播势态已经成为国际公认的信息传播发展趋势。而话语传播作为信息传播的一种，在传播过程中必须顺应时代大势，并在此基础上搭建新的话语传播平台，使话语传播不脱节、更高效。

一方面，建设新型主流媒体传播平台。主流媒体是进行话语传播的权威性平台，如果主流媒体不能率先发挥引领作用，就谈不上全国性媒体融合势态的形成。对于传播马克思主义中国化话语的新型主流媒体平台，其功能定位应在于权威性话语内容的提供，使其成为话语传播的"领头羊"。对此，要积极推进纸质党政报刊和学术期刊与主流媒体的合

作，从而使新型主流媒体传播平台能够具有持久性的"优质内容"供给。① 同时要与国际话语传播媒体和平台相对接，进行一定程度上的媒体融合策略调整，完善平台的国际传播模式，形成官方话语传播的国际传播据点。

另一方面，建设新型多元媒体合作平台。在话语传播的功能定位上，新型多元媒体合作平台不同于主流媒体平台，其更加强调话语内容的权威性，功能定位也更加偏向于推动话语互动。相较于主流媒体平台，各类非官方媒体平台在话语权威性上存在明显不足，但是在话语的大众性上却存在明显优势。这就要求非官方的多元媒体在融合并建立新平台的过程中，要高度重视发挥多方媒体的自主性，在主流媒体的话语供给基础上，融入自身特色，对平台的传播模式进行适当调整，以新理念、新举措反向推进新型主流媒体传播平台的构建，为话语体系的构建提供新方向。

第四节 提高实效性：加强话语保障

话语体系构建的最终成效呈现在社会实践中。马克思主义中国化话语体系构建所面临的问题不仅仅是思想深度的空泛、表达创新的不足、传播渠道的不畅等问题，还涉及话语体系构建的外部保障的难题。对此，需要以话语体系的外在因素为视角，着重解决话语体系构建在体制机制、队伍建设、话语生态等方面存在的问题。

一 提供话语运行保障，完善话语构建机制

话语本身看似是抽象的，无客观存在形态，但是话语体系作为实际运行着的体系，具有一定的自在运行机制，依赖于一定的物质基础。如果仅仅将话语体系作为抽象性的话语进行构建和发展，那么伴随着话语体系运行的物质基础的消逝，历史上曾经存在的话语也将渐渐消失，曾经的思想成果也无从探究，话语体系也就无法继续运行和存在下去。对此，要加强话语体系构建的物质保障，不断完善话语构建机制，保障话

---

① 张玲玲：《新媒体时代学术期刊传播力的提升路径》，《青年记者》2022年第4期。

语体系的良性运行和发展。

（一）完善话语体系供给机制

话语体系运行的根本是话语内容的供给，缺乏持续优质的话语内容，话语体系其他部分的运行便会陷入停滞。因而话语供给机制是维系话语体系的首要因素。

一方面，加强物质保障，形成政策支持。话语内容的构建需要以现实的实践成果为资料来源。话语主体作为自然界中的人，需要一定的物质资料维持生存，以及话语体系的内在结构中的传播和表达亦需要一定的物质性媒介。可见，物质基础是话语体系供给机制形成的重要保障。对此，党和国家要对马克思主义中国化话语发展的理论基础给予政策支持，特别是要推动哲学社会科学以及相关学科的发展，并提供相应的资金支撑。同时，党中央的政策支持也为话语内容的构建提供了方向，促进马克思主义中国化话语内容的整体性和协调性发展。

另一方面，加强技术支撑，打造话语资源库。伴随着技术的不断发展，话语内容的存留不仅限制于纸质文本，也可进行大体量、小体积的存储。同时，技术的发展也为新话语内容的产生提供了崭新的思路。比如，通过数据分析、总结某一段历史时期频繁出现的话语内容，从而能够更好地把握话语生成和发展的规律。因而，要打造马克思主义语料库、马克思主义中国化语料库和国外马克思主义语料库等话语资源储存库，做到精准抓取和识别话语内容，为话语主体进行表达和传播提供精准的话语供给。同时，要打造中外马克思主义交流平台，加强中外智库交流，建立多语种平行语料库。语言在翻译的过程中可能会带来话语内容创新，也可能带来话语内容的错误表述，这就需要建立多语平行语料库，加强多元话语之间的互动，拓展话语内容的供给场域。

（二）完善话语体系维护机制

话语的生成具有一定的自发性，但话语体系的运行却需要人进行引导。话语体系如果自发运行，容易导致体系中话语价值导向的混乱。即便是话语体系运行中生成了一定主流话语，如果缺少人为引导，主流话语的价值导向也可能发生偏差，从而易导致群体性的暴乱行为，这就会对现实社会的稳定造成影响。这也表明了一元之下多元话语存在的必要性，以及话语体系在竞争与协同中的统一。对此，马克思主义中国化话语体系的运行必须坚持党的领导。

一方面,加强话语体系的协同管控。话语体系的内在要素是推动话语体系运行的关键,话语体系作为一个有机的整体性结构,其内在的内容、表达和传播需要相互配合,才能够使整个有机体运行起来。为此,要促进话语体系各要素呈现不断成长的态势,即话语内容持续拓展、话语表达不断生动、话语传播更加有效,从而为话语体系提供基本的运行条件。同时,要促进话语体系各要素的有效组合,即话语主体要精准选择与主体所要传递的话语内容相配适的表达和传播形式,从而更好地发挥话语体系的现实作用。

另一方面,加强话语体系的综合评估。话语体系的运行过程是动态的,在这一过程中不可避免会出现话语各要素之间不协同的现象,致使话语体系的运行出现短暂的停滞和反向的推进。为此,需要对阶段性的对话语体系的运行状态进行评估,判断话语体系的内容供给是否稳健、体系结构是否稳定、发展态势是否向上等等,从而有侧重点地进行相应的调整,及时抑制不良话语的发展。

二 加强人才阵地建设,培养话语构建队伍

马克思主义中国化话语基于马克思主义话语而产生,并随着时代的发展而不断发展。马克思主义话语是具有深刻的学理性与实践性、民族性与世界性的话语,这也使得马克思主义中国化话语体系的构建具有一定的难度。这种难度体现在:既需要深刻掌握马克思主义科学理论的学术人才,亦需要能够将科学理论运用于中国实践的党政人员,还需要其他相关领域的人才,如哲学、传播学、政治学等领域的专门人才,从而形成广泛、高效、专业的话语体系构建队伍。

(一)加强党员干部作为话语构建队伍的主心骨作用

党员干部群体是中国特色社会主义事业的主力军,这一群体在一定程度上代表了国家的意志,反映了人民群众的利益。在马克思主义中国化话语体系构建中需要加强对党员干部这一群体的培育和管理工作,并发挥其在话语体系构建中的主心骨作用。

一方面,要加强话语构建队伍中党员干部的培育工作。党员干部群体具备马克思主义理论素养,能够进行一定的话语创新,但党员干部群

体更独特的是应具备丰富的工作实践经验。因而,对党员干部的培育需要发挥其在话语构建中的方向指引和组织管理作用,包括为专家学者提供话语发展的新指向,提出部分新的话语议题和话语构建经验供专家学者进行深化研究和话语拓展,以及发挥领导作用将专家学者组织起来,在众多的话语构建方向中指明一个主题,以及规定和划分一定的主次使话语构建更加有序等。

另一方面,要紧抓话语构建队伍中党员干部的管理工作。党员干部本身会受到外部现实环境和个人能力水平的影响,包括受西方意识形态入侵的影响、组织管理队伍的能力水平不足、马克思主义理论素养不够、贪污腐败等问题。对此,在马克思主义中国化话语体系构建的队伍培养过程中,需要充分发挥党员干部群众的自主性,也需要形成内在的制约机制,对党员干部群体所出现的各种问题进行有针对性的处理,包括重新选拔、再次培训、激励奖惩、外部监督等。

(二) 发挥专家学者作为话语构建队伍的主力军作用

哲学社会科学领域内相关的专家学者是话语构建的生力军,他们不仅在马克思主义基本原理上深耕,还在现实的中国实践中学习经验。他们具有敏锐的学术判断力和话语生成力,能够在一定程度上预判话语发展方向,能够比较专业地对马克思主义的元话语进行全新的话语叙事、话语拓展和话语改造。

一方面,要培养专家学者的社会责任感。话语是思想意识的直接呈现,专家学者的社会意识会直接反映在其话语之中,这就对专家学者的思想政治素质提出了更高的要求。作为马克思主义中国化话语构建的专家学者,必须是马克思主义的坚定信仰者,是中国特色社会主义的坚定信仰者,要具备以马克思主义中国化话语引领世界马克思主义发展的气魄。基于此,才能深刻而透彻地理解马克思主义话语的语境,进而对元话语进行正确的解读和创新,从而形成一批具有马克思主义信仰的话语体系构建的领军人才。

另一方面,要不断提高专家学者的话语构建能力。话语构建能力主要是指对马克思主义中国化内容的叙事和科研的能力。马克思主义理论并非本土性的思想和话语,因而对这一话语进行解读时,需要具备一定的专业素养,包括对经典文本的解读能力、辩证分析的能力等。这就需要对专家学者的话语构建素养和能力进行培养,包括培养其对元话语的阐释能力;培养其学术话语的转向和改造能力;培养其对中国文化和中国特色社会主义的价值辩护能力和将理论与现实结合的话语阐释能力;等等。①

三 营造良好社会氛围,优化话语构建生态

话语体系的生成不是取决于静态的时代语境,而是取决于动态的时代语境;不是取决于单一的话语主体,而是取决于多样的话语主体。为此,马克思主义中国化话语体系的构建应当探寻能够融汇多元文明、合作多元主体的良好生态,寻找中国与世界、官方与民间的利益契合点,促成多元文明、多元主体对马克思主义的认同,对马克思主义中国化的认同,形成既契合中国又包容世界的马克思主义中国化话语体系构建的良好话语生态。

(一)营造多文明融合的话语构建生态

当前,多元话语并存是话语场域内的常态,世界话语场域中不仅充斥着多元的思想意识,同时也充斥着冲突、竞逐和较量,这使得新时代背景下话语的更迭日益加快。马克思主义中国化话语体系的构建需要适应这一话语生态,在国内营造适合马克思主义中国化话语体系构建的多文明话语生态,这样才能在话语内容、话语表达和话语传播过程中更好地融合多元文明精髓,做到取长补短、有的放矢。

一方面,要坚持一元主导原则。在营造适合马克思主义中国化话语体系构建的话语生态时,应当明确对抗性和非对抗性文明之间的区别。虽然各种文明本身是平等的,但不可否认,不同文明之间存在对抗和非对抗的区别,而这种文明所产生的思想文化在本质上也带有侵略性质。为此,需要保持警惕心理,在坚持马克思主义意识形态一元主导的基础上,有选择地借鉴其他社会文明成果,以便发展马克思主义思想和拓展马克思主义中国化话语。

另一方面,要坚持多元交融原则。在正确选择多元文明融入我国的

---

① 杨乐强、高宁宁:《马克思主义理论人才学术话语生发能力的培育》,《思想理论教育》2018年第3期。

话语场域过程中，要尽量选择与我国意识形态相一致的文明话语进行融合。但这并不意味着对各种非主流意识的话语就采取一刀切的态度，对于明显和绝对的敌对式和侵略式的文明思潮排斥时，要了解其话语内容的敌对性、误导性和错误性的缘由，通过反向分析这类话语，深度挖掘马克思主义中国化话语的科学性。对于一些单纯的学理性或非意识形态性质的话语内容，要采取包容的态度，以避免话语构建生态的过于单一，最终导致话语由于缺乏多元思想的互动交流，出现失理、失利和失节的情况。

(二) 营造多主体合作的话语构建生态

现实的人是话语构建的主体，在主动接纳和营造马克思主义中国化话语体系构建的多文明融合的话语生态之外，更为重要的是要促进和形成多主体合作的话语生态。否则缺乏现实的人的积极推动，即使实践活动开展得再生动，文明演进得再多样，话语内容的生成仍有可能受局限。反过来，没有现实的人参与，也会导致实践的不彻底和文明的不发达，基于此构建的马克思主义中国化话语体系仍然不完善、不系统。

一方面，要推动多主体的话语实践。这里的话语实践主要有两方面的意义：一是指话语场域内的话语实践，即多主体通过话语的合作和交流，进行思想观念交换的过程，并且基于这一交换基础对本国的元话语进行相应改造的实践，包括内化部分元话语的概念范畴、转变部分元话语的叙事方式以及创新元话语的传播模式等。二是指话语场域外的话语实践，即多主体在现实社会生活上的合作和交流，通过践行双方的话语内容，从而证明这一话语内容的准确性、学理性和社会效应等等，从而外在地把握双方话语体系的现实价值。

另一方面，要推动多主体对话语生态的协同治理。话语生态的治理远远比现实社会的治理更为困难，这是因为话语本身的平等性、话语表达的多元性、话语传播的必然性，对其中任何要素的掌控和限制都可能会导致话语开放性的受阻，进而妨碍话语体系的创新和发展。话语作为现实社会的延伸，对于话语生态的治理还涉及复杂的社会治理问题。为此，需要将推进社会治理与改进话语生态同时进行，坚持党领导下的多主体协同治理，保持国内对马克思主义中国化话语体系的认可度，同时减少国际社会对马克思主义中国化话语的博弈和争端，增强中国的国际话语权。

第五章

马克思主义中国化话语体系构建的重要经验

马克思主义中国化话语体系的构建与中国共产党领导人民进行的伟大奋斗同向同行。马克思主义中国化话语体系的构建，为全面建设社会主义现代化强国积累了宝贵的经验，这些经验包括坚持马克思主义的指导地位、巩固中国共产党的领导地位、坚持人民至上的价值取向、突出中华文化的独特优势以及讲好中国故事的实践智慧等。

第一节 坚持马克思主义的指导地位

党的二十大报告明确指出："马克思主义是我们立党立国、兴党强国的根本指导思想。"[①] 毋庸置疑，坚持马克思主义的指导地位是马克思主义中国化话语体系构建的重要经验。

一 坚持马克思主义指导地位"一元化"

坚持马克思主义指导地位"一元化"，就是要求在构建马克思主义中国化话语体系中，坚持把马克思主义作为马克思主义中国化话语体系的理论基础、价值立场以及实践过程的指导思想这一根本原则不可动摇。

（一）坚持马克思主义的立场观点方法

马克思主义是马克思、恩格斯创立的理论体系，是关于全世界无产

[①] 习近平：《高举中国特色社会主义伟大旗帜　为全面建设社会主义现代化国家而团结奋斗——在中国共产党第二十次全国代表大会上的报告》，人民出版社2022年版，第16页。

阶级和全人类彻底解放的学说，由马克思主义哲学、马克思主义政治经济学和科学社会主义三个部分组成。习近平指出："这三大组成部分分别来源于德国古典哲学、英国古典政治经济学、法国空想社会主义，然而，最终升华为马克思主义的根本原因，是马克思对所处的时代和世界的深入考察，是马克思对人类社会发展规律的深刻把握。"① 马克思主义哲学是马克思主义的世界观和方法论，是理论基础；马克思主义政治经济学研究社会生产关系及其发展规律，着重剖析资本主义社会的经济关系以及资本主义发生、发展和灭亡的必然性，是马克思主义哲学最深刻、最全面、最详细的证明和运用；科学社会主义指明了无产阶级解放事业的正确道路，是马克思主义理论体系的核心。马克思主义指导思想的意义在于马克思主义揭示了人类社会发展的本质和规律，是指导人们认识世界和改造世界的强大思想武器。正如恩格斯在阐述指导思想的重要性时指出："自然科学家尽管可以采取他们所愿意采取的态度，他们还得受哲学的支配。问题只在于：他们是愿意受某种蹩脚的时髦哲学的支配，还是愿意受某种建立在通晓思维历史及其成就的基础上的理论思维形式的支配。"② 构建马克思主义中国化话语体系的理论依据，就是马克思主义哲学原理的具体呈现，所采用的方法依据就是唯物辩证法的具体运用，所涵盖的主要形态与任务就是组织动员号召学习、宣传以及运用马克思主义主要立场观点来解决实际问题。

（二）坚定主流意识形态话语体系的科学构建

任何社会，主流意识形态都是统治阶级的利益和意志的集中反映，也是其思想体系上的集中反映。正如马克思、恩格斯所指出："统治阶级的思想在每一时代都是占统治地位的思想……既然他们作为一个阶级进行统治，并且决定着某一历史时代的整个面貌，那么，不言而喻，他们在这个历史时代的一切领域中也会这样做，就是说，他们还作为思维着的人，作为思想的生产者进行统治，他们调节着自己时代的思想的生产和分配；而这就意味着他们的思想是一个时代的占统治

---

① 习近平：《在纪念马克思诞辰200周年大会上的讲话》，《人民日报》2018年5月5日。
② 《马克思恩格斯文集》第9卷，人民出版社2009年版，第460页。

地位的思想。"① 统治阶级进行"调节自己时代的思想的生产和分配"过程，就是社会主流意识形态建设的过程，也是构建和巩固所处时代"占统治地位的思想"的过程。话语体系以表达思想意识、理论观点为目的，是反映利益要求的载体，具有话语群的系统化表征。在建党百年的奋斗历程中，坚持因事而化、因时而进、因势而新构建马克思主义中国化话语体系，更是体现了马克思主义理论与时俱进的伟大品质。在中国革命、建设和改革的实践中孕育和产生出来的马克思主义中国化话语体系，是经过革命斗争和建设实践考验的，是中国共产党领导的主流意识形态的话语呈现。我国主流意识形态是以马克思主义为指导的社会主义意识形态。马克思主义的指导地位是"一元化"的，马克思主义中国化话语体系也是在坚持马克思主义指导地位"一元化"中逐渐形成的。

（三）坚持马克思主义在批判错误思潮中的主导地位

处于社会转型期的国家，社会结构、利益关系、外部环境等都发生着重大变革，思想领域的动荡往往与现实世界的变革同步发生。改革开放以来，伴随着社会现实领域的深刻变革，全球化背景下意识形态领域里各种社会思潮、各种文化价值纵横交织，欲夺占思想阵地与人们的头脑，从而挑战着马克思主义的主导力、整合力。新自由主义、历史虚无主义、后现代主义、普世价值等社会思潮在不同程度上对社会主义主流价值观念造成冲击。面对错误思潮的强大冲击和严峻挑战，批判错误思潮也伴随着马克思主义发展的全过程。没有批判，就没有马克思主义，批判性是马克思主义的重要特征和生命源泉。马克思主义也正是在批判各种错误思潮中保持了自身的强大生命力。历史表明，马克思主义自创立以来马克思主义者同各种错误思想的斗争就一刻也没有停止过。也正是在同错误思潮的斗争中，正确的思想逐步被广为接受，马克思主义不断与时俱进，并获得长久的生命力。可以说，坚持对错误思潮的批判，体现的是马克思主义的理论本色。马克思主义要不断适应中国实践的需求，就要建设具有中国特色的马克思主义中国化话语体系以及话语权。

---

① 《马克思恩格斯选集》第 1 卷，人民出版社 2012 年版，第 178—179 页。

二 创新马克思主义中国化理论体系

毛泽东思想、邓小平理论、"三个代表"重要思想、科学发展观、习近平新时代中国特色社会主义思想既是马克思主义中国化话语体系的理论基础，也是构建马克思主义中国化话语体系所依据的开放性理论体系。

（一）革命话语的构建

《关于建国以来党的若干历史问题的决议》中指出：毛泽东思想主要是在20世纪20年代后期和30年代前期逐渐形成和发展起来，在土地革命战争后期和抗日战争时期得到系统总结和多方面展开而达到成熟，在解放战争时期和中华人民共和国成立以后继续得到发展。[①] 在土地革命、抗日战争时期，毛泽东结合革命实践，提出了很多具有指导意义的思想理论及其话语表达。1925—1927年，在《中国社会各阶级的分析》《中国农民中各阶级的分析及其对于革命的态度》《湖南农民运动考察报告》等一系列文章中，毛泽东阐述了农民问题的重要性，以毛泽东为主要代表的中国共产党人在大革命的实践中，对农民问题做了前所未有的科学分析。在《中国的红色政权为什么能够存在》《井冈山的斗争》《星星之火，可以燎原》等著作中，毛泽东提出了"农村包围城市、武装夺取政权"的革命道路理论。毛泽东在《星星之火，可以燎原》中严肃指出党内存在的对时局估量的悲观主义思想是错误的，指出革命中存在的"主观主义"和"盲动主义"的错误观点，清楚回答了"红旗到底打得多久"的疑问。毛泽东以科学的视角分析了当时中国社会存在的各种复杂矛盾，认为中国的红色政权肯定会由弱变强，革命的高潮肯定会很快发展起来，这篇文章初步奠定了农村包围城市道路理论的雏形。在《反对本本主义》中，毛泽东第一次明确提出和使用了"思想路线"这一概念，论述了本本主义的表现、实质以及危害。1940年前后，《〈共产党人〉发刊词》《中国革命和中国共产党》《新民主主义论》等著作相继问世。毛泽东在其中明确提出了"新民主主义革命"的概念，并对中国革命的基本问题做了系统的阐述，使新民主主义革命理论不断完善。从解放战争

[①] 中共中央文献研究室编：《三中全会以来重要文献选编》（下），人民出版社1982年版，第826页。

到中华人民共和国成立以后,是毛泽东思想继续发展的时期。这期间,毛泽东写下了《在晋绥干部会议上的讲话》《在中国共产党第七届中央委员会第二次全体会议上的讲话》《论人民民主专政》等重要论著,提出了人民民主专政理论、社会主义改造理论、社会主义建设理论等一系列重大理论及其话语表达,既指导着新中国发展前进的道路,也推动着马克思主义中国化话语体系的构建。

(二) 建设话语的构建

毛泽东把马克思主义基本原理同中国具体实际相结合,深入分析社会主义建设过程中需要正确处理的关键问题,诸如社会主义建设的基本方针、具体道路和社会主义建设的辩证法等重要问题,建构起一系列社会主义建设话语。1961年1月,毛泽东在中央工作会议上提出大兴调查研究之风,搞一个实事求是年,指出"抗日战争时期,解放战争时期,我们做调查研究比较认真一些,注意从实际出发,实事求是"。[①] 这里特别指出了调查研究、从实际出发的重要性,而且要求运用调查研究方法来从事社会主义建设时期的国情调查与研究。毛泽东在《论十大关系》一文中指出:"提出这十个问题,都是围绕着一个基本方针,就是要把国内外一切积极因素调动起来,为社会主义事业服务。"[②] 1956年12月,毛泽东在给黄炎培的信中指出,社会主义社会"人民内部的问题仍将层出不穷,解决的方法,就是从团结出发,经过批评与自我批评,达到团结这样一种方法"[③]。团结—批评—团结这一处理党内矛盾的方法,也是社会主义建设话语处理社会主义建设过程中人民内部矛盾的具体表达。1950年2月,毛泽东访问苏联临别时就表示:"苏联经济文化及其他各项重要的建设经验,将成为新中国建设的榜样。"[④] 毛泽东一方面主张学习苏联,另一方面也反对照搬苏联经验,"什么都学习俄国,当成教条,结

[①] 中共中央文献研究室编:《毛泽东思想年编(1921—1975)》,中央文献出版社2011年版,第906页。

[②] 中共中央文献研究室编:《建国以来重要文献选编》(第八册),中央文献出版社1994年版,第243页。

[③] 中共中央文献研究室编:《毛泽东书信选集》,中央文献出版社2003年版,第474页。

[④] 中共中央文献研究室编:《毛泽东年谱(1949—1976)》(第一卷),中央文献出版社2013年版,第95页。

果是大失败，把白区搞掉几乎百分之百，根据地和红军搞掉百分之九十，使革命的胜利推迟了好些年"。"必须反对教条主义，假使不反，革命就不能胜利。"①

（三）改革话语的构建

改革开放以来，以邓小平、江泽民、胡锦涛为主要代表的几代中国共产党人继续坚持把马克思主义基本原理同中国具体实际相结合，在坚持解放思想、实事求是、与时俱进的基础上，不断进行着理论深化和实践创新，从而开辟了中国特色社会主义道路，形成了中国特色社会主义理论体系，实现了马克思主义中国化的第二次历史性飞跃，推动着马克思主义中国化改革话语的形成。伴随着改革开放和社会主义现代化建设的全面展开，邓小平紧紧围绕"什么是社会主义、怎样建设社会主义"这一重大问题进行了深入的理论探索。1992年春天，邓小平视察了武昌、深圳、珠海等地，发表了著名的"南方谈话"，提出了"三个有利于"的判断标准和"发展才是硬道理"的重要论断等重要理论思想，成为改革话语的显著性标志。党的十三届四中全会以来，以江泽民为主要代表的中国共产党人在不断将马克思主义基本原理同中国具体实际相结合的过程中，加深了对什么是社会主义、怎样建设社会主义和建设什么样的党、怎样建设党的理解和认识，形成了"三个代表"重要思想。在新的历史时期下，如何进一步提高党的领导水平和执政水平、如何提高党拒腐防变和抵御风险的能力，以及建设一个什么样的党和怎样建设党成了中国共产党亟待解决的理论问题，形成了这一阶段以改革为时代主题在党的建设方面的集中话语表达。党的十六大以来，以胡锦涛为主要代表的中国共产党人坚持把马克思主义基本原理同中国具体实际相结合，在新的发展形势下，根据新的发展要求，逐渐形成了以"科学发展观"为核心的重要思想和话语表达理论体系。

（四）复兴话语的构建

2017年10月18日至10月24日，中国共产党第十九次全国代表大会在北京召开。"中国共产党人的初心和使命，就是为中国人民谋幸福，为

---

① 中共中央文献研究室编：《建国以来重要文献选编》（第九册），中央文献出版社1994年版，第5页。

中华民族谋复兴。"在党的十九大报告中，习近平开宗明义，明确了时代赋予中国共产党人的历史责任和历史使命。党的十九大报告中提出的三个"深刻认识"重要论断，揭示了中华民族伟大复兴的基本规律，这是历史的结论，是科学的真理。党的十九大报告指出，我们党深刻认识到，实现中华民族伟大复兴，必须实现民族独立、人民解放、国家统一、社会稳定；实现中华民族伟大复兴，必须建立符合我国实际的先进社会制度；实现中华民族伟大复兴，必须让党和人民事业始终充满奋勇前进的强大动力。由此可见，中华民族伟大复兴成为新的历史方位下马克思主义中国化话语体系的时代主题。经过实践探索，习近平新时代中国特色社会主义思想逐渐形成为一个博大精深的理论体系和话语表达体系，复兴话语主要包括以下几个方面的中心内容：民族复兴论、主要矛盾论、"五位一体"、"四个全面"、改革目标论、建设法治国家、强军兴军论、大国外交论、本质特征论，等等。党的十九大报告明确指出中国特色社会主义最本质的特征是中国共产党的领导，中国特色社会主义制度的最大优势是中国共产党的领导，党是最高政治领导力量。这一论断是习近平深刻总结世界社会主义发展历史特别是中国特色社会主义发展历史得出的重要结论。

三 坚持与非马克思主义思想作斗争

构建马克思主义中国化话语体系的过程也是积极与非马克思主义思想作斗争的过程。要在坚持批判历史虚无主义、反对教条主义与经验主义的理论和实践中，以及在探索与错误社会思潮斗争方法的过程中积极推进马克思主义中国化话语体系的构建。

（一）批判历史虚无主义

历史虚无主义作为一种社会思潮，实质上是唯心主义在历史领域的集中体现，其基本手段就在于否定党的历史正当性、割裂党的历史连续性、抹黑党的历史进步性，进而达到否定社会主义制度和党的领导这一目的。历史虚无主义在"学术"话语中常常以"西化"话语展开历史叙事，即以西方学术研究范式取代马克思主义的史学研究方法，进而虚无"四史"。这一系列的"学术讨论"实际上是片面史观的理论呈现，充斥着唯心主义与形而上学的理论色彩，其目的在于通过构建新的西式话语来消解中国特色社会主义哲学社会科学话语体系，进而动摇马克思主义在意识形态领域的指导地位。

历史虚无主义表现形态各异，构建马克思主义中国化话语体系的过程也是坚持批判历史虚无主义的过程。历史虚无主义最初表现形态为"非毛化"，在党中央的理论批判和坚决反对下得到遏制，社会安定团结的局面得以维护。历史虚无主义在20世纪80年代中后期以虚无民族历史文化的形式出现。随着改革开放的推进，西方文化大量涌入，国内出现典型的"崇洋媚外"民族自卑心理，有些人开始对中国传统历史文化妄自菲薄，主张全盘西化，走资本主义道路。党中央敏锐地察觉到这一情况，指出这"不仅是个文化问题，而且是个政治问题"，"关系到引导人们坚持什么方向乃至中国走什么道路的大问题"。① 20世纪80年代末90年代初东欧剧变、苏联解体，世界社会主义运动遭遇重大挫折，国内历史虚无主义发生转向，将重心转移至史学领域，对中国近代史、中共党史和已有定论的历史人物、历史事件"重新评价"，作出颠覆性解读，从大胆直白的大字报式表露走向含蓄间接的学术式论争，意在质疑现实。党中央敏锐地觉察到这一势头，分析党员干部和群众受错误思潮影响的严峻态势。对于歪曲党和人民奋斗历史的言行，党中央强调："对各种错误思潮和社会丑恶现象及时给予有力的揭露和批判，决不能给它们提供舆论阵地"；"坚持进行中国近现代史、中共党史和基本国情教育"，"加强马克思主义唯物论和无神论教育"。② 进入21世纪，信息网络技术迅猛发展，美国等西方国家借此蓄意在别国煽动"颜色革命"。国内历史虚无主义思潮在延续史学领域虚无范畴基础上，内容和形式发生了一些变化，将虚无的触角从中国近代史、中共党史延伸至新中国史、社会主义发展史。党的十六大以来，党中央密切关注不同阶层、不同群体中的思想状况，分析指出各种反马克思主义思潮变换不同面目、利用多种方式否定马克思主义，意识形态领域面临严峻考验。习近平以苏联解体、苏共垮

---

① 中共中央文献研究室编：《十三大以来重要文献选编》（中），人民出版社1991年版，第858页。

② 中共中央文献研究室编：《十五大以来重要文献选编》（中），人民出版社2001年版，第1040—1043页。

台为鉴，廓清了历史虚无主义的本质和危害，即"从根本上否定马克思主义指导地位和中国走向社会主义的历史必然性，否定中国共产党的领导"①，使人们能更清晰地辨识历史虚无主义。对于历史虚无主义在重大历史问题上的诸多错误言论，习近平在讲话中作出强有力回击，以正视听。如对割裂改革开放前后三十年历史的言论，以"两个不能否定"予以回应，深刻揭露历史虚无主义的谬误。正是在批判历史虚无主义的过程中，马克思主义中国化话语体系得以逐渐构建。

（二）反对教条主义与经验主义

在反对教条主义、经验主义的理论与实践中构建马克思主义中国化话语体系。20世纪50年代探索中国社会主义建设道路的过程，出现了一些曲折和失误，其中，有"左"和右的干扰，也有其他一些不利偏向。回溯这个时期的历史，总结这个时期的经验，不难看出，马克思主义中国化应当避免的不利倾向主要有教条主义的束缚和经验主义的干扰。教条主义是民主革命时期干扰马克思主义中国化的重要因素之一。20世纪50年代在探索社会主义建设道路的过程中，为吸取历史教训，避免教条主义带来的重大影响，党中央对教条主义进行了批判。教条主义在一定程度上影响了20世纪50年代对社会主义建设道路的探索，导致这一时期的探索有突破但突破不够，有创新但创新有限。经验主义是一种过分崇拜狭隘经验而排拒理论指导的偏差，是主观主义的表现形式之一。这种偏差在新民主主义革命时期发生过，并对马克思主义中国化和中国革命造成了一定的负面影响。20世纪50年代探索社会主义建设道路的过程中，对经验主义同样进行了批判。邓小平说："经验主义，就是只看到一些具体实践，只看到一国一地一时的经验，没有看到马克思列宁主义的原则。"他申明："反对主观主义有两个方面，即反对教条主义和反对经验主义"，教条主义、经验主义"两者我们都反对"。② 但是，经验主义的偏差对社会主义建设道路的探索仍产生了一些影响。比如，对于社会主义建设的长期性、艰巨性认识不足，习惯于用大规模群众运动的方式

---

① 《马克思主义历史理论经典著作导读》编写组：《马克思主义历史理论经典著作导读》，人民出版社2013年版，第396页。

② 《邓小平文选》第一卷，人民出版社1994年版，第259—260页。

来从事社会主义建设。这实际上是对新民主主义革命时期经验的沿用。对主要矛盾判断的修改,在一定程度上也是由于沿用新民主主义革命时期经验造成的。由于历史的惯性和社会主义建设经验的缺乏,战争年代的经验自觉或不自觉地被用来设想、看待和处理经济建设中的复杂问题,这是导致社会主义建设道路探索出现曲折的原因之一。

(三)批驳、抵制错误社会思潮

在探索与错误社会思潮斗争中构建马克思主义中国化话语体系。当代西方社会思潮产生于西方社会,这些思潮中虽然也有具有积极意义的社会思潮,如社会主义思潮、爱国主义思潮、生态主义思潮等,但更多的是消极的、非马克思主义、反马克思主义的社会思潮,如新自由主义思潮、历史虚无主义等。构建马克思主义中国化话语体系必须清醒认识西方社会思潮,抵御错误社会思潮的影响。一是采用理论与实践相结合的方法。错误社会思潮在认识论上具有一个共同特点,即它们是从主观意愿或主观思想出发,严重脱离历史事实,不顾特定具体现实,所以真理在它们那里就成了随意捏造的谰言,事实在它们那里就成了主观臆想的舛误。正是识破了错误社会思潮在认识论上的思维误导,坚持用马克思主义指导中国具体实践,用中国具体实践丰富马克思主义,真正实现了科学真理与历史事实、具体现实的有机结合。二是采用现象与本质相融通的方法。任何错误社会思潮都是表面样态和深层根源的有机统一体,仅仅抓住它们的具体表征是远远不够的,必须透过这些表征挖掘出它们的内在本质,切实做到连根拔起、彻底铲除。不仅要剖析这些错误社会思潮的现实表征,还要挖掘它们生成的真正根源和内在本质,从而由表及里地揭露错误社会思潮的真实面孔,彻底铲除它们在中国扎根和繁衍的各种可能。三是采用批驳与建设相兼顾的方法。破坏性批驳是从根源上彻底击垮错误社会思潮,建设性批驳是在批驳中正面阐发自身理论,破坏性批驳是建设性批驳的前提,建设性批驳是破坏性批驳的目的。这两个方面在发展马克思主义过程中同等重要、相辅相成,不仅批驳了错误思潮,而且在批驳过程中捍卫和发展了马克思主义,真正实现了破坏性批驳与建设性批驳的统筹兼顾,为马克思主义中国化话语体系发展作出了重要贡献。当前,要充分借鉴批驳错误社会思潮中体现出的坚定的立场、态度和方法,坚持用马克思主义的观点和方法克服一切错误思潮的挑战、消除一切错误思潮的侵蚀，不断用鲜活、丰富的中国实践开辟当代马克思主义中国化话语体系发展新境界。

第二节 巩固中国共产党的领导地位

巩固党的领导地位，是中国共产党从胜利走向胜利的决定性因素和根本保证。从"先锋队"到"核心"，再到"最本质的特征""最高政治领导力量"，不同历史时期提出的关于领导地位的目标要求和科学论断，巩固了中国共产党的领导地位，这是建党百余年来马克思主义中国化话语体系构建的又一重要经验。

一 "先锋队"地位指引方向性

《中国共产党章程》开宗明义指出："中国共产党是中国工人阶级的先锋队，同时是中国人民和中华民族的先锋队"[①]，这对中国共产党的性质作出了集中概括，同时也清楚地表明了党的鲜明阶级性。在历史和逻辑上，两个"先锋队"具有统一性，既指引着中国共产党为践行初心使命而矢志奋斗，又指引着马克思主义中国化话语体系构建的方向性。

（一）"先锋队"定位的话语表达

中国共产党在创建时期就自觉贯彻马克思列宁主义的建党思想和原则，确定了"中国共产党"的名称，提出"中国共产党是中国无产阶级政党"[②]，强调中国共产党"应当是无产阶级中最有革命精神的大群众组织起来为无产阶级之利益而奋斗的政党，为无产阶级做革命运动的急先锋"[③]，"中国共产党为代表中国无产阶级及贫苦农人群众的利益而奋斗的先锋军"[④] 等，从而对党的性质形成科学认识和明确阐述，为党在长期奋

[①] 《中国共产党章程》，人民出版社2022年版，第1页。
[②] 中共中央文献研究室、中央档案馆编：《建党以来重要文献选编（1921—1949）》（第一册），中央文献出版社2011年版，第133页。
[③] 中共中央文献研究室、中央档案馆编：《建党以来重要文献选编（1921—1949）》（第一册），中央文献出版社2011年版，第162页。
[④] 中共中央文献研究室、中央档案馆编：《建党以来重要文献选编（1921—1949）》（第一册），中央文献出版社2011年版，第148页。

斗中认识自身领导地位作用奠定了政治上、理论上的坚实基础，也为中国共产党"先锋队"定位的话语表达提供了准备。长征到达陕北后，中国共产党准确判断日本帝国主义侵略加剧所引起的民族矛盾上升以及中国社会阶级关系的新变化，制定了抗日民族统一战线的策略，作出"中国共产党是中国无产阶级的先锋队……同时中国共产党又是全民族的先锋队"①的重大论断，提出"必须更深刻地了解革命领导权的问题"的重大命题，强调"只有当共产党员表现出他们是无坚不破的最活泼有生气的中国革命的先锋队，而不是空谈抽象的共产主义原则的'圣洁的教徒'，共产党才能取得中国革命的领导权"②。

（二）"先锋队"地位指引话语构建表现

中国共产党的"先锋队"地位，从肩负起抗日救亡领导责任的高度深化了对党的领导地位作用的认识，是对党作为无产阶级以及全民族的先锋队性质形成的新认识，指引着马克思主义中国化话语体系构建的方向性。毛泽东在《论反对日本帝国主义的策略》的报告中，分析了建立抗日民族统一战线的重要性和可能性，提出"共产党和红军不但在现在充当着抗日民族统一战线的发起人，而且在将来的抗日政府和抗日军队中必然要成为坚强的台柱子"③的目标要求。毛泽东写出了《中国革命战争的战略问题》《实践论》《矛盾论》等重要著作，为党全面科学认识自身领导地位作用提供了锐利武器。他深入分析农民和小资产阶级的狭隘性、民族资产阶级的动摇性，深刻认识中国共产党的独特政治品质，作出"在无产阶级已经走上政治舞台的时代，中国革命战争的领导责任，就不得不落到中国共产党的肩上"，"只有无产阶级和共产党能够领导农民、城市小资产阶级和资产阶级"④的重要论断。1937年5月，又作出"离开无产阶级及其政党的政治领导，抗日民族统一战线就不能建立"的判断，强调"抗日救国的总参谋部的职务，共产党是责无旁贷和义不容

---

① 中共中央文献研究室、中央档案馆编：《建党以来重要文献选编（1921—1949）》（第十二册），中央文献出版社2011年版，第549页。

② 中共中央文献研究室、中央档案馆编：《建党以来重要文献选编（1921—1949）》（第十二册），中央文献出版社2011年版，第547页。

③ 《毛泽东选集》第一卷，人民出版社1991年版，第157页。

④ 《毛泽东选集》第一卷，人民出版社1991年版，第183—184页。

辞的"。①

二 "核心"地位保证主导性

党的十九届六中全会通过的《中共中央关于党的百年奋斗重大成就和历史经验的决议》总结了中国共产党百年奋斗的历史经验，其中第一条经验就是"坚持党的领导"②。在党的二十大报告中，又明确提出"中国共产党是最高政治领导力量，坚持党中央集中统一领导是最高政治原则"③。可以说，领导核心对于一个政党至关重要。在构建马克思主义中国化话语体系的过程中，"核心"地位的话语表达贯穿始终，确保了话语体系构建的主导性。

（一）"核心"定位的话语表达

中国共产党总结大革命以来特别是五卅运动以来党的工作，形成了"核心"定位的话语表达。1926年7月党的四届二次中央执行委员会扩大会议指出："从全国革命运动的实质看来，本党确成了一个政治核心；从各地群众运动的实质看来，在许多方面，本党确已渐渐地站在领导地位。"④ 在党的六届六中全会上，毛泽东提出并阐述了"中国共产党在民族战争中的地位"问题，系统地回答了"中国共产党在民族战争中处于何种地位的问题"和"共产党员应该怎样认识自己、加强自己、团结自己，才能领导这次战争达到胜利而不致失败的问题"⑤，提出"在全国人民中形成一个坚强的核心"⑥ 的要求。党的六届七中全会通过的《关于若干历史问题的决议》，首先作出中国共产党已经成为"全国人民抗日战争和解放事业的伟大的重心"的重大判断。毛泽东在党的七大上所作的开幕词、书面政治报告和口头政治报告以及刘少奇在修改党章的报告中，

---

① 《毛泽东选集》第一卷，人民出版社1991年版，第262页。
② 《中共中央关于党的百年奋斗重大成就和历史经验的决议》，人民出版社2021年版，第65页。
③ 习近平：《高举中国特色社会主义伟大旗帜　为全面建设社会主义现代化国家而团结奋斗——在中国共产党第二十次全国代表大会上的报告》，人民出版社2022年版，第6页。
④ 中共中央文献研究室、中央档案馆编：《建党以来重要文献选编（1921—1949）》（第三册），中央文献出版社2011年版，第278页。
⑤ 《毛泽东选集》第二卷，人民出版社1991年版，第520页。
⑥ 《毛泽东选集》第三卷，人民出版社1991年版，第535页。

都使用了"重心"这个概念来阐述党的领导地位和作用,指出党已经成为"中国人民抗日救国的重心""中国人民解放的重心""打败侵略者、建设新中国的重心"。在《论联合政府》的书面政治报告中,毛泽东进一步提出了"中国共产党人做中国人民的中流砥柱"的重要论断,指出:"没有中国共产党的努力,没有中国共产党人做中国人民的中流砥柱,中国的独立和解放是不可能的,中国的工业化和农业近代化也是不可能的。"[①]

(二)"核心"地位保证话语体系构建主导性的表现

中国共产党的"核心"地位确保党对自身、对人民军队的绝对领导,保证马克思主义中国化话语构建的主导性。以毛泽东为主要代表的中国共产党人在开辟农村包围城市、武装夺取政权的革命道路过程中,创造性地确立了思想建党、政治建军等原则,实现和坚持了党对人民军队的绝对领导;在革命根据地政权建设中坚持无产阶级的领导,提出"我们是革命战争的领导者、组织者,我们又是群众生活的领导者、组织者"[②]的重要论断,担负起领导革命战争和改善群众生活的两大任务,积累了在局部执政中坚持党的领导的宝贵经验。毛泽东在党的七大上总结指出:"我们党坚决实行了对农民、小资产阶级、中产阶级,甚至于对地主的领导权。在我们解放区搞减租减息、交租交息,地主也跟着我们走。由于坚决实行了这样一个领导权,我们发展了军队、解放区和我们的党。"[③] 1942年中央政治局通过《关于统一抗日根据地党的领导及调整各组织间关系的决定》,确立起党的一元化领导体制,为加强党的领导提供了制度保障。1943年8月25日,《解放日报》发表《没有共产党,就没有中国》的社论,作出"如果今日的中国,没有中国共产党,那就是没有了中国"的重要结论。此后,"没有共产党,就没有新中国"成为关于党的领导地位作用的科学论断。到1945年,经过十四年抗战血与火的考验与锻炼,中国共产党已经成为在思想上、政治上、组织上空前巩固的全国性大党,为抗日战争最终胜利付出了巨大牺牲,作出了历史性贡献。

---

① 《毛泽东选集》第三卷,人民出版社1991年版,第1098页。
② 《毛泽东选集》第一卷,人民出版社1991年版,第159页。
③ 《毛泽东选集》第三卷,人民出版社1991年版,第314页。

三 "最本质的特征"体现阶级性

"最本质的特征"论断是认识和实践的必然,是对党的领导地位和作用的重要认识成果。习近平指出:"中国最大的国情就是中国共产党的领导。什么是中国特色?这就是中国特色。"[1] 党的领导由基本特征上升到"最本质的特征",既反映了对中国共产党独特地位和内在特质的进一步深化认识,也体现出马克思主义中国化话语体系构建的阶级性。

(一)"最本质的特征"定位的话语表达

紧紧围绕新时代坚持和发展什么样的中国特色社会主义、怎样坚持和发展中国特色社会主义这个重大时代课题,习近平从"最本质的特征"论断不断深化对党的领导地位作用的认识。2013年12月,习近平在中央经济工作会议上提出:"中国特色社会主义有很多特点和特征,但最本质的特征是坚持中国共产党领导。"[2] 中国共产党是中国特色社会主义事业的坚强领导核心,这是改革开放之后我们党一贯强调和始终坚持的,但从中国特色社会主义本质特征的角度来认识和把握党的领导同中国特色社会主义的关系,这在党的历史上是第一次。此后,习近平又作出"中国特色社会主义制度的最大优势是中国共产党领导"[3] 的重大判断。2016年7月,习近平在庆祝中国共产党成立95周年大会上的讲话中,完整提出了"中国特色社会主义最本质的特征是中国共产党领导,中国特色社会主义制度的最大优势是中国共产党领导"[4]。这一科学结论,把党的领导地位作用"从历史发展的必然、实践发展的必然,深化拓展为道路发展的必然、制度发展的必然"[5]。党的十九大把这一科学结论写入党章,十三届全国人大一次会议把"中国共产党领导是中国特色社会主义最本质的特征"写入宪法修正案,为新时代坚持和加强党的全面领导提供了

---

[1] 习近平:《习近平著作选读》(第一卷),人民出版社2023年版,第190页。
[2] 习近平:《论坚持党对一切工作的领导》,中央文献出版社2019年版,第6页。
[3] 习近平:《高举中国特色社会主义伟大旗帜 为全面建设社会主义现代化国家而团结奋斗——在中国共产党第二十次全国代表大会上的报告》,人民出版社2022年版,第6页。
[4] 习近平:《论坚持党对一切工作的领导》,中央文献出版社2019年版,第59页。
[5] 黄坤明:《建设总揽全局协调各方的党的领导体系》,《思想政治工作研究》2018年第4期。

根本遵循和宪法保障。"最本质的特征""最大优势"成为新时代关于党的领导地位作用的集中概括和科学表述。在党的二十大报告中，习近平再次提及"最本质的特征"定位的话语表述，并将中国共产党定位为最高政治领导力量，强调"坚持党中央集中统一领导是最高政治原则"①，对中国共产党的领导地位进行了深入阐释。

（二）"最本质的特征"保证话语体系构建阶级性的表现

从"党的全面领导"的坚持和发展中巩固"最本质的特征"领导地位，体现马克思主义中国化话语体系构建的阶级性。坚持从我国国情出发，不断深化对坚持党的全面领导重要性和不可动摇性认识。2014年5月，习近平在参加河南省兰考县县委常委班子专题民主生活会时提出："中国最大的国情就是中国共产党的领导。什么是中国特色？这就是中国特色。"② 2015年2月，在省部级主要领导干部学习贯彻党的十八届四中全会精神全面推进依法治国专题研讨班上，习近平明确作出了党"是最高的政治领导力量"的政治定位，指出："在当今中国，没有大于中国共产党的政治力量或其他什么力量。党政军民学，东西南北中，党是领导一切的，是最高的政治领导力量。"③ 党的十九大把这一政治定位明确为习近平新时代中国特色社会主义思想的重要内容，把"坚持党对一切工作的领导"摆在新时代坚持和发展中国特色社会主义基本方略的首位，强调要"确保党始终总揽全局、协调各方"④。党的二十大总结了新时代十年的伟大变革，将中国共产党明确定位为全国人民的"主心骨"和"最坚强的领导核心"，指出要"确保党发挥总揽全局、协调各方的领导核心作用"⑤。"坚持和加强党的全面领导"和"坚持党对一切工作的领导"，既与我们党一贯强调和坚持的"坚持党的领导""党是领导一切的"一脉相承，又凸显党的领导的全覆盖、全方位、全过程，进一步深

---

① 习近平：《高举中国特色社会主义伟大旗帜　为全面建设社会主义现代化国家而团结奋斗——在中国共产党第二十次全国代表大会上的报告》，人民出版社2022年版，第6页。
② 习近平：《论坚持党对一切工作的领导》，中央文献出版社2019年版，第57页。
③ 习近平：《论坚持党对一切工作的领导》，中央文献出版社2019年版，第8—9页。
④ 《中国共产党第十九次全国代表大会文件汇编》，人民出版社2017年版，第17页。
⑤ 习近平：《高举中国特色社会主义伟大旗帜　为全面建设社会主义现代化国家而团结奋斗——在中国共产党第二十次全国代表大会上的报告》，人民出版社2022年版，第7页。

化了对党的领导核心地位作用的认识。

第三节 坚持人民至上的价值取向

《中共中央关于党的百年奋斗重大成就和历史经验的决议》总结党的百年奋斗历史经验,其中"坚持人民至上"中明确指出"党的根基在人民、血脉在人民、力量在人民,人民是党执政兴国的最大底气"。党的二十大报告对习近平新时代中国特色社会主义思想的世界观和方法论作出精辟概括,明确"必须坚持人民至上"①。坚持人民至上的价值取向是建党百余年来马克思主义中国化话语体系构建的重要经验。

一 始终站在劳动人民的政治立场体现人民性

"人民性是马克思主义的本质属性"②,在中国共产党百余年的奋斗历程中形成了一系列关于人民性的话语表达,并呈现出鲜明的政治立场。

(一)"为了谁"的话语体现人民性立场

"为了谁"的话语构建中体现为人民代言的政治立场。回应"为了谁",诠释了党坚定人民立场的理论逻辑。"为了谁"其实是一个立场问题。立场是认识和处理问题时的态度、出发点、立足点。马克思主义是第一个站在人民立场上、为多数人谋利益的理论。《共产党宣言》指出:"过去的一切运动都是少数人的或者为少数人谋利益的运动。无产阶级的运动是绝大多数人的、为绝大多数人谋利益的独立的运动。"③ 这一论述第一次全面系统地阐述了科学社会主义理论,代表无产阶级和劳苦大众的利益,形成了共产主义思想根基。《资本论》为最终建立一个没有剥削压迫、人人平等自由的理想生活指明了方向。马克思主义蕴含着深厚的人民情怀和宽广的人类关怀,具有跨越国度、跨越时代的理论伟力。"为什么人的问题,是检验一个政党、一个政权性质的试金石。带领人民创

---

① 习近平:《高举中国特色社会主义伟大旗帜 为全面建设社会主义现代化国家而团结奋斗——在中国共产党第二十次全国代表大会上的报告》,人民出版社2022年版,第19页。

② 习近平:《高举中国特色社会主义伟大旗帜 为全面建设社会主义现代化国家而团结奋斗——在中国共产党第二十次全国代表大会上的报告》,人民出版社2022年版,第19页。

③ 《马克思恩格斯选集》第1卷,人民出版社2012年版,第411页。

造美好生活，是我们党始终不渝的奋斗目标。"[1] 中国共产党自诞生之日起，就坚守"一切为了人民"的政治立场，把人民放在最高位置，党从来没有自己特殊的利益。毛泽东说："一切从人民的利益出发……这些就是我们的出发点。"[2] 习近平指出："中国共产党人的初心和使命，就是为中国人民谋幸福，为中华民族谋复兴。"[3] 党坚守人民立场，注重解决人民最关心最直接最现实的利益问题，既强调国家利益、民族利益、人民利益，也肯定个人追求自身正当利益。"一切为了人民""全心全意为人民服务"，是中国共产党的价值追求，彰显了人民立场的鲜亮底色，内蕴着深刻的理论逻辑。

（二）群众观的话语体现人民性来源

发挥人民群众的力量，要充分认识到人民群众在改革发展稳定和党的建设等方面的作用。1980年12月，邓小平在中共中央工作会议上指出："群众是我们力量的源泉，群众路线和群众观点是我们的传家宝。"[4] 他要求加强党的组织、党员、干部同群众的联系，把国家的形势和困难、党的工作和政策真实告诉群众，坚决批评和纠正各种脱离群众、对群众疾苦不闻不问的错误。这次讲话，实际上使全党经受了一次马克思主义群众观教育。为树立群众观点，江泽民提出，"要在全党范围内进行马克思主义唯物史观的教育，批判各种否定、贬低人民群众在社会发展中的地位和作用的历史唯心主义观点，牢固树立推动历史前进的决定性力量是人民群众的科学观点"[5]。唯物史观是尊重群众、认识群众作用的基础。群众观点的确立，是赢得群众支持、汲取群众智慧、发挥群众力量的基础。胡锦涛在诠释人民力量时，对群众观点进行了界定。他说："群众观点是历史唯物主义的基本观点，也是我们做好群众工作的思想基础。只有真正理解和牢固树立群众观点，才能坚定不移、坚持不懈做好群众工作。"[6] 在胡锦涛看来，群众观点具体包括：人民是历史创造者的观点，

---

[1] 《习近平谈治国理政》（第三卷），外文出版社2020年版，第35页。
[2] 《毛泽东选集》第三卷，人民出版社1991年版，第1094—1095页。
[3] 《习近平谈治国理政》（第三卷），外文出版社2020年版，第1页。
[4] 《邓小平文选》第二卷，人民出版社1994年版，第368页。
[5] 《江泽民文选》第一卷，人民出版社2006年版，第98—99页。
[6] 《胡锦涛文选》第三卷，人民出版社2016年版，第444页。

全心全意为人民服务的观点，立党为公、执政为民的观点，向人民学习的观点，群众利益无小事的观点，对党负责与对人民负责相一致的观点。① 习近平也多次强调群众观点，指出"群众路线是我们党的生命线和根本工作路线，是我们党永葆青春活力和战斗力的重要传家宝"②，要"树牢群众观点，贯彻群众路线，尊重人民首创精神，坚持一切为了人民、一切依靠人民，从群众中来、到群众中去，始终保持同人民群众的血肉联系"③。对群众观点的总结和概括，有利于党员干部牢固树立群众观点，进而有利于发挥人民的力量。在此过程中逐渐形成"群众观"的话语。

（三）人民观的话语体现人民性需求

中国共产党是全心全意为人民谋利益的政党，没有自己的特殊利益，因而能够站在人民的立场上制定方针和政策，以人民利益作为评判的标准和尺度。邓小平具有鲜明的人民立场，时刻关注人民群众的根本利益，始终把人民群众的利益放在心中最高位置，放在一切工作的首位，将"人民拥护不拥护，人民赞成不赞成，人民高兴不高兴，人民答应不答应"作为衡量一切工作得失的根本标准，这是人民立场的集中体现。江泽民将"代表最广大人民的根本利益"作为"三个代表"重要思想的内涵之一，彰显了人民利益的重要性，表达了他的人民立场。最高标准、根本原则，彰显了江泽民对于人民利益的定位。人民利益标准，表达了江泽民的人民立场。在人民立场问题上，胡锦涛指出："群众立场是决定我们党的性质的根本政治问题。我们党之所以得到广大人民群众拥护和支持，首先是因为我们党始终站在最广大人民立场上说话办事，始终代表最广大人民根本利益。"④ 站在人民立场，才能切实维护和发展人民群众的经济、政治、文化权益，才能以符合最广大人民的根本利益作为评价标准。在纪念毛泽东同志诞辰110周年座谈会上，胡锦涛指出："实现好、维护好、发展好最广大人民根本利益，始终是我们党全部奋斗的最

---

① 《胡锦涛文选》第三卷，人民出版社2016年版，第444页。
② 中共中央宣传部：《习近平新时代中国特色社会主义思想学习纲要》（2023年版），学习出版社、人民出版社2023年版，第72页。
③ 《习近平著作选读》（第一卷），人民出版社2023年版，第58页。
④ 《胡锦涛文选》第三卷，人民出版社2016年版，第445页。

高目的，始终是我们党观察和处理问题的根本原则。"① 进入新时代，坚持以人民为中心、坚持人民至上是习近平人民观的重要标志和鲜明特征。习近平提出："我们要坚持马克思主义群众观点，坚持党的群众路线，'以百姓心为心'，把实现好、维护好、发展好最广大人民根本利益作为推进改革的出发点和落脚点，让发展成果更多更公平惠及全体人民。"② "以人为本"的人民观话语，是从人民群众根本利益出发谋发展、促发展，不断满足人民群众日益增长的物质文化需要，让发展成果惠及全体人民，体现人民性需求。

二 一心为人民谋幸福的目标追求彰显价值性

一心为人民谋幸福的目标追求反映了中国共产党深沉而崇高的价值追求。习近平指出，中国共产党要"始终为中国人民谋幸福、为中华民族谋复兴"③。在百余年的奋斗历程中，中国共产党自觉践行"为人民谋幸福"的初心使命，不断涵养深厚的人民情怀，带领中国人民为实现自由而全面的发展不懈奋斗，彰显出"为人民服务"的话语价值指向。

（一）"为人民谋幸福"的话语彰显价值目标

"为人民谋幸福"的话语构建彰显价值目标追求。中国共产党坚持人民利益至上，昭示"为中国人民谋幸福"的初心。中国共产党自成立以来，无论时代主题如何嬗变，始终坚持人民利益至上，永远保持对人民的赤诚情怀，"为中国人民谋幸福"的初心从未改变。习近平指出："我们党的百年历史，就是一部践行党的初心使命的历史，就是一部党与人民心连心、同呼吸、共命运的历史。"④ 共产党人把国家和民族利益放在首位，没有自己的特殊利益，能妥善处理当前利益与长远利益的关系，兼顾个人利益和集体利益的统一。邓小平高度肯定实现人民利益对于党的事业成功的关键作用，"我相信，凡是符合最大多数人的根本利益，受到广大人民拥护的事情，不论前进的道路上还有多少困难，一定会得到

---

① 《胡锦涛文选》第二卷，人民出版社 2016 年版，第 140 页。
② 习近平：《论党的宣传思想工作》，中央文献出版社 2020 年版，第 38—39 页。
③ 习近平：《时刻保持解决大党独有难题的清醒和坚定，把党的伟大自我革命进行到底》，《求是》2024 年第 6 期。
④ 习近平：《在党史学习教育动员大会上的讲话》，《求是》2021 年第 7 期。

成功"①。习近平强调,"始终代表最广大人民根本利益,保证人民当家作主,体现人民共同意志,维护人民合法权益"②,以实现广大人民根本利益为最高标准,增进民生福祉,成为激励中国共产党人为人民利益和幸福而努力工作、推动事业不断前进的内在的强大动力。民生是人民幸福之基、社会和谐之本。新时代新征程,中国共产党始终把人民利益摆在至高无上的地位,深入人民群众,满足最广大人民群众的利益与需求,让改革发展的成果更多更公平地惠及全体人民,带领人民实现共同富裕,彰显了"为人民服务"的话语价值目标。

(二) 人民情怀的话语呈现价值依托

中国共产党要赢得人民的支持和信任,从人民中汲取智慧和力量,在情感上就要主动贴近群众。人民情怀的涵养,决定了中国共产党能否关心群众、接近群众,能否赢得群众的拥护和爱戴。邓小平热爱人民、心系人民,对人民怀有深厚的感情,把为中国人民谋幸福作为自己毕生奋斗的目标。邓小平曾深情地说:"我是中国人民的儿子,我深情地爱着我的祖国和人民。"③ 这是人民情感的流露,表达了邓小平的爱民之心。关心群众生活是人民情怀的表达,也是联系群众、接近群众、赢得群众信任的途径。邓小平多次强调,贫穷不是社会主义,社会主义要消灭贫穷;社会主义的目的是实现全体人民共同富裕,不是两极分化,各项工作"都要以是否有助于人民的富裕幸福,是否有助于国家的兴旺发达,作为衡量做得对或不对的标准"④。关心群众疾苦,满足人民日益增长的物质文化生活需要,是人民情怀的体现;对人民群众日益增长的物质文化生活需要视而不见,难有人民情怀可言。江泽民在党的十四大报告中指出:"加快改革开放和经济发展,目的都是为了满足人民日益增长的物质文化需要。"⑤ 他要求领导干部"'下高楼、出深院',到基层去,到群众中去,特别是到艰苦的地区和困难的单位去,体察民情,了解民意,

---

① 《邓小平文选》第三卷,人民出版社1993年版,第142页。
② 《习近平谈治国理政》(第三卷),外文出版社2020年版,第123页。
③ 中共中央文献研究室编:《邓小平思想年谱(1975—1997)》,中央文献出版社1998年版,第192页。
④ 《邓小平文选》第三卷,人民出版社1993年版,第23页。
⑤ 《江泽民文选》第一卷,人民出版社2006年版,第239页。

给群众办实事，为群众排忧解难"①。关心群众，是人民情怀的集中表达。胡锦涛倡导"情为民所系"，要求党员干部心系群众，视群众为亲人。胡锦涛在庆祝中国共产党成立90周年大会上指出："只有我们把群众放在心上，群众才会把我们放在心上；只有我们把群众当亲人，群众才会把我们当亲人。"②习近平始终倡导与人民心心相印、同甘共苦，具有深厚的为民情怀。他指出："每个共产党员都要弄明白，党除了人民利益之外没有自己的特殊利益，党的一切工作都是为了实现好、维护好、发展好最广大人民根本利益；人民是历史的创造者、人民是真正的英雄，必须相信人民、依靠人民；我们永远是劳动人民的普通一员，必须保持同人民群众的血肉联系。"③党员干部用真情去感化群众、关心群众，才能从人民群众中获得智慧和力量，由此呈现人民情怀的话语。

（三）"人的全面发展"的话语体现价值实现

人的素养高低是人的力量大小的基础，人民群众力量的充分发挥有赖于人的全面发展。邓小平提出，社会主义精神文明建设，"最根本的是要使广大人民有共产主义的理想，有道德，有文化，守纪律"④。邓小平重视理想教育，要求经常教育我们的人民，尤其是我们的青年，要有理想。理想生成力量，人民有理想，人民才有力量。江泽民把人的全面发展与社会的发展进步、中国特色社会主义事业的成败结合在一起。他指出："一切社会的发展和进步，都取决于人的发展和进步，取决于人的尊严的维护和价值的发挥。"⑤ "人民群众的理想信念、精神状态和人心所向，最终决定建设有中国特色社会主义事业的成败。"⑥ 为此，江泽民强调思想政治工作的重要性，而思想政治工作本质上是群众工作，是宣传群众、教育群众、引导群众、提高群众的工作。"我们要在发展社会主义社会物质文明和精神文明的基础上，不断推进人的全面发展。"⑦ 科学发

---

① 《江泽民文选》第一卷，人民出版社2006年版，第407页。
② 《胡锦涛文选》第三卷，人民出版社2016年版，第532页。
③ 习近平：《必须坚持人民至上》，《求是》2024年第7期。
④ 《邓小平文选》第三卷，人民出版社1993年版，第28页。
⑤ 《江泽民文选》第二卷，人民出版社2006年版，第56页。
⑥ 《江泽民文选》第三卷，人民出版社2006年版，第74页。
⑦ 《江泽民文选》第三卷，人民出版社2006年版，第294页。

展观的核心是以人为本，以人为本的目标是促进人的全面发展。胡锦涛对以人为本的倡导，表明他对人的全面发展的关注。习近平曾多次提出要"切实推动人的全面发展、全体人民共同富裕取得更为明显的实质性进展"①，并对中国式现代化的本质特征作出了科学回答，即"全体人民共同富裕的现代化"②，将实现人的自由而全面的发展定位为现代化的最终目标。人的全面发展是马克思主义追求的最高价值命题，是中国式现代化蕴含的价值观之一。

三 积极回应人民关切的现实诉求提升认同度

在马克思主义中国化话语体系的构建过程中，中国共产党积极回应人民群众关切的现实诉求，逐渐提升了话语构建的认同度。比如，及时"解决人民内部矛盾"提升话语构建的政治认同，形成"三个有利于"的人民性话语提升利益认同，在"尊重人民首创精神"的理论和实践中提升话语构建的情感认同。

（一）及时"解决人民内部矛盾"提升话语构建的政治认同

由于利益分歧、价值取向多元、生活方式多样化等方面的原因，人民内部存在矛盾，如不能及时化解，既影响党和人民群众的关系，也影响社会稳定与社会和谐。在邓小平看来，解决人民内部矛盾，除了做好思想政治教育工作外，还要着重解决发扬民主的问题。江泽民指出："各级领导都要关心涉及群众切身利益的问题，注意在改革和建设中可能引发的新矛盾，见微知著，防微杜渐，把问题解决在萌芽状态，解决在基层，解决在当地。"③ 人民内部矛盾的解决，要多方施策，综合运用法律、政策、经济、行政等手段和教育、协商、疏导等办法。江泽民要求，"全党应十分重视和认真研究新时期人民内部矛盾的问题，继承和发扬党的优良传统，用民主的方法、说服教育的方法，依据有关政策和法律规定，妥善处理人民内部矛盾，见微知著，把问题解决在萌芽状态，解决在基层，解决在当地，不能让事态扩大，更不要等事情闹大

---

① 习近平：《正确认识和把握我国发展重大理论和实践问题》，《求是》2022年第10期。
② 习近平：《中国式现代化是强国建设、民族复兴的康庄大道》，《求是》2023年第16期。
③ 《江泽民文选》第一卷，人民出版社2006年版，第407页。

了再来解决"①。胡锦涛指出："要进一步完善处理人民内部矛盾的方式方法，完善信访工作责任制，建立健全社会矛盾纠纷调处机制，把人民调解、司法调解、行政调解结合起来，依法及时合理地处理群众反映的问题。要深入细致地做好思想政治工作，引导群众以理性合法的形式表达利益要求、解决利益矛盾。要积极预防和妥善处置群体性事件，坚持依法办事、按照政策办事，既依法维护群众正当权益，又依法维护社会安定团结。"② 习近平在浙江考察时指出："要坚持好、发展好新时代'枫桥经验'，坚持党的群众路线，正确处理人民内部的矛盾，紧紧依靠人民群众，把问题解决在基层、化解在萌芽状态。"③ 在习近平看来，人民内部矛盾的解决"要善于运用法治、民主、协商的办法进行处理"④，要有全局观和大局意识，通过"优先解决主要矛盾和矛盾的主要方面，以此带动其他矛盾的解决"⑤，避免"眉毛胡子一把抓"。如此，解决人民内部矛盾的思路方法更加科学化，解决人民内部矛盾的机制更加完善。

（二）"三个有利于"提升话语构建的利益认同

在世界社会主义遭遇严重挫折的历史背景下，一些人对中国是否坚持社会主义产生了怀疑。面对此种局面，1992年年初，邓小平发表"南方谈话"，针对一段时期以来，中国共产党内和国内不少人在改革开放问题上迈不开步子，不敢闯，以及理论界对改革开放性质的争论，他指出："要害是姓'资'还是姓'社'的问题。判断的标准，应该主要看是否有利于发展社会主义社会的生产力，是否有利于增强社会主义国家的综合国力，是否有利于提高人民的生活水平。"⑥ 从此，三个"是否有利于"成为人们评判一切工作是非得失的根本标准。党的十九大报告中指

---

① 中共中央文献研究室编：《江泽民思想年编（1989—2008）》，中央文献出版社2010年版，第103页。
② 中共中央文献研究室编：《十六大以来重要文献选编》（中），中央文献出版社2006年版，第715页。
③ 习近平：《始终干在实处走在前列勇立潮头　奋力谱写中国式现代化浙江新篇章》，《人民日报》2023年9月26日。
④ 中共中央文献研究室编：《习近平关于社会主义社会建设论述摘编》，中央文献出版社2017年版，第147页。
⑤ 习近平：《更好把握和运用党的百年奋斗历史经验》，《人民日报》2022年7月1日。
⑥ 《邓小平文选》第三卷，人民出版社1993年版，第372页。

出，中国特色社会主义进入新时代。"三个有利于"的人民性话语构建一脉相承又守正创新。新时代取得历史性成就、发生历史性变革，复兴前景更加光明，向贫困这个世界性难题开战，致力于消除贫困，让人民过上好日子。"让贫困人口和贫困地区同全国一道进入全面小康社会"是党的十九大的政治宣言，"坚决打赢脱贫攻坚战"是硬任务。以习近平同志为核心的党中央，以强烈的历史责任、政治担当，决胜脱贫攻坚战。2021年2月，现行标准下9899万农村贫困人口全部脱贫，历史性地解决了绝对贫困问题，全面建成小康社会。"历史将铭记，这个世界减贫史上的奇迹——8年间，中国832个贫困县全部摘帽，全国近1亿贫困人口实现脱贫。"2022年10月，在中国共产党第二十次全国代表大会上，习近平庄严宣告新时代十年所取得的三件大事，其中之一便是"完成脱贫攻坚、全面建成小康社会的历史任务，实现第一个百年奋斗目标"①。在广袤的大地上，巩固脱贫攻坚成果和乡村振兴正在有效衔接，人民生活更上一个台阶。

（三）"尊重人民首创精神"提升话语构建的情感认同

改革开放实践说到底是人民的实践，尊重人民的首创精神，人民才会投身和支持改革，贡献改革的智慧和力量。改革的每一项方针政策都与人民利益息息相关，必须尊重人民的意愿和人民的创造。邓小平说，改革过程中"要同人民一起商量着办事"，决心要坚定，步骤要稳妥，还要及时总结经验，改正不妥当的方案和步骤。② 如此，改革才不会背离或损害人民利益。江泽民同样主张，"一切事情，都要顺应人民群众的要求和愿望去做，才能取信于民"③。在谈到农业和农村经济发展时，江泽民特别强调"必须尊重农民的首创精神"，"农村每一项重大政策出台，都建立在基层和农民群众实践创造的基础上，因而具有充分的实践依据和深厚的群众基础"④。胡锦涛在庆祝中国共产党成立90周年大会上的讲话指出："每一个共产党员都要把人民放在心中最高位置，尊重人民主体地

---

① 习近平：《高举中国特色社会主义伟大旗帜　为全面建设社会主义现代化国家而团结奋斗——在中国共产党第二十次全国代表大会上的报告》，人民出版社2022年版，第4页。
② 《邓小平文选》第三卷，人民出版社1993年版，第268页。
③ 《江泽民文选》第一卷，人民出版社2006年版，第363页。
④ 《江泽民文选》第二卷，人民出版社2006年版，第210页。

位，尊重人民首创精神，拜人民为师，把政治智慧的增长、执政本领的增强深深扎根于人民的创造性实践之中。"① 习近平在二十届中央政治局第六次集体学习时的讲话也指出："要尊重人民首创精神，注重从人民的创造性实践中总结新鲜经验，上升为理性认识，提炼出新的理论成果，着力让党的创新理论深入亿万人民心中，成为接地气、聚民智、顺民意、得民心的理论。"② 人民群众是富有智慧的，尊重人民的首创精神，才能激发人民的创造活力，彰显人民智慧的价值。

第四节　突出中华文化的独特优势

文化的发展具有继承性、连续性。马克思主义中国化话语体系构建充分借鉴汲取了中华优秀传统文化的合理成分，代表着中华民族独特的精神标识、积淀着中华民族最深沉的价值追求。突出中华优秀传统文化的独特优势是马克思主义中国化话语体系构建的重要经验。

一　提供独有精神动力

中华优秀传统文化同马克思主义有着高度的契合性，为马克思主义中国化话语体系的构建提供了精神动力。构建马克思主义中国化话语体系需要充分汲取中华优秀传统文化中丰富的话语养料和治国理政的思想智慧，进而为话语构建提供精神指引和精神滋养。

（一）为话语构建提供精神指引

马克思主义作为一种外来思想文化，要使其为中国人民广泛接受并在实践中发挥指导作用，就必须找到一种中国人民容易理解的民族形式。这就要求以马克思主义为指导，对中国文化进行认真细致的梳理，剔除其糟粕，吸收其精华，用中华优秀传统文化的表达方式和中国老百姓喜闻乐见的语言，深入浅出地阐明马克思主义的基本原理，将马克思主义与中华优秀传统文化相结合，使马克思主义植根于中华优秀传统文化的土壤并生长和繁荣起来。马克思主义中国化就是要在运用马克思主义解

---

① 《胡锦涛文选》第三卷，人民出版社2016年版，第532页。
② 习近平：《开辟马克思主义中国化时代化新境界》，《求是》2023年第20期。

决中国实际问题的过程中,不断赋予马克思主义鲜明的中国特色、实践特色、民族特色和时代特色。

(二) 为话语构建提供精神滋养

马克思主义是在19世纪末20世纪初传入中国的,当时只是国外诸多学说中的一种。虽然马克思、恩格斯以及列宁很关心中国,很关注中国社会和中国革命,他们关于中国问题的论述甚至可以编成系列著述。但由于受历史条件的制约,他们对中国历史、哲学、文化的了解毕竟有限。马克思主义传入中国并被中国人接受,成为当代中国的主流意识形态,具有历史必然性。这除了因为马克思主义是具有世界意义的科学之外,更重要的是因为马克思主义与中华优秀传统文化有着高度的契合性。中国是一个有着悠久文化历史的国家,中华优秀传统文化在长期的积淀中蕴含着中华民族最深沉的精神追求,凝聚着民族认同的"共同记忆"。马克思主义与中国优秀传统文化的确具有许多相容或相通之处,这正是早期马克思主义在中国能够得到广泛传播并被中国人民接受的深层次原因。

二 奠定深厚历史底蕴

中华优秀传统文化自古至今、源远流长,蕴含着丰富的思想精华和价值观念。借鉴中华优秀传统文化中的治国之道、修身之道以及自然之道,不仅为马克思主义中国化时代化提供丰富的思想资源,而且为马克思主义中国化话语体系的构建奠定深厚的历史底蕴。

(一) 借鉴传统治国之道为国家治理方略话语奠定历史底蕴

有国家就有国家治理,中国传统的国家治理积累了许多有价值的思想资源,习近平汲取了其中可资借鉴的因素来阐释治国理政的理念和思路。比如,他引用《国语》中的"令之不行,政之不立",说明党中央要有权威、国家制定的方针政策要贯彻执行;引用北宋王安石的"立善法于天下,则天下治;立善法于一国,则一国治",说明善法对于国家治理的重要性;借鉴古代中国德治传统,主张依法治国和以德治国相结合,要求"强化道德对法治的支撑作用","重视发挥道德的教化作用"。[①]

[①] 《习近平谈治国理政》(第二卷),外文出版社2017年版,第134页。

习近平还引用汉代王符的"大鹏之动,非一羽之轻也;骐骥之速,非一足之力也",说明办好中国的事情,要依靠全体人民的力量;引用《管子·牧民》的"政之所兴在顺民心,政之所废在逆民心",强调一个政党、一个政权,其前途命运最终取决于人心向背。对这些传统治国之道进行当代意义阐释,一定程度上实现了中华优秀传统文化的创造性转化,也为国家治国方略话语奠定了历史底蕴。

(二) 援用传统修身之道为修身成才话语奠定历史底蕴

援用传统修身之道诠释修养方法。中国传统文化重视修身,以修身作为治国平天下的起点。习近平在阐释青年学生、领导干部的修身问题时,援用了传统修身之道。2014年5月4日,他在北京大学师生座谈会上的讲话,告诫青年要修德,加强道德修养,注重道德实践,认为道德对于个人、社会而言都具有基础性意义,做人做事的第一位是崇德修身。他说:"中国古代历来讲格物致知、诚意正心、修身齐家、治国平天下。从某种角度看,格物致知、诚意正心、修身是个人层面的要求,齐家是社会层面的要求,治国平天下是国家层面的要求。"[1] 习近平还引用《礼记·大学》中的"所谓治国必先齐其家者,其家不可教而能教人者,无之",要求各级领导干部带头抓好家风,教育好子女。中华优秀传统文化中的修身之道,为修身成才话语奠定了历史底蕴。

(三) 凭借传统自然之道为生态自然话语奠定历史底蕴

中华优秀传统文化倡导天人合一,要求顺应自然、善待自然,留下了丰富的思想资源。习近平引用《论语》"子钓而不纲,弋不射宿"和《吕氏春秋》"竭泽而渔,岂不获得?焚薮而田,岂不获得,而明年无兽",说明对自然要取之以时、取之有度;引用《荀子·天论》的"万物各得其和以生,各得其养以成",说明要尊重自然,实现人与自然和谐共生。习近平生态文明思想正是借鉴了中华优秀传统文化中自然之道的合理因素。

三 赋予高度文化自信

马克思主义和中华优秀传统文化虽来源不同,却有着价值上的共通

---

[1] 《习近平谈治国理政》(第一卷),外文出版社2018年版,第169页。

性。在构建马克思主义中国化话语体系的过程中，马克思主义与中华优秀传统文化始终做到相融相生，既形成了具有中国特色的马克思主义话语体系，又赋予了话语构建的高度文化自信。

(一) 古典名言化话语赋能文化自信

诗词典故赋能文化自信能更好地推进马克思主义中国化话语体系的构建。习近平在其著作和系列讲话中高频引用古典名言，用以承载马克思主义的治国理政思想，大大增加了语言的美感、艺术感、认同感以及说服力。在马克思主义的传播过程中，运用具有中国风格和中国特色的古典名言进行表述，一方面可使马克思主义带上中国文化的烙印，使中国老百姓乐于接受，乐于认同；另一方面可以增加马克思主义传播语言的文采，增强语言的吸引力和艺术性。习近平认为，中华民族的传统文化具有中国特色，"独特的文化传统，独特的历史命运，独特的基本国情，注定了我们必然要走适合自己特点的发展道路"[①]。习近平引用《庄子·秋水篇》的"海纳百川，有容乃大"来阐释马克思主义关于和平的思想，表明中国奉行求同存异、和平发展的政策。2013年在亚太经合组织工商领导人峰会上，习近平多次借中国古代的诗词、格言，为当今世界的发展难题贡献中国智慧。比如，在谈到亚太经济体面临复杂的国际局势，应该拿出敢为天下先的勇气，推动建立发展创新、增长联动、利益融合的开放型经济发展方式。只有这样，才能做到"山重水复疑无路，柳暗花明又一村"。在描绘亚太经济未来的发展空间时，习近平用"浩渺行无极，扬帆但信风"将亚太经合组织成员比作在大海中前行的风帆。2014年11月10日，在亚太经合组织第二十二次领导人非正式会议欢迎宴会上的致辞中，习近平引用老子的名言"上善若水，水利万物而不争"，将勾连亚太经合组织的太平洋比作见证亚太地区和平、发展、繁荣、进步的友谊之洋，合作之洋。2023年8月22日，在金砖国家工商论坛闭幕式的致辞中，习近平援引《晋书·宣帝纪》的"顺理而举易为力，背时而动难为功"来向世界阐明应对世界之变的中国方案，同时又引用东晋葛洪《抱朴子》中的"变化者，乃天地之自然"来道出国际环境的

[①] 习近平：《胸怀大局把握大势着眼大事 努力把宣传思想工作做得更好》，《人民日报》2013年8月21日。

风云变幻。

(二) 大众通俗化话语增进文化自信

习近平从诸子百家、唐诗宋词中挖掘优秀传统文化资源，不仅促进了其治国理政思想的表现形式通俗化、大众化，也体现了其话语体系鲜明的个性化特征。对于古典名句、近现代名言、民间俗语等也是信手拈来，善于使用一些中国人喜闻乐见的、通俗的、中国人听得懂的语言来阐释马克思主义的理论。他的讲话中充满中国风格、民族特色，用中国人熟悉的、常见的语句，以亲民的语言和欢快的形式力图让人民群众听得懂、记得住，并潜移默化到日常工作生活中，成为人们行动的指南，使马克思主义真正地内化于心、外化于行。当代马克思主义中国化的话语体系呈现出日益活跃与丰富的状态，这是当代中国的政治开明与社会进步的表现。习近平以人民群众喜闻乐见的形式并融汇民族特色，构建马克思主义中国化的话语体系，特色鲜明，促进了习近平新时代中国特色社会主义思想的形成，推进了富有中国特色、中国风格、中国气派的马克思主义中国化的发展，增强了马克思主义中国化话语的吸引力和说服力，有力地构建了国与国之间和谐共赢、双向互动的局面。

第五节　讲好中国故事的实践智慧

马克思主义中国化话语体系是中国故事实践智慧的话语表达。马克思主义中国化话语体系的构建可来源于中国故事的生动实践，中国故事的生动呈现助力马克思主义中国化话语体系的构建。

一　谁来讲故事：国家、社会与个体的主体多元

话语主体主要指的是"谁来讲"之意。讲好中国故事，发出中国声音，需要话语主体以恰当的话语阐释、有效的话语叙事来对话语受众产生重要影响。

(一) 国家领导人榜样示范讲故事

提升中国国际话语权，需要借助国家领导人的影响力、权威性向国内外传播。我国提出的具有全球影响力的话语，很大程度上是通过国家领导人的讲话传播的。马克思主义中国化话语体系的构建，同样需要国家领导人在各种重要场合通过讲故事的方式来推介和表达。习近平率先垂范讲好中国故事，他在各种重要场合的讲话以及重要文章中，常用讲故事方式传达深意，特别是频频在国际舞台上发声，展示了大国政治家高超的宣传智慧，为讲好中国故事起到了榜样典范作用。2015年习近平在津巴布韦媒体发表的署名文章中讲道："据我了解，旅居津巴布韦的华侨中间有一个名为'非爱不可'（Love of Africa）的妈妈团体，还有一位连车牌号都被当地孩子熟知的'程爸爸'（Father Cheng）。他们多年如一日给当地孤儿送去关爱和温暖，用实际行动书写着中津友好的'现在时'，也培育着中津友好的'将来时'。"① 2023年10月，习近平在第三届"一带一路"国际合作高峰论坛开幕式上的主旨讲话中，讲述了古丝绸之路的故事，谈到古丝绸之路之所以名垂青史，靠的是骆驼和善意、宝船和友谊，而非战马和长矛、坚船和利炮。同年，习近平在美国旧金山出席美国友好团体联合举行的欢迎宴会时，又主动谈及"飞虎队"的故事，表示中国人民没有忘记飞虎队，血与火铸造的中美两国人民友谊一定能够代代相传，"飞虎情谊"历久弥坚。习近平通过引用了到访国家人民熟知的人、物、语，以情感人，拉近了中国与世界的距离。

（二）社会各界主动作为讲故事

文艺工作者、新闻舆论工作者、哲学社会科学工作者在讲好中国故事方面要发挥积极作用，社会各界、各条战线也应立足自身领域讲好中国故事。习近平指出："讲好中国故事，不仅中央的同志要讲，而且各级领导干部都要讲；不仅宣传部门要讲、媒体要讲，而且实际工作部门都要讲、各条战线都要讲……要动员各方面一起做思想舆论工作，加强统筹协调，整合各类资源，推动内宣外宣一体发展，奏响交响乐、大合唱，把中国故事讲得愈来愈精彩，让中国声音愈来愈洪亮。"② 马克思主义中国化话语体系的构建需要社会各

---

① 人民日报评论部：《习近平讲故事》，人民出版社2017年版，第226页。
② 中共中央文献研究室编：《习近平关于社会主义文化建设论述摘编》，中央文献出版社2017年版，第211页。

界主动作为讲故事。2018年8月，在全国宣传思想工作会议上，习近平指出："展形象，就是要推进国际传播能力建设，讲好中国故事、传播好中国声音，向世界展现真实、立体、全面的中国，提高国家文化软实力和中华文化影响力。"① 2021年12月，在中国文联十一大、中国作协十大开幕式上，习近平殷切寄语："希望广大文艺工作者用情用力讲好中国故事，向世界展现可信、可爱、可敬的中国形象。"② 2022年10月，在党的二十大报告中，习近平明确强调要"加快构建中国话语和中国叙事体系，讲好中国故事、传播好中国声音，展现可信、可爱、可敬的中国形象"③。此外，学术对话与交流，也是讲好中国故事的重要途径，中国思想界、学术界通过各种研讨会、论坛、讲座、出版物，向国际社会表达、阐释马克思主义中国化话语体系。马克思主义中国化话语体系构建是全社会的事情，需要社会各界的努力，要通过主流媒体、学术研讨、民间交流等众多渠道，实现立体化、全方位、整体性的国内外传播。

（三）普通个人积极参与讲故事

发挥个体的力量讲好中国故事，是构建中国故事话语体系，进而构建马克思主义中国化话语体系的微观形态个体支撑。每个中国人，都是讲好中国故事的讲解员。越来越多的普通人成为"国家形象代言人"，成为讲述中国故事、展示中国形象的优秀话语主体。中国故事话语体系构建中，师生互动参与话语叙事是普通个人参与讲故事的典型代表。人民群众既是历史的创造者与推动者，也是中国故事的讲述者与中国实践的参与者。青少年学生既是中国故事的倾听者，同时也是中国故事的讲述者，更是未来中国故事的实践者和参与者，因此师生互动积极讲好中国故事在中国故事话语构建中具有重要意义。新时代讲好中国故事要体现中国实践发展，既要讲深、讲透、讲活马克思主义中国化时代化的故事，也要讲清楚新时代实现中华民族伟大复兴的故事，还要讲清楚中国式现代化理论与实践的故事，抓住中国故事与青年成长故事

---

① 《习近平谈治国理政》（第三卷），外文出版社2020年版，第312页。
② 习近平：《在中国文联十一大、中国作协十大开幕式上的讲话》，《人民日报》2021年12月15日。
③ 习近平：《高举中国特色社会主义伟大旗帜　为全面建设社会主义现代化国家而团结奋斗——在中国共产党第二十次全国代表大会上的报告》，人民出版社2022年版，第46页。

之间的契合点，增强新时代新征程青年对中国故事的政治认同、价值认同以及文化认同。

二 谁来听故事：国内传播与国际传播的受众兼顾

马克思主义中国化话语体系可以通过中国故事话语来构建，这就需要统筹国内与国际两个大局。兼顾国内传播受众与国际传播受众是讲好中国故事的重要抓手。

（一）立足国内大众讲故事

坚持人民至上的价值立场与价值取向，决定了构建中国故事话语体系必须立足国内大众讲故事，以此作为马克思主义中国化话语体系构建故事叙事的价值基础。只有和人民相联系，以人民为中心，才能找到中国故事话语体系立足的群众基础。为此，要立足国内人民大众，以人民为中心讲好中国故事。为实现中华民族伟大复兴，党团结带领人民浴血奋战、自力更生、解放思想、锐意进取，先后创造了一系列伟大成就，形成了中国式现代化新道路，创造了人类文明新形态，这些来之不易的伟大成就与艰辛探索是向国内大众讲好故事的现实依据。中国故事的国内受众，正是中国的普通民众，包括广大工人、农民、解放军、知识分子、市民、打工者、个体户、国家工作人员等，向他们讲好中国故事应植根于中国人民的现实生活之中，将故事中蕴含的道德概念、伦理秩序、价值理念融入个体的生命情感体验之中，以此实现个体生命触动与民族复兴的同频共振。要立足国内民众讲故事，从中国的伟大成就中挖掘各种精彩故事，从中国特色社会主义伟大实践中提炼中国议题，从而使更多的人深刻理解认识中国共产党为什么能，马克思主义为什么行，中国特色社会主义为什么好，增强马克思主义中国化话语体系的可知可感。

（二）面向国际社会讲故事

面向国际社会对外讲好中国故事意义极为重大，直接影响向世界呈现真实、立体、全面的中国的实效，以及提高国家文化软实力和中华文化影响力的实效，进而影响世界对于中国具体实际的认知、理解和认同。正如习近平所说，"做好新形势下宣传思想工作，必须自觉承担起举旗帜、聚民心、育新人、兴文化、展形象的使命任务。……展形象，就是要推进国际传播能力建设，讲好中国故事、传播好中国声音，向世界展现真实、立体、全面的中国，提高国家文化软实力和中华文化影响力"①。对外讲好中国故事已经成为新时代党中央的重大决策，上升为一个关乎中国在当今世界格局中发展的战略性命题。2015 年 9 月在第 70 届联合国大会一般性辩论、2020 年 9 月在第 75 届联合国大会一般性辩论、2021 年 7 月在庆祝中国共产党成立 100 周年大会等重要场合，习近平提供出了坚守和平、发展、公平、正义、民主、自由的全人类共同价值。2024 年 3 月，在会见美国工商界和战略学术界代表时的讲话以及致中国"哈萨克斯坦旅游年"开幕式的贺信中，习近平强调要高质量共建"一带一路"。"一带一路""人类命运共同体""全人类共同价值"等话语构建，正是通过一个个中国故事、中国共产党的故事向世界不断展现中国智慧、中国力量、中国方案，呈现共同发展的愿景，体现了负责任大国的立场和举措。

三 讲什么故事：中国理论与中国实践的内容交融

讲好中国故事，就是"要讲好中国特色社会主义的故事，讲好中国梦的故事，讲好中国人的故事，讲好中华优秀文化的故事，讲好中国和平发展的故事"②。从本质上讲，这五个方面的故事，就是中国道路自信、中国理论自信、中国制度自信、中国文化自信的故事。这既是历史的也是当下和未来的，既是民族和国家的也是民间和个人的，它们构成了一个相互影响、相互作用、紧密联系的有机整体，从"四个自信"维度展示出中国理论与中国实践的交融。

（一）讲道路自信的故事

讲道路自信的故事，就是讲清楚坚持中国特色社会主义道路自信的故事。中国特色社会主义道路，是结合中国国情，不断深化对马克思主义的认识和创新，立足于民族与国家的历史与现实基础最终确立的发展道路。具体而言，讲道路自信的故事就是讲清楚：中国道路从何而来的，

---

① 习近平：《举旗帜聚民心育新人兴文化展形象　更好完成新形势下宣传思想工作使命任务》，《人民日报》2018 年 8 月 23 日。

② 中共中央文献研究室编：《习近平关于社会主义文化建设论述摘编》，中央文献出版社 2017 年版，第 212 页。

是怎样的路,书写了怎样的传奇;与社会主义道路的本质关系,既不走封闭僵化的老路也不走改旗易帜的邪路,中国道路与西方道路的本质区别;中国道路走向世界,中国道路未来通往何方等关于中国特色社会主义道路自信的故事。

(二) 讲理论自信的故事

讲理论自信的故事,就是讲清楚马克思主义中国化时代化的中国特色社会主义理论自信的故事。中国特色社会主义理论体系,这也是马克思主义中国化话语体系构建的理论支点。理论来源实践,理论指导实践。回顾中国共产党史、新中国史、改革开放史,中国特色社会主义理论指导下的实践取得巨大成就,向世人昭示了我们理论的科学性。正如习近平指出:"我们坚持和发展中国特色社会主义,必须高度重视理论的作用,增强理论自信和战略定力。"① 具体而言,讲理论自信的故事就是讲清楚:马克思主义为什么"行"、马克思主义中国化时代化为什么"能"、中国特色社会主义体系为什么"特",习近平新时代中国特色社会主义思想为什么"新"等关于中国特色社会主义理论自信的故事。

(三) 讲制度自信的故事

讲制度自信的故事,就是讲清楚中国特色社会主义制度的特有优势以及如何体现制度自信的故事。中国特色社会主义制度是以马克思主义为指导、植根中国大地、具有深厚中华文化底蕴、深得人民拥护的制度,也是具有强大生命力和巨大优越性的制度。制度优势是一个国家最大优势,制度竞争是国家间最根本的竞争。"我们最大的优势是我国社会主义制度能够集中力量办大事。这是我们成就事业的重要法宝。"② 中国发展进步的伟大成就是制度自信最充分的依据,制度自信为推进中国式现代化提供强有力的信念支撑。讲制度自信故事,尤其需要在中西制度比较中,展示出中国制度的特有优势和高度自信。具体而言,讲制度自信的故事就是讲清楚:社会主义制度的追求是什么,中国特色社会主义制度的形成以及发展历史、体系构成,党的领导是中国特色社会主义制度的最大优势,制度自信的底气及优势何在等关于中国特色社会主义制度自

---

① 《习近平谈治国理政》(第二卷),外文出版社2017年版,第62页。
② 《习近平谈治国理政》(第二卷),外文出版社2017年版,第273页。

信的故事。

（四）讲文化自信的故事

讲文化自信的故事，就是讲清楚中国特色社会主义文化价值、生命力与光明前景的故事。坚定中国特色社会主义文化自信，就是要立足中国特色社会主义伟大实践，"不忘本来"，推动中华优秀文化的创造性转化与创新性发展；"吸收外来"，批判借鉴、转化人类文明发展的一切优秀成果；"面向未来"，推动中国特色社会主义文化的繁荣进步，提升国家文化软实力，建设社会主义文化强国。在百年未有之大变局中，国际力量对比深刻变化，世界文化观念分歧日益突出，多重话语元素交锋激烈，尤其需要对内讲好中国故事，以发展好中国特色社会主义文化，同时也要对外讲好中国故事，以积极应对西方文化霸权主义。具体而言，讲文化自信的故事就是讲清楚：文化自信何以"最根本"、文化自信的底气从何产生、社会主义核心价值观何以重要、传承中华优秀传统文化基因、借鉴超越人类文明优秀成果、面向未来铸就中华文明新形态等关于中国特色社会主义文化自信的故事。

四 怎样讲故事：传统手段与现代载体的方式并举

故事文本、故事话语与故事叙事是讲故事的重要元素。采取传统手段与现代载体并举方式，使得马克思主义中国化话语体系构建通过讲故事的方式，对目标受众产生积极的传播意义，成为讲好中国故事的重要之举。

（一）多模态话语符号讲故事

数字时代新媒体技术带来叙事文本的多样态化，传统的文本话语交流媒介向图像、声音、音像、超文本等传播媒介共存转换，综合呈现各种模态特征，为讲好故事提供话语符号意义支撑。按照多模态理论家冈瑟·克雷斯的界定，模态（mode）指"用于意义生产所采用的社会塑造的、文化给定的符号资源，如图像、书写、版式、音乐、体态、言语、视频、音轨、3D对象，都是用于表征与传播的模态例子"[1]。通过整合多

---

[1] Gunther Kress, *Multimodality: An Social Semiotic Approach to Contemporary Communication*, London: Routledge, 2010, p. 84.

模态话语符号资源,可以协同发力讲好中国故事。从实践来看,在融媒体状态下,借助新技术和高端设备,多模态叙事是目前中国故事讲述中惯常采用的表达工具和手段。要针对中国社会实际状况,对中国特色理论、思想和文化进行提炼和总结,对中国特色道路、制度和实践进行阐释和挖掘,将思想性、时代性和创新性融于一体,生产出丰富、立体、充实和饱满的中国故事内容体系。在了解海外受众的认知、个性和需求的基础上,以中国文化符号、元素和载体讲述精彩的中国故事,从而"构建起一种源自于中国文化、中国生活和民族力量的'中国精神',这是中国故事需要被创造性叙述的真正价值期待与文化旨归"[①]。

(二) 多形态话语叙事讲故事

讲好中国故事要采用不同话语言说方式,即多形态话语叙事讲故事。故事叙事是一种特殊的社会实践活动,是通过不同的语言及其使用方式,促使以语言为表征的不同思想、文化和意识形态的广泛交流、碰撞与交锋。就中国故事话语体系呈现的具体形态来看,存在政治、学术、大众和网络四种不同类型的话语言说方式。随着新媒体的发展,微博、微信、社交网站、移动客户端等新媒体大量使用网络语言、大众语言讲述中国"微故事",其语言特点是简洁明快,效果是受众速读、易读、悦读。融合多形态话语言说方式,突出优势讲好中国故事。政治话语、学术话语、大众话语、网络话语有机融合,形成平衡适当的张力关系,打造联通中外、沟通世界的中国故事话语体系,其现实意义尤为重要。

(三) 分众化话语传播讲故事

讲好中国故事可采用分众化话语传播方式,即通过分众化、个性化、精准化传播来讲故事。基于传播学原理,受众是一切传播活动的指向对象和目标群体。有效的传播需要以受众为中心来设计传播的目的、方式、主体以及时机等等,才能适应分众化需求与差异化趋势,达成优质的互动传播效果。"要创新对外话语表达方式,研究国外不同受众的习惯和特点,采用融通中外的概念、范畴、表述,把我们想讲的和国外受众想听的结合起来,把'陈情'和'说理'结合起来,把'自己讲'和'别人

---

① 金春平:《主体的延展与叙事的自觉——"叙述中国故事"的文学情境、维度及范式》,《民族文学研究》2019年第5期。

讲'结合起来,使故事更多为国际社会和海外受众所认同。"① 新技术赋能话语传播,精准讲好中国故事。采用分众化话语传播讲故事,需要积极迎合国外受众的需求,但不是指一味地跟随国外受众的口味,而是从国外受众的思维特点和需求模式的实际出发,选择外国人所能够信任和认可的方式、语言、文化习惯等来讲述和传播中国特色的精彩故事。

---

① 中共中央文献研究室编:《习近平关于社会主义文化建设论述摘编》,中央文献出版社2017年版,第213页。

第 六 章

马克思主义中国化话语体系构建的当代价值

在归纳总结马克思主义中国化话语体系构建的历史进程、基本原则、现实路径和重要经验基础上，需要对其当代价值作进一步的思考和探索。在向着第二个百年奋斗目标迈进的新征程上，可以从推动马克思主义中国化话语体系的创新发展、丰富马克思主义理论的思想宝库、凝聚建设社会主义现代化强国的磅礴伟力、展现人类文明新形态的丰富内容、推进中华民族伟大复兴的历史进程等方面来探讨马克思主义中国化话语体系构建的当代价值。

第一节 推动马克思主义中国化话语体系的创新发展

从创立毛泽东思想到形成中国特色社会主义理论体系，再到创立习近平新时代中国特色社会主义思想，都是中国共产党人用马克思主义基本原理指导中国伟大实践所不断总结升华而形成的科学理论。从话语建构的角度来看，这些科学理论在马克思主义中国化话语体系的内容、表达、功用等方面都有极大发展，同时也直接推动着马克思主义中国化话语体系的创新发展。

一 马克思主义中国化话语体系的内容不断丰富

话语内容创新是话语体系构建的根本所在。话语体系是为了反映和解释某种实践活动的发展规律和本质特征，构建话语体系最重要一点就是要以"内容为王"。构建马克思主义中国化话语体系，着重在于体现用马克思主义指导中国实践所形成的创新思想、创新理论和创新观点。因此，构建马克思主义中国化话语体系所彰显的当代价值首先表现在对话语内容的丰富完善上。综观马克思主义中国化话语体系的构建过程，在历时性、共时性和功用性方面都体现出对马克思主义中国化话语体系内容的不断丰富，形成了立体、多样、全面的马克思主义中国化话语内容。

（一）形成与时俱进的马克思主义中国化话语体系

从历时性角度来看，在不同发展时期，由于时代主题和历史任务不同，所面对的社会矛盾各异，要解决的时代课题也不同，马克思主义中国化需要建构出不同的话语体系。当前，人们一致认为，根据各个历史时期的主题不同，马克思主义中国化话语经由了革命话语、建设话语、改革话语、复兴话语的发展过程，共同构成了马克思主义中国化话语体系。

首先，革命话语是在新民主主义革命时期形成的马克思主义中国化话语。关于中国革命的性质、动力、对象、任务和道路等诸多问题所形成的新观点，构成了以"阶级斗争"为中心的革命话语，为丰富马克思主义中国化话语体系作出了重要贡献。其次，建设话语是在推进社会主义建设时期形成的马克思主义中国化话语。随着社会主义三大改造的完成，我国建立了社会主义制度，意味着我国的革命任务已经完成。建设话语体系完成了从革命时期的革命话语向建设话语的转换，并为后期继续发展丰富马克思主义中国化话语体系奠定了基础。再次，改革话语是在改革开放和社会主义现代化建设时期形成的马克思主义中国化话语。改革话语秉承革命话语的革命性特质，继承并发展建设话语的目标要求，为全面解放生产力、发展生产力，推进社会主义现代化建设提供了思想指导。最后，复兴话语是在新时代中国特色社会主义时期形成的马克思主义中国化话语。实现中华民族伟大复兴是近代以来我国的历史任务，在中国特色社会主义进入新时代的历史时期，随着中国综合国力显著增强，国际地位明显提升，实现中华民族伟大复兴成为摆在中国共产党人面前的新的时代课题。依据中国共产党面临的革命任务、建设任务、改革任务和复兴任务，分别形成的革命话语、建设话语、改革话语和复兴话语，各自为各个时期的社会实践提供了理论指导。也即是说，从历时性发展创建的话语，共同构成了与时俱进的马克思主义中国化话语体系，从纵向发展方面丰富了马克思主义中国化话语体系的内容。

（二）构建全面丰富的马克思主义中国化话语体系

从共时性角度来看，马克思主义中国化话语体系涵盖了对社会实践各领域的思想观点表达。构建马克思主义中国化话语体系，就是不断推进各个领域的中国化马克思主义思想的深化发展。在马克思主义中国化话语体系涵盖的庞大的、系统的中国化马克思主义思想中，最主要的话语有政治话语、经济话语、文化话语、生态话语、人民话语、党建话语、外交话语等。

旗帜鲜明讲政治，是马克思主义政党的根本要求。一直以来，我们党始终把政治建设摆在首位，构建了政治话语。党的十八大以后，习近平时常强调党的政治工作，比如"讲政治是第一位的"。从革命到建设，从改革到复兴，我们党的政治话语内涵得到不断深化和丰富，不断充实马克思主义中国化话语体系。经济建设的极端重要性毋庸置疑，经济话语在马克思主义中国化话语体系发展中也得到了丰富完善。进入新时代，以习近平同志为核心的党中央仍然坚持以经济建设为中心，比如"全面建成小康社会""开启全面建设社会主义现代化国家新征程""坚持以经济建设为中心是党的基本路线的要求"等话语，对经济建设规律的深刻认识不断深化。文化话语可以指导国民开展文化素质建设，也是一个国家文化软实力的对外彰显。中国共产党在对待中华优秀传统文化问题上提出了"创造性转化、创新性发展"新概念，丰富了文化话语。生态话语是马克思主义中国化话语体系的一部分，习近平生态文明思想把生态话语推进到了最高发展水平，它是迄今为止中国共产党人关于人与自然关系最为系统的理论体系和话语体系。人民话语是共产党人的政治立场、群众观念的表达。从"全心全意为人民服务是党的宗旨"到人们衡量一切工作是非得失的"三个有利于"判断标准中的"人民生活水平"标准，从"三个代表"到"以人为本"，从"最牵挂的还是困难群众"到"始终保持同人民群众的血肉联系"，人民话语一贯展现了中国共产党始终把人民利益放在最高位置。党建话语是关于中国共产党建设的思想和理念的表达。"打铁必须自身硬""中央八项规定""全面从严治党永远在路上""勇于自我革命,是我们党最鲜明的品格,也是我们党最大的优势"等一系列从严治党的话语具有原创性,是关于党的建设的新表达。外交话语也是马克思主义中国化话语体系的组成部分之一。习近平外交思想创立了一系列原创性的外交话语,回答了新时代中国需要什么样的外交、怎样办外交;应当推动建设什么样的世界、构建什么样的国际关系等理论和实践问题,建构外交话语体系,深化和拓展了新时代中国的外交思想。以上各领域话语的不断发展与丰富,充实了马克思主义中国化话语体系内容,延展了马克思主义中国化话语体系的宽度。

(三)建立互动协调的马克思主义中国化话语体系

从属性角度来看,马克思主义中国化话语体系包含着不同性质的话语元素。构建马克思主义中国化话语体系,推进政治话语与学术话语的协同与对话,进而推动了马克思主义中国化话语体系的发展。马克思主义中国化话语体系是中国共产党的政党主张、政党意志、政党诉求的集中体现。从属性上讲,马克思主义中国化话语体系是一套表达中国共产党政治主张的话语。马克思主义中国化话语体系是马克思主义在中国的创造性发展,是中国化的马克思主义的思想表达。"马克思主义中国化致力于推动现代中国的思想革命"[1],马克思主义中国化话语体系是中国思想变革的集合体,也是一种学术话语。

首先,马克思主义中国化话语体系的理论根基是马克思主义。马克思主义是人类迄今为止最先进的思想理论体系,也是最科学的理论,是最彻底的理论。马克思主义中国化话语体系是把马克思主义基本原理同中国具体实际相结合、同中华优秀传统文化相结合的产物,是被实践证明了的、符合中国国情的科学理论体系,是解决中国实际问题的学术话语。

其次,构建马克思主义中国化话语体系的方法是科学的。科学理论的形成必须要有科学研究方法的支撑。唯物历史观和唯物辩证法为中国共产党人解释世界和改造世界提供了最根本的科学方法。以此为基础,形成了我们党研究和解决问题所独有的实事求是方法。

最后,形成了中国化的马克思主义思想。马克思主义中国化话语体

---

[1] 项久雨:《百年来马克思主义中国化的基本经验》,《光明日报》2021年12月17日。

系包含了众多新理论、新思想，比如新民主主义革命理论、社会主义初级阶段理论、社会主义本质理论；习近平经济思想、习近平文化思想、习近平法治思想、习近平外交思想、习近平生态文明思想、习近平强军思想等，都是被实践证明的科学理论。马克思主义中国化话语体系是指导中国革命、建设和改革的科学理论，是一套指导中国社会实践活动的学术话语，为不同历史时期党完成政治任务提供科学思想指导。

马克思主义中国化话语体系是价值体系，也是思想体系，不仅是一套政治话语，也是一套学术话语。政治话语和学术话语在指导中国社会实践中发展丰富，不断充实着马克思主义中国化话语体系的内容。

二 马克思主义中国化话语体系的表达日臻完善

科学的理论需要有效的话语表达。一方面，话语表达是话语思想的载体，要准确地表述理论观点需要借助恰当的话语表达方式。另一方面，话语表达影响话语思想的传播，要让话语思想入脑入心就要依托有效的话语表达。正因如此，马克思主义中国化话语体系的发展成熟，形成了一套日趋完善的话语表达方式，为马克思主义中国化话语体系的创新发展提供了方法借鉴。

（一）经典话语与时代话语相衔接

经典话语是经过时间考验和实践验证，得到人们普遍认可，并且是对话语本质属性进行标识的话语内容。马克思主义基本原理是马克思主义中国化话语体系的经典话语。从马克思主义中国化话语体系的构建来看，无论话语创新发展到何种程度，但对马克思主义经典话语的坚守是永恒不变的铁律。正如习近平所指出："时代在变化，社会在发展，但马克思主义基本原理依然是科学真理。"① 马克思主义中国化话语体系始终坚守马克思主义的经典话语从未有过改变。与此同时，马克思主义不是僵化的教条，必须随着时代的发展而发展。时代话语是马克思主义时代化的新表达，是对经典话语的创新发展。马克思主义中国化话语体系形成了经典话语与时代话语相衔接的话语典范，正如毛泽东所提供的话语表达方法，"马克思主义的'本本'是要学习的，但是必须同我国的实际

---

① 《习近平谈治国理政》（第二卷），外文出版社2017年版，第66页。

情况相结合"①。"人与自然是生命共同体"话语，既没有抛弃马克思主义关于人与自然关系的基本原则，又凸显了人与自然内在关联的时代需要，实现了经典话语与时代话语相衔接的话语表达。经典话语与时代话语相衔接的话语表达方式，是构建马克思主义中国化话语体系中"不变"与"变"的结合。

（二）外来话语与民族话语相融合

外来话语是相较于中华民族根脉的民族文化而言。民族话语是指融合中国传统文化而创生的话语表达。马克思主义中国化话语体系的构建，实现了外来话语与民族话语相融合的话语表达。在马克思主义中国化话语体系构建过程中，从毛泽东非常重视将外来话语的马克思主义与中国传统文化的民族话语相融合。他在党的六届六中全会上指出："我们这个民族有数千年的历史，有它的特点，有它的许多珍贵品。对于这些，我们还是小学生。今天的中国是历史的中国的一个发展；我们是马克思主义的历史主义者，我们不应当隔断历史。"②因此毛泽东提出了"马克思主义中国化"命题，不仅强调马克思主义要与中国的现实实际情况相结合，也强调要与中国的历史实际，即中国传统文化相结合。毛泽东本人也用实际行动做出了表率，他采用外来话语与民族话语相融合的话语表达创新发展了马克思主义中国化话语。马克思主义中国化话语体系凸显了外来话语与民族话语相融合的话语表达方式，实现了马克思主义与中国传统文化的有机融合，形成了具有鲜明的中国特色、中国风格和中国气派的马克思主义中国化话语。外来话语与民族话语相融合的话语表达方式，是构建马克思主义中国化话语体系中"外来"与"本来"的融合。

（三）政治话语与大众话语相协调

政治话语是中国共产党人传递自身的政治主张、发布政治号令的话语。大众话语，并非来自人民群众创造的话语，而是指马克思主义中国化话语构建者创建的能够为人民大众所理解和接受的话语。马克思主义中国化话语体系实现了政治话语与大众话语相互协调，促进了中国共产党的政党意志与人民群众切实利益的良性互动。习近平的"大白话"更

---

① 《毛泽东选集》第一卷，人民出版社 1991 年版，第 111—112 页。
② 《毛泽东选集》第二卷，人民出版社 1991 年版，第 533—534 页。

是不胜枚举,"绿水青山就是金山银山""鞋子合不合脚,自己穿了才知道"等话语,把中国共产党是什么、要干什么的根本问题,转换为人民群众也能够关心、也能够参与的具体事项。马克思主义中国化话语体系构建过程中所形成的政治话语与大众话语相协调的话语表达方式,把那些抽象的、刚性的代表阶级利益的政党主张,变为具体的、形象的、柔性的人民群众的利益关切,实现了中国共产党与人民群众利益的同频共振。习近平要求讲好中国故事,让党的创新理论"飞入寻常百姓家",他率先垂范在马克思主义大众化的话语创新中作出了极大贡献。"最高限度的马克思主义=最高限度的通俗和简单明了。"① 这是列宁对马克思主义大众化的经典概括。政治话语与大众话语相协调的话语表达方式,是构建马克思主义中国化话语体系中"上"与"下"的协同。

三 马克思主义中国化话语体系的功能日益多元

话语是一种思想、理念的表达,构建话语的根本目的在于向社会传递话语建构者的理念和主张,并达成共识意见。马克思主义中国化话语体系在社会秩序中的功能凸显,表现在党内、国内和国际范围内维护秩序规约作用的不断深化,丰富了马克思主义中国化话语体系。

(一) 有助于统一党内思想

马克思主义中国化话语体系是一脉相承的马克思主义理论体系,始终以马克思主义为指导思想。"指导思想是一个政党的精神旗帜,旗帜引领方向、指明道路、凝聚思想、激励斗志。"② 对于话语建构者的中国共产党而言,马克思主义中国化话语体系促进党内统一思想、坚定意志、统一行动,使党成为统领党和国家事业的坚强领导集体。马克思主义中国化话语体系使全党有了坚定的理想信念。马克思主义中国化话语体系是中国共产党政治意图的表达,为中国共产党人提供了明确的政治追求。习近平新时代中国特色社会主义思想始终强调中国共产党人坚定共产主义远大理想和中国特色社会主义共同信念的初心使命,把满足人民群众对美好生活的向往、实现中华民族伟大复兴作为新时代中国共产党人的

---

① 《列宁全集》第 36 卷,人民出版社 1959 年版,第 467 页。
② 颜晓峰:《马克思主义中国化的重大实践意义和理论价值》,《紫光阁》2016 年第 8 期。

奋斗目标。马克思主义中国化话语体系为中国共产党人树立了实现共产主义的恒定目标，使中国共产党人有了一致的崇高追求，形成了坚定的理想信念。马克思主义中国化话语体系使全党有了统一的行动。理论是行动的先导。马克思主义中国化话语体系为一代代中国共产党人指明了行动方向，形成了聚焦时代任务的马克思主义中国化话语体系，使全党能够时刻明晰中国共产党是什么、要干什么这个根本性的理论和实践问题，为中国共产党治国理政提供了方向指引和行动指南。

（二）有助于守住人民之心

作为政党政治主张的话语，只有获得人民群众的理性认同，并形成共同价值观念，其价值才得以实现。否则，话语就只是政党意志的独角表演，甚至可能受到民众的对抗。事实证明，马克思主义中国化话语体系是深受人民群众认同的科学理论，发挥了赢得群众的功能，守住了人民之心。人民主体的话语立场代表了群众。中国共产党是无产阶级政党，坚持以人民为中心的价值取向，始终代表着人民群众的切身利益，实现了党性与人民性的有机统一。体现在话语上，马克思主义中国化话语体系的初心是为人民立言。当前，中国共产党"把人民对美好生活的向往作为奋斗目标"，努力推动改革发展成果更多更公平地惠及全体人民，将构建马克思主义中国化话语体系落脚到人民生活的幸福感和获得感，赢得了群众，获得了民心。人民利益的话语指向依靠了群众。根据人民群众的利益和要求，马克思主义中国化话语体系提出了不同历史阶段的任务、制定出相应的路线和政策，并依靠人民群众完成这些任务。马克思主义中国化话语体系体现人民利益着力点，充分调动了人民群众的积极性，增加了参与度，依靠人民群众的支持，中国共产党取得了革命、建设和改革的胜利。

（三）有助于增进国际认同

从国际范围来看，马克思主义中国化话语体系在国际社会发挥的作用，从最初让世界了解和认识中国、中国共产党，发展到当前中国向世界贡献中国智慧、提供中国方案，不仅宣传了中国共产党的政治主张，也向世界提供了可供参考的中国式发展道路，增进了国际社会对中国特色社会主义道路、理论、制度和文化的认同。马克思主义中国化话语体系发挥了国际宣传作用，促进国际社会了解中国共产党的政治理念。

习近平新时代中国特色社会主义思想向国际社会阐释了中国关于推进全球治理体系变革的理念，主张坚持共商共建共享的全球治理原则，推动构建以合作共赢为核心的新型国际关系，提倡构建人类命运共同体。这些重要论述，向世界传播了我国关于推动全球治理体系变革的理念，为破除霸权主义、单边主义做出积极努力，代表广大新兴市场国家和发展中国家在全球治理中贡献了中国智慧。事实证明，中国共产党人通过马克思主义中国化话语体系，客观地向世界展现了自己的基本理论主张和核心政治理念，扩大了自己的世界性影响，又为世界人民提供了政策参考，有力增进了国际认同。

第二节 丰富马克思主义理论的思想宝库

马克思主义中国化话语体系的丰富与发展，向世界充分展示了马克思主义的强大生命力。生命力源于创新。马克思主义的强大生命力，源于其在中国实践中所取得的创新发展。中国共产党始终将马克思主义写在自己的旗帜上，马克思主义中国化话语体系构建过程中既始终以马克思主义理论为指导地位，又与时俱进地推进着马克思主义的创新发展，所创立的马克思主义中国化时代化理论丰富了马克思主义理论的思想宝库。

一 在一脉相承中坚持马克思主义基本原理

一种理论的丰富和发展，其前提是坚持这种理论，绝不是抛弃这种理论而另起炉灶。坚持马克思主义基本原理是发展和丰富马克思主义理论的前提。在坚持马克思主义基本原理中不断推进马克思主义中国化话语体系的发展和完善，可以为丰富马克思主义作出更为巨大的贡献。

（一）坚持以实践为逻辑起点

实践的观点是马克思主义的根本观点，实践性是马克思主义固有的理论品质。习近平指出："实践的观点、生活的观点是马克思主义认识论的基本观点，实践性是马克思主义理论区别于其他理论的显著特征。"① 从中国实际出发，坚持以实践为起点，马克思主义中国化话语体系在坚守马克思主义理论品质中不断丰富着马克思主义。习近平新时代中国特色社会主义思想是马克思主义中国化时代化的最新理论成果。"五位一体"总体布局、"四个全面"战略布局、四个伟大工程、习近平生态文明思想、人类命运共同体理念、党的建设等思想理论，都是在坚持马克思主义基本原理的前提下，统筹把握中华民族伟大复兴战略全局和世界百年未有之大变局，应对世界形势的深刻变化，推进实现中华民族伟大复兴的时代背景中提出来的，是在新的历史方位与时代条件下有效回答新的重大时代课题而形成的思想结晶。马克思主义生成于实践，又推动着实践的发展。马克思主义中国化话语体系是对中国社会实践的经验总结，是针对我国从半殖民地半封建社会到全面建设社会主义现代化国家的历程中的诸多实际问题而形成的创新理论。马克思主义中国化话语体系的构建既坚持马克思主义实践观，时时体现结合中国的具体实际，又始终坚持问题导向，在坚持马克思主义实践观中发展着马克思主义。

（二）坚持解释世界与改变世界的统一

在《关于费尔巴哈的提纲》中，马克思以"哲学家们只是用不同的方式解释世界，问题在于改变世界"作为整个提纲的结束语，这一论断成为马克思主义哲学的理论宣言。② 马克思主义是我们认识世界和把握规律的科学真理，是我们改造世界的思想武器。将解释世界与改变世界相统一，是马克思主义与旧哲学的本质差异界限。马克思主义中国化话语体系在坚持解释世界与改变世界的统一中，不断发展马克思主义。马克思主义中国化话语体系是关于中国革命、建设和改革实践的思想理论体系，又指导我国取得了新民主主义革命和社会主义革命的胜利，开辟出了中国特色社会主义道路。马克思主义中国化话语体系的不断发展，就是沿用马克思主义理论和马克思主义中国化最新理论成果改造世界，又

---

① 中共中央党史和文献研究院编：《十九大以来重要文献选编》（上），中央文献出版社2019年版，第424页。

② 范迎春：《马克思主义哲学的解释世界与改变世界的内在贯通》，《青海社会科学》2017年第3期。

在改造世界的实践中发现新情况、解决新问题、提出新方案，继而创造出新理论。因此，在坚持马克思主义解释世界与改造世界相统一的哲学特质中，马克思主义中国化话语体系丰富发展了马克思主义。

（三）坚持人民至上的价值立场

人民性是马克思主义最鲜明的品格。马克思在《神圣家族》中写道，"历史活动是群众的事业，随着历史活动的深入，必将是群众队伍的扩大"①，直接表明了人民群众创造历史的思想。在《共产党宣言》中，马克思和恩格斯号召广大无产阶级团结起来推翻资产阶级的统治，通过斗争获取阶级解放。自此，马克思主义成为人民群众开展解放运动的理论武器，让人民获得解放是马克思主义的价值旨归，人民性成为马克思主义的亮丽底色。中国共产党始终坚持马克思主义的人民性，马克思主义中国化话语体系充分贯彻了马克思主义人民性理念。习近平新时代中国特色社会主义思想也具有鲜明的人民性，让人民生活幸福是"国之大者""小康路上一个都不能掉队""把人民对美好生活的向往作为奋斗目标""发展成果更多更公平惠及全体人民"等话语是习近平新时代中国特色社会主义思想的重要内容。习近平新时代中国特色社会主义思想"贯穿着一条人民红线，充满了一种人民情怀，坚守住一个人民立场"②，"人民至上"的价值理念贯穿其始终。马克思主义中国化话语体系把人民立场作为话语建构前提，把人民利益作为话语建构标准，坚持了马克思主义的人民性，又发展了马克思主义。

二 在与时俱进中发展创新马克思主义

马克思主义是一个开放的理论体系，与时俱进是其理论品格。马克思主义中国化话语体系在理论内涵上发展马克思主义，其实事求是、解放思想、求真务实是三个重要途径，也是与时俱进地丰富马克思主义的三个重要理论内涵。

（一）实事求是是推进马克思主义中国化时代化的科学态度

时代是思想之母，实践是理论之源。构建马克思主义中国化话语体

---

① 《马克思恩格斯全集》第2卷，人民出版社1957年版，第104页。
② 张效廉：《马克思主义政党人民性理论与实践的新境界》，《红旗文稿》2021年第22期。

系，需要实事求是地对待马克思主义，需要在实事求是地解决实际问题中发展马克思主义，进而推进马克思主义的发展。构建马克思主义中国化话语体系，是以中国共产党人实事求是的态度准确理解和把握马克思主义为前提。马克思主义是人类社会的科学理论体系，又是时代的产物，客观上要求既坚持马克思主义又发展马克思主义。构建马克思主义中国化话语体系，是中国共产党人实事求是地解答时代课题和社会实践课题所形成的理论成果。构建马克思主义中国化话语体系的过程，就是中国共产党人实事求是地回答时代课题，并对实践经验进行总结提炼进而形成新理论的过程。在推进马克思主义中国化话语体系构建过程中，实事求是思想路线为其奠定了理论品格，同时又不断形成新的马克思主义中国化理论成果，也与时俱进地发展了马克思主义理论。

（二）解放思想是推进马克思主义中国化时代化的基本条件

任何一种理论都是某种思想的体现，理论创新必定是不断进行思想解放的结果。马克思主义中国化话语体系，是在坚持马克思主义基本原理的前提下，不断解放思想的理论成果结晶。解放思想是推进马克思主义中国化时代化的基本条件，推进了马克思主义中国化话语体系的构建，马克思主义也在不断解放思想中得到了丰富和发展。从建构过程来看，解放思想为马克思主义中国化话语体系的构建提供了思想保证和创造了基本条件。马克思主义中国化话语体系构建，是在充分解放思想的条件下，用马克思主义的立场、观点和方法，分析和解决中国革命、建设和改革的实际问题，并把这些在实践中形成的丰富经验加以科学总结概括，进而提炼上升为理论。在一次次的解放思想过程中，中国共产党人走出固化思维模式，突破旧的过时的传统观念束缚，形成了符合实际、符合客观的新的思想和理论，推进了马克思主义中国化话语体系构建，发展了马克思主义。从结果来看，马克思主义中国化话语体系是中国共产党人解放思想的理论结晶。没有思想解放，就没有理论创新，就没有马克思主义中国化发展，就没有马克思主义中国化话语体系的构建，更没有马克思主义的丰富与发展。解放思想促进了马克思主义中国化理论成果的发展创新，推进了马克思主义中国化话语体系的形成，与时俱进地丰富了马克思主义理论。

(三) 求真务实是推进马克思主义中国化时代化的重要方法

求真务实是中国共产党一以贯之的思想路线，是推进马克思主义中国化时代化的思想方法。求真务实推进了马克思主义中国化话语体系的构建，进而也丰富了马克思主义。求真务实方法促进马克思主义中国化话语体系发展，其中中国特色社会主义理论体系就是一个典型例证。党的十九大报告指出，习近平新时代中国特色社会主义思想的创立是"坚持解放思想、实事求是、与时俱进、求真务实，坚持辩证唯物主义和历史唯物主义"①的结果。事实上，党的创新理论都是坚持解放思想、实事求是、与时俱进、求真务实的结果，即马克思主义中国化话语体系都是解放思想、实事求是、与时俱进、求真务实的结果。正是基于实事求是、解放思想、求真务实，马克思主义中国化话语体系才有了与时俱进的品格，才实现了不断发展创新，才不断丰富着马克思主义的思想宝库。

三 实现马克思主义中国化的不断飞跃

实践是理论之源，理论在实践中得到不断丰富和发展。一百余年来，中国共产党始终以马克思主义为理论指导，又在实践中不断推进理论创新，实现马克思主义中国化理论成果的创新性发展。习近平曾指出："我们党的历史，就是一部不断推进马克思主义中国化的历史，就是一部不断推进理论创新、进行理论创造的历史。"② 根据中国国情，结合各个时期党面临的主要任务，中国共产党构建了与各个时期历史任务相契合的马克思主义中国化话语，实现了马克思主义中国化的飞跃，丰富了马克思主义理论的思想宝库。

(一) 毛泽东思想是马克思主义中国化的第一次历史性飞跃

党的十九届六中全会通过的《中共中央关于党的百年奋斗重大成就和历史经验的决议》明确指出："毛泽东思想是马克思列宁主义在中国的创造性应用和发展，是被实践证明了的关于中国革命和建设的正确的理论原则和经验总结，是马克思主义中国化的第一次

---

① 《习近平谈治国理政》（第三卷），外文出版社2020年版，第15页。
② 《习近平谈治国理政》（第四卷），外文出版社2022年版，第510页。

历史性飞跃。"① 毛泽东思想贯穿于新民主主义革命、社会主义革命和社会主义建设时期，指导我国取得了新民主主义革命胜利，为实现中华民族伟大复兴创造了根本社会条件；指导我国取得社会主义革命的胜利，对社会主义建设进行了积极探索，为当代中国发展进步奠定了根本政治前提和制度基础。毛泽东思想内容丰富，思想博大精深，体现为"六+一"格局②。"六"即在六个方面的理论新概括，具体包括新民主主义革命、社会主义革命和社会主义建设、革命军队的建设和军事战略、政策和策略、思想政治工作和文化工作、党的建设六个方面。"一"即毛泽东思想的活的灵魂。毛泽东思想的活的灵魂是贯穿于毛泽东思想各个组成部分的立场、观点和方法，"为党和人民事业发展提供了科学指引"③。毛泽东思想"以独创性的理论丰富和发展了马克思列宁主义"④的内容，"是马克思列宁主义在中国的创造性应用和发展"⑤，在马克思主义中国化话语体系构建中具有奠基性作用，具有开创性伟大意义，使马克思主义思想宝库在中国大地得到第一次丰富和发展。

（二）中国特色社会主义理论体系实现了马克思主义中国化新的飞跃

中国特色社会主义理论体系是包括邓小平理论、"三个代表"重要思想、科学发展观在内的科学理论体系。中国特色社会主义理论体系从新的实践和时代特征出发，坚持和发展了马克思主义，"科学回答了建设中国特色社会主义的发展道路、发展阶段、根本任务、发展动力、发展战略、政治保证、祖国统一、外交和国际战略、领导力量和依靠力量等一系列基本问题"，"实现了马克思主义中国化新的飞跃"⑥。邓小平理论是

---

① 《中共中央关于党的百年奋斗重大成就和历史经验的决议》，人民出版社2021年版，第13页。

② 石仲泉：《论党的指导思想的三次飞跃——学习〈中共中央关于党的百年奋斗重大成就和历史经验的决议〉》，《毛泽东邓小平理论研究》2021年第11期。

③ 《中共中央关于党的百年奋斗重大成就和历史经验的决议》，人民出版社2021年版，第13页。

④ 《中国共产党中央委员会关于建国以来党的若干历史问题的决议》，人民出版社1981年版，第40页。

⑤ 《中共中央关于党的百年奋斗重大成就和历史经验的决议》，人民出版社2021年版，第13页。

⑥ 《中共中央关于党的百年奋斗重大成就和历史经验的决议》，人民出版社2021年版，第18页。

围绕什么是社会主义、怎样建设社会主义这一根本问题的一系列原创性新思想、新政策和新战略。邓小平理论深刻揭示了社会主义的本质，确立了社会主义初级阶段的基本路线，创造性地发展了马克思主义，开拓了马克思主义中国化的新境界。"三个代表"重要思想是对马克思主义中国化理论的坚持和发展，加深了对什么是社会主义、怎样建设社会主义和建设什么样的党、怎样建设党的认识，成功把中国特色社会主义推向21世纪。科学发展观继续发展了马克思主义中国化理论，深刻认识和回答了新形势下实现什么样的发展、怎样发展等重大问题，在全面建设小康社会进程中推进了理论创新，并成功在新形势下坚持和发展了中国特色社会主义。中国特色社会主义理论体系坚持中国特色社会主义理论主题，既坚持了马克思主义，是与之一脉相承的思想体系，又发展了马克思主义，是与时俱进的思想体系。中国特色社会主义理论体系丰富和发展了马克思主义中国化理论，是马克思主义中国化新的飞跃，又丰富和发展了马克思主义思想宝库。

（三）习近平新时代中国特色社会主义思想实现了马克思主义中国化新的飞跃

习近平新时代中国特色社会主义思想是对新时代课题的科学回答。这些新时代课题具体包括新时代坚持和发展什么样的中国特色社会主义、怎样坚持和发展中国特色社会主义、建设什么样的社会主义现代化强国、怎样建设社会主义现代化强国、建设什么样的长期执政的马克思主义政党、怎样建设长期执政的马克思主义政党等。科学回答这些时代课题，习近平新时代中国特色社会主义思想是科学回答中国之问、世界之问、人民之问、时代之问的理论成果和智慧结晶，开辟了马克思主义中国化的新境界，把马克思主义中国化提到了更高更新的阶段。习近平新时代中国特色社会主义思想是新时代治国理政的新理念、新思想、新战略，是一系列的原创性思想。习近平新时代中国特色社会主义思想统筹中华民族伟大复兴的战略全局和世界百年未有之大变局，丰富和发展了马克思主义哲学、政治经济学、科学社会主义、建党学说，极大地丰富和发展了马克思主义理论。从马克思主义中国化的层面，习近平新时代中国特色社会主义思想是马克思主义中国化的最新理论成果，是马克思主义中国化话语体系的最新表达。从马克思主义发展史层面，习近平新时代中国特色社会主义思想"开创了马克思主义在新世纪发展的最新形态"[①],是马克思主义发展史过程中的重大理论成果,极大地丰富和发展了马克思主义思想宝库。

第三节 凝聚建设社会主义现代化强国的磅礴伟力

在庆祝中国共产党成立100周年大会上,习近平庄严宣告,我们"正在意气风发向着全面建成社会主义现代化强国的第二个百年奋斗目标迈进"[②]。中华民族迎来了从站起来、富起来到强起来的伟大飞跃,迎来了实现伟大复兴的光明前景,彰显了马克思主义及其马克思主义中国化理论成果运用于中国革命、建设、改革实践所迸发出的巨大物质力量和精神动能。

一 增强马克思主义理论的真理力量

思想是行动的先导,理论是实践的指南。马克思主义是认识世界、改造世界的科学真理。列宁曾指出,"沿着马克思的理论的道路前进,我们将愈来愈接近客观真理(但决不会穷尽它);而沿着任何其他的道路前进,除了混乱和谬误之外,我们什么也得不到"[③]。在中国大地上,中国共产党与时俱进地推进马克思主义中国化话语体系不断丰富和发展,马克思主义的科学性和真理性在中国得到充分检验,彰显出了马克思主义理论武装的强大真理力量,也为社会主义现代化强国建设提供了真理力量。

(一)确立马克思主义中国化最新成果的指导地位

习近平新时代中国特色社会主义思想是马克思主义中国化话语体系的最新理论成果,是当代中国马克思主义,有系统科学的理论体系,又被证明具有强大的实践伟力,是新时代中国特色社会主义现代化强国建

[①] 顾海良:《马克思主义中国化历史与理论的创新性探索》,《社会科学文摘》2022年第3期。
[②] 《习近平谈治国理政》(第四卷),外文出版社2022年版,第3页。
[③] 《列宁选集》第2卷,人民出版社2012年版,第103—104页。

设事业的指导思想。习近平新时代中国特色社会主义思想始终坚持马克思主义基本原理，始终坚持科学社会主义基本原则，始终坚持运用辩证唯物主义和历史唯物主义世界观方法论观察世界、指导实践，一以贯之地坚持了马克思主义。同时，习近平新时代中国特色社会主义思想又对马克思主义哲学、政治经济学、科学社会主义作出了许多重大原创性创新，是马克思主义中国化时代化的最新理论成果。在当代中国，坚持和发展习近平新时代中国特色社会主义思想，就是真正坚持和发展马克思主义。马克思主义中国化话语体系发展至今，面对世界百年未有之大变局和实现中华民族伟大复兴的战略全局，要将习近平新时代中国特色社会主义思想作为党和国家各项事业的指导思想。"坚持用习近平新时代中国特色社会主义思想武装头脑，根本目的在于指导实践、推动工作。"① 确立习近平新时代中国特色社会主义思想的指导地位，对新时代党和国家事业发展、对推进中华民族伟大复兴历史进程具有决定性意义。

（二）坚持用马克思主义中国化创新理论武装全党

马克思主义中国化话语体系是不断丰富和发展马克思主义的理论成果，是运用马克思主义理论认识和改造中国的实践智慧结晶，是中国共产党开展思想建党、实现理论武装的中国化马克思主义理论。事实证明，只要坚持用马克思主义武装全党，不断推进马克思主义中国化话语体系发展，就能确保中国共产党发挥社会主义事业领导核心作用，就能确保党和国家各项事业沿着正确方向发展，就能开创中国特色社会主义事业新局面。一旦偏离马克思主义理论指导，一旦放弃发展马克思主义中国化话语体系，不管是持右倾思想之人还是持"左"倾思想之人，都会给全党带来重大危害。正如习近平指出："我们党之所以能够完成近代以来各种政治力量不可能完成的艰巨任务，带领人民取得革命、建设、改革的辉煌成就，就在于始终把马克思主义作为行动指南，始终坚持用马克思主义中国化最新成果武装全党，使全党始终保持统一的思想、坚定的意志、协调的行动、强大的战斗力。"② 不断推进马克思主义中国化话语

---

① 中共中央宣传部：《习近平新时代中国特色社会主义思想学习纲要》，学习出版社、人民出版社2019年版，第258页。

② 《习近平谈治国理政》（第四卷），外文出版社2022年版，第502—503页。

体系的创新发展，真正做到理论创新每前进一步，理论武装就跟进一步，就能为新时代中国特色社会主义现代化建设事业保驾护航。

（三）展示马克思主义的强大生命力

马克思主义是科学的理论体系，但又不是僵化的"最终真理"，它会随着人类社会实践的发展而丰富。恩格斯指出："我们的理论是发展着的理论，而不是必须背得烂熟并机械地加以重复的教条。"① 在中国，构建起来的马克思主义中国化话语体系充分检验了马克思主义的科学性和真理性，充分贯彻了马克思主义的人民性和实践性，充分彰显了马克思主义的开放性和时代性，向世界展示了马克思主义的强大生命力。进入新时代，面临统筹中华民族伟大复兴战略全局和世界百年未有之大变局的新时期，习近平新时代中国特色社会主义思想回应新时代对党和国家事业发展提出的新要求，在经济建设、政治建设、文化建设、生态文明建设、国际关系等方面提出了一系列具有战略性、前瞻性、创造性的新理念、新思想、新战略，彰显了马克思主义的开放性和时代性。习近平曾评价说，"在人类思想史上，就科学性、真理性、影响力、传播面而言，没有一种思想理论能达到马克思主义的高度，也没有一种学说能像马克思主义那样对世界产生了如此巨大的影响。这体现了马克思主义的巨大真理威力和强大生命力，表明马克思主义对人类认识世界、改造世界、推动社会进步仍然具有不可替代的作用"②。马克思主义中国化话语体系凸显了马克思主义的强大生命力。

二 深化马克思主义理论的实践力量

实践是检验真理的唯一标准。中华儿女用铁的事实向世界证明，马克思主义是适合中国的科学理论，马克思主义中国化理论是指导中国实践的科学理论，在中国大地上始终坚持用马克思主义指导中国实践是正确的、成功的，为推进社会主义现代化强国建设展现了高举马克思主义科学理论旗帜的实践力量。

---

① 《马克思恩格斯选集》第 4 卷，人民出版社 2012 年版，第 588 页。
② 《习近平谈治国理政》（第二卷），外文出版社 2017 年版，第 65 页。

(一) 历史性成就为社会主义现代化强国建设奠定实践基础

社会主义现代化强国建设是实现中华民族伟大复兴征程中的新发展阶段。新时代中国特色社会主义的伟大成就，为实现中华民族伟大复兴提供了更为完善的制度保证、更为坚实的物质基础、更为主动的精神力量，这些历史性成就为推进社会主义现代化强国建设奠定了坚实的实践基础。纵观中华民族在实现复兴之路中所创造的历史性成就，其中关键之一在于始终高举马克思主义旗帜，始终坚持用马克思主义指导中国的革命、建设和改革实践。进入中国特色社会主义新时代，在习近平新时代中国特色社会主义思想指导下，中国共产党带领全国各族人民解决了许多长期想解决而没有解决的难题，办成了许多过去想办而没有办成的大事。无论是科技攻关还是国防外交，无论是物质文明建设还是精神文化塑造都实现了重大突破，党和国家事业取得了历史性成就，发生了历史性变革，创造了新时代中国特色社会主义的伟大成就。总之，中华民族迎来从站起来到富起来再到强起来的伟大飞跃，中国取得革命、建设和改革的伟大成就，这些伟大成果都是在马克思主义指导下实现的，为继续推进社会主义现代化强国建设凝聚了高举马克思主义伟大旗帜的实践伟力。

(二) 综合国力提升为社会主义现代化强国建设增强发展自信

习近平曾指出："当今世界，要说哪个政党、哪个国家、哪个民族能够自信的话，那中国共产党、中华人民共和国、中华民族是最有理由自信的。"[①] 自信来自我国综合国力的提升，归根结底来自我国的道路自信、理论自信、制度自信和文化自信，来自对马克思主义的自信。我国综合国力提升向世界证明了马克思主义中国化的成功，证明了马克思主义中国化话语体系的实践伟力。党的十八大以来，在习近平新时代中国特色社会主义思想指导下，党和国家事业取得了历史性成就、发生了历史性变革。从新民主主义革命时期到中国特色社会主义新时代，在马克思主义指导下，我国取得的开天辟地、改天换地、翻天覆地、惊天动地的伟大成就，为推进社会主义现代化强国建设增强了发展信心。坚持马克思主义基本原理，坚持以马克思主义中国化理论为

---

① 习近平：《在庆祝中国共产党成立 95 周年大会上的讲话》，《求是》2021 年第 8 期。

指导，中国创造了革命、建设和改革的辉煌成就，为我国继续推进社会主义现代化强国建设展现了马克思主义中国化话语体系的实践力量。

（三）国际地位提高为社会主义现代化强国建设提供外部条件

一个国家国际地位的提升，不仅展现了国家实力，更为国家发展创造了良好条件。中国国际地位的提升，是中国各方面综合实力增强的结果，得益于中国共产党的领导，也得益于其他诸多方面的因素。其中，坚持以马克思主义为指导思想是非常重要的一条，"中国国际地位的梯级攀升，是坚持继承、创新和发展马克思主义理论的结果"[1]。因为是在马克思主义指导下，才有了中国特色社会主义为世界社会主义运动发展作出的杰出贡献，才有了中国特色社会主义在两种社会制度较量中的突出表现。科学社会主义在21世纪的中国焕发出新的蓬勃生机，中国正以昂扬的姿态屹立于世界东方。中国日益走近世界舞台中央，正成为举足轻重的世界大国，"实现了从地区性大国走向国际中心的大国到具有世界影响力强国的历史性飞跃"[2]。中国特色社会主义为什么好，是因为马克思主义行，是因为中国化时代化的马克思主义行。中国国际地位的提升，展示出了马克思主义中国化话语体系的实践力量，为我国继续推进社会主义现代化强国建设营造了良好社会氛围和政治环境。

三　彰显马克思主义理论的精神力量

马克思主义是人类文明的瑰宝，它不仅仅是真理，是一种学说，也是指导全人类获得彻底解放的锐利武器。马克思主义中国化话语体系承续了马克思主义的精神特质，增强了党的历史主动精神，增强了人民群众的创新精神，增强了民族凝聚力。推进中国特色社会主义现代化强国建设，充分汲取马克思主义理论成果智慧，将为其获得强大精神动能。

（一）坚持马克思主义，增强历史主动精神

"拥有马克思主义科学理论指导是我们党坚定信仰信念、把握历史主

---

[1] 张卫良、谢耄宜：《中国共产党成立100周年与中国国际地位梯级上升》，《湖南大学学报》（社会科学版）2021年第3期。

[2] 张卫良、谢耄宜：《中国共产党成立100周年与中国国际地位梯级上升》，《湖南大学学报》（社会科学版）2021年第3期。

动的根本所在。"① 中国共产党创造的重大成就，是中国共产党人始终坚持马克思主义基本原理，用马克思主义的立场、观点、方法把握人类社会发展规律，把握中国各个时代的社会主要矛盾，进而明确时代主题、聚焦时代任务、满足历史需求的结果，是中国共产党人把握历史主动的结果。从理论形态表现上看，马克思主义中国化话语体系是中国共产党历史主动精神的载体。在新时代，习近平新时代中国特色社会主义思想统筹了中华民族伟大复兴战略全局和世界百年未有之大变局，掌握了开创中国特色社会主义新时代的历史主动。我们要始终坚持马克思主义基本原理。马克思主义的真理性为我们党把握历史主动提供了科学指导，马克思主义的人民性为我们党把握历史主动指明了动力源泉，马克思主义的实践性为我们党把握历史主动明确了行动指南。马克思主义中国化话语体系是我们党把握社会发展大势、抓住时代机遇、开辟事业新局面的指导思想，为推进中国特色社会主义现代化强国建设注入了强大精神力量，帮助中国共产党人始终站在"历史正确的一边""人类进步的一边"。

（二）坚持守正创新，增强创新精神

历史唯物主义认为，人民群众是社会历史发展的参与者与推动者，人民群众是社会历史活动的主体，是推动社会历史变革的决定力量。马克思主义中国化话语体系坚持马克思主义的群众观，立足中国实际守正创新，尊重人民创造，集中人民智慧，增强了中国人民的创新精神，为中国特色社会主义现代化强国事业注入了活力。马克思主义中国化话语体系反映了中国人民的创新精神，激发了中国人民的创新精神。邓小平曾指出："其实很多事是别人发明的，群众发明的，我只不过把它们概括起来，提出了方针政策。"② 这充分肯定了人民群众在开创中国特色社会主义事业中的创造性作用。"新时代的伟大成就是党和人民一道拼出来、干出来、奋斗出来的！"③ 在迈向第二个百年奋斗目标的新征程中，马克思主义中国化话语体系将为推进中国特色社会主义现代化强国建设贡献

---

① 习近平：《高举中国特色社会主义伟大旗帜　为全面建设社会主义现代化国家而团结奋斗：在中国共产党第二十次全国代表大会上的报告》，人民出版社2022年版，第16页。
② 《邓小平文选》第三卷，人民出版社1993年版，第272页。
③ 习近平：《高举中国特色社会主义伟大旗帜　为全面建设社会主义现代化国家而团结奋斗：在中国共产党第二十次全国代表大会上的报告》，人民出版社2022年版，第15页。

人民智慧，将继续为我们提供强大精神动力。

（三）坚定理论自信，增强民族凝聚力

"团结就是力量，团结才能胜利。"[①] 用共同理想信念凝聚民族意志，就能更加紧密地把全国各族人民、海内外中华儿女团结起来，形成同心共圆中国梦的强大合力。坚定中国化马克思主义的理论自信就是坚定对实现中华民族伟大复兴的自信，就能凝聚建设社会主义现代化强国的民族力量。马克思主义中国化话语体系是时代的产物，能够明确时代要求，能够抓住时代中心任务，能够破解时代难题，能够为全体中华儿女指明奋斗方向。始终坚持中国特色社会主义理论自信，把马克思主义作为中国社会实践变革的理论指导，为全体中华儿女统一认识、统一行动奠定了思想基础。以马克思主义为指导，在推动实现中华民族伟大复兴的共同目标下，能够不断增强中华民族凝聚力向心力，为建设社会主义现代化强国汇聚强大力量。

第四节　展现人类文明新形态的丰富内容

话语体系是文化的载体。人类文明新形态是特指中国特色社会主义的文明形态，是中国共产党领导广大中国人民实现中华民族伟大复兴、开创中国式现代化道路而形成的文明形态。马克思主义中国化话语体系承载着人类文明新形态。马克思主义中国化话语体系所展现的人类文明新形态，吸纳又超越了传统中华文化、传统社会主义模式文明和西方现代文明，为世界文明建设贡献了中国智慧。

一　推动中华文明的现代转型

《中共中央关于党的百年奋斗重大成就和历史经验的决议》中明确指出，中国共产党人始终"坚持把马克思主义基本原理同中国具体实际相结合、同中华优秀传统文化相结合"[②]。构建马克思主义中国化话语体系

---

① 习近平：《高举中国特色社会主义伟大旗帜　为全面建设社会主义现代化国家而团结奋斗：在中国共产党第二十次全国代表大会上的报告》，人民出版社2022年版，第70页。
② 《中共中央关于党的百年奋斗重大成就和历史经验的决议》，人民出版社2021年版，第67页。

体现了用马克思主义对传统中华文化的现代再造,促成了中华传统文化的涅槃新生。因此,从世界文明形态来看,马克思主义中国化话语体系所展现的是中华传统文化的新形态,推动了中华文明的现代转型。

(一) 实现"文明蒙尘"走向文明自新

中华民族有着5000多年的文明历史,是世界上唯一一个不断绵延至今的文明,为人类文明进步作出了不可磨灭的贡献。英国思想家伯特兰·罗素曾感慨:"与其把中国视为政治实体还不如把它视为文明实体——唯一从古代存留至今的文明。"[1] 但是自鸦片战争以后,中华民族遭受了前所未有的劫难,在西方资本—帝国主义国家大规模对外殖民扩张和大肆殖民侵略下,中国逐步成为半殖民地半封建社会,中华文明蒙尘。为了摆脱中华文明危机,中华民族仁人志士开启了求索之旅。有人主张文化"固守",历史事实证明,固守者往往将沦为封建道德卫道士而孱弱无力;有人主张"抛弃",全面西化全盘西化,却最终走向历史虚无主义而摇摇欲坠;有人主张"拼接""中国国粹"与"西方科学",致使出现新其表而旧其心的现象。文明选择的摇曳一直持续到中国共产党的诞生,直到中国共产党人将马克思主义作为指导社会变革的指导思想,中华文明的命运自此迎来转机,焕发出新的生命力。马克思主义中国化话语体系深刻改变了中华民族的精神风貌,深刻改变了中华文明的命运,推动实现了中国近代时期中华文明从蒙尘到自新的转变。

(二) 再造中华文明新形态

马克思主义与中华文明相融合,中华民族在精神上实现了从被动走向主动,重获新生。基于马克思主义与中华文明在文化思想上的相通性,充分利用马克思主义的科学方法,马克思主义中国化话语体系的构建实现了马克思主义与中华文明的交融,激活再造了中华文明,实现了人类文明新形态的文明跃升。尊重马克思主义与中华文明在文化思想上的相通性,马克思主义中国化话语体系实现了马克思主义与中华文明的交融。利用马克思主义的科学方法,马克思主义中国化话语体系激活再造了中华文明。马克思主义中国化话语体系展现了中华优秀传统文化的创造性转化、创新性发展,展现了马克思主义注入中华文明并用科学方法激荡

---

[1] [英]罗素:《中国问题》,秦悦译,学林出版社1996年版,第164页。

中华文明，还锻造出了革命文化和社会主义先进文化，最终形成中国特色社会主义文化，使中华文明的内在价值得以充分释放，促成中华文明的价值升华。马克思主义中国化话语体系对中华文明的激活再造，更新了传统中华文明，展现了人类文明新形态。

二 超越传统社会主义文明

马克思主义中国化话语体系反映了我国从探索有中国特色的社会主义到建设中国特色社会主义再到坚持和发展中国特色社会主义不同时期的文明建设，最终凝聚成汇集了中国特色社会主义道路、理论、制度和文化为一体的文明体系，即中国特色社会主义文明。因此，从文明性质来看，马克思主义中国化话语体系所展现的人类文明新形态是中国特色社会主义文明，是社会主义性质的人类文明，是超越了传统社会主义模式文明的人类文明。

（一）对科学社会主义的守正创新

马克思主义中国化话语体系是科学社会主义在中国的创造性发展，始终展现了对科学社会主义基本原理和发展方向的坚守，也充分显示出对科学社会主义的民族性发展和与时俱进的时代性创新。自中国共产党成立以来，社会主义文明就书写在中国革命、建设和改革的发展历程中，成为马克思主义中国化话语体系的发展主线。习近平新时代中国特色社会主义思想回答了新时代坚持和发展什么样的中国特色社会主义、怎样坚持和发展中国特色社会主义，建设什么样的社会主义现代化强国、怎样建设社会主义现代化强国等重大时代课题，所形成的以"十个明确""十四个坚持""十三个方面成就"为主要内容的科学理论体系，系统回答了新时代坚持和发展中国特色社会主义的最本质特征和最大优势、总目标、总任务、总体布局、战略布局等一系列重大基本问题，进一步深化了中国共产党对中国特色社会主义建设规律的认识，在科学社会主义领域作出了重大原创性贡献。马克思主义中国化话语体系始终坚守科学社会主义对中国特色社会主义的理论基础作用，又创造性地体现出中国特色。"中国特色社会主义是科学社会主义在中国的创新发展，人类文明新形态是包含着坚持科学社会主义基本原则与坚持中国特色双重要求的社会主义文明形态。"① 马克思主义中国化话语体系，向世人展示了对科学社会主义守正创新的中国特色社会主义，生动彰显了人类文明新形态。

（二）对传统社会主义模式的突破超越

马克思主义中国化话语体系所展现的马克思主义中国化时代化的创新理论成果，不仅是对科学社会主义的守正创新，还是对传统社会主义模式的突破超越，创造了人类文明新形态。这里提及的传统社会主义模式，主要是针对苏联形成的"以完全的计划经济、农业集体化和社会主义工业化为核心的斯大林社会主义建设模式"②。改革开放后，我们党形成的关于中国特色社会主义建设的理论成果彻底超越了传统社会主义模式的文明形态。社会主义市场经济理论纠正了苏联对社会主义生产力发展造成阻碍的高度集中的计划经济体制的错误认识，澄清了计划经济、市场经济与社会形态之间的关系。社会主义初级阶段理论，摆脱苏联快速建成共产主义的传统社会主义模式影响，提出以阶段性目标推进社会主义现代化建设，明确了"三步走"发展战略目标。即使已经迈入新征程，在党的十九届六中全会上，仍然告诫全党必须对我国国情有清醒认识，指出我国仍处于并将长期处于社会主义初级阶段，我国仍然是世界最大的发展中国家。中国特色社会主义理论是在马克思主义指导下进行中国特色社会主义建设实践经验的理论升华，是对传统社会主义模式的超越。就文明性质而言，马克思主义中国化话语体系是中国特色社会主义建设的理论思想成果，创造了人类文明新形态。

三 超越资本主义现代文明

中国式现代化道路创造的文明成果，是物质文明、政治文明、精神文明、社会文明、生态文明协调发展的文明形态，是构建人类命运共同体共享发展的文明形态，是有别于资本主义现代文明的新文明形态。因此，从文明的现代化形态来看，马克思主义中国化话语体系所展现的现代化文明是中国特色社会主义现代化的文明，超越了资本主义现代文明。

---

① 田鹏颖：《论人类文明新形态的意识形态价值》，《南京社会科学》2022年第4期。

② 朱继东：《邓小平突破传统社会主义模式的依据、层面及时代意义》，《理论探讨》2012年第3期。

（一）创造中国式现代文明

全面建设社会主义现代化国家是中国共产党长期奋斗的目标。在各个历史时期，党所形成的关于社会主义国家建设目标的话语，不仅直观反映出不同历史时期我国对现代化文明的认识水平，还勾勒出我国特有的中国式现代化文明形成发展路径。进入新时代，实现中华民族伟大复兴和实现社会主义现代化目标成为建设中国特色社会主义的总任务。面对国际国内形势的不断发展与变化，随着中国特色社会主义事业实践的不断发展，中国共产党创造性地提出了许多建设中国式现代化的新话语，进一步拓展了对现代化内涵的认知，对其道路的选择和实践的拓展也都有了更深刻的认识。在马克思主义中国化话语体系指导下的中国社会主义现代化建设，也是完全有别于资本主义范畴下的西方现代化建设，"我国社会主义现代化建设是科学社会主义一般理论逻辑与中国现实发展具体历史逻辑的辩证统一，实现了道路选择、制度效能与政党优势三者的统一"①。正因如此，中国式现代化文明是有别于西方现代化的独特现代化文明。

（二）吸收并超越资本主义现代文明

马克思主义中国化话语体系是独具特色的中国式现代化文明的体现。中国式现代化"是人口规模巨大的现代化，是全体人民共同富裕的现代化，是物质文明和精神文明相协调的现代化，是人与自然和谐共生的现代化，是走和平发展道路的现代化"②，吸收并超越了资本主义范畴下的西方现代化文明。马克思主义中国化话语体系体现了中国式现代化文明对西方资本主义现代化文明的借鉴吸收。在价值取向上，我国社会主义现代化文明的马克思主义中国化话语体系体现的是实现现实的人的自由而全面的发展，是对资本至上的西方现代化文明的超越。在价值建构上，我国社会主义现代化文明的马克思主义中国化话语体系体现的是平衡、协作、共赢的现代化建设方法和制度设计，是对以采取霸权、掠夺为途径的西方现代化文明的超越。我国社会主义现代化文明的马克思主义中

---

① 蒋玲：《新中国成立70年中国特色社会主义现代化建设的历史进程》，《新疆社会科学》2019年第4期。

② 《习近平谈治国理政》（第四卷），人民出版社2022年版，第164页。

国化话语体系体现出全面现代化的文明特征、体现出的是人与自然和谐共生的现代化文明、体现出的是和平发展的现代化文明。我国和平发展的现代化文明超越了西方强国必霸的现代化文明，创造了人类文明的新形态。

第五节　推进中华民族伟大复兴的历史进程

马克思主义是中国共产党的指导思想，中华民族伟大复兴是中国共产党矢志不渝的奋斗目标，两者统一于党推进伟大社会革命的历史进程中。在这一历史进程中，马克思主义指导中国创造了奇迹，实现中华民族伟大复兴进入不可逆转的历史进程，这证明了马克思主义是实现中华民族伟大复兴的科学指南。在此过程中形成的马克思主义中国化话语体系，也不断丰富和发展完善。

一　实现中华民族伟大复兴进入不可逆转的历史进程

中国共产党自成立以来，不断推进马克思主义中国化，坚持用马克思主义中国化时代化的最新成果引领中华民族伟大复兴实践，引领中国实现了"伟大飞跃"，创造了中国奇迹，取得了举世瞩目的伟大成就，实现中华民族伟大复兴进入不可逆转的历史进程。

（一）中华民族实现从"东亚病夫"到站起来的伟大飞跃

毛泽东思想是马克思主义中国化的第一次历史性飞跃。在毛泽东思想指导下，中国共产党创造了新民主主义革命的伟大成就、社会主义革命和建设的伟大成就，引领中华民族实现了从"东亚病夫"到站起来的伟大飞跃，为实现中华民族伟大复兴创造了根本社会条件。中国共产党成立后，以毛泽东同志为主要代表的中国共产党人把马克思主义与中国革命实际相结合，提出了建立革命统一战线、"工农武装割据"、"支部建在连上"、中国革命的"三大法宝"等思想，创立了毛泽东思想，极大地丰富了马克思主义的革命理论、无产阶级专政学说、军事理论等，完成了民族独立和人民解放的历史任务，实现了中国从两千多年封建专制政治向人民民主的彻底转变，为实现中华民族伟大复兴创造了根本社会条件。中华人民共和国成立后，中国共产党人将马克思列宁主义基本原理同中国实际进行"第二次结合",指导新中国完成了"三大改造",建立了社会主义的经济制度和政治制度,完成了社会主义革命,确立了社会主义基本制度,实现了中华民族有史以来最为广泛而深刻的社会变革,为实现中华民族伟大复兴奠定了根本政治前提和制度基础。中华民族"站起来",为民族复兴奠定了政治基础,开创了民族复兴的历史前提。

(二)中华民族实现从站起来到富起来的伟大飞跃

中国特色社会主义理论体系实现了马克思主义中国化新的飞跃。在中国特色社会主义理论体系指导下,创造了改革开放和社会主义现代化建设的伟大成就,引领中华民族实现了从站起来到富起来的伟大飞跃,为实现中华民族伟大复兴提供了充满新的活力的体制保证和快速发展的物质条件。改革开放和社会主义现代化建设新时期,中国共产党从新的实践和时代要求出发坚持和发展马克思主义,形成了中国特色社会主义理论体系。在中国特色社会主义理论体系指导下,科学回答了建设中国特色社会主义的发展道路、发展阶段、根本任务、发展动力、发展战略、政治保证等一系列基本问题,为中国特色社会主义建设提供了科学理论指导,统一了思想,统一了行动。在党的十一届三中全会和党的十八大期间,我国取得了举世瞩目的伟大成就,实现了从生产力相对落后的状况到经济总量跃居世界第二的历史性突破,实现了人民生活从温饱不足到总体小康、全面小康的历史性跨越。至此,国家在经济层面实现全面振兴,中华民族实现了从站起来到富起来的伟大飞跃,带领人民走上了民族复兴的康庄大道,进一步推进了实现中华民族伟大复兴的进程。

(三)中华民族迎来从富起来到强起来的伟大飞跃

习近平新时代中国特色社会主义思想实现了马克思主义中国化新的飞跃。在习近平新时代中国特色社会主义思想指导下,中国共产党创造了新时代中国特色社会主义的伟大成就,引领中华民族迎来了从富起来到强起来的伟大飞跃,为实现中华民族伟大复兴提供了更为完善的制度保证、更为坚实的物质基础和更为主动的精神力量。从中华民族发展史来看,新时代伟大变革、新时代中国特色社会主义的伟大成就对实现中华民族伟大复兴具有里程碑意义。坚持和发展中国特色社会主义,中国特色社会主义的根本制度、基本制度、重要制度更加成熟更加定型,国家治理体系和治理能力现代化水平日益提高,为实现中华民族伟大复兴提供了更为完善的制度保证。国家经济实力、科技实力、综合国力跃上新台阶,更高质量、更有效率、更加公平、更可持续、更为安全的经济发展之路为实现中华民族伟大复兴奠定了更为坚实的物质基础。坚定"四个自信",创立习近平新时代中国特色社会主义思想,全党全国各族人民文化自信明显增强,全社会凝聚力和向心力极大提升,中国精神、中国价值、中国力量得以构筑,为实现中华民族伟大复兴提供了坚强思想保证和强大精神力量。当前,新时代中国特色社会主义的伟大成就使中华民族迎来了从富起来到强起来的伟大飞跃,中华民族伟大复兴迎来了光明前景,实现中华民族伟大复兴进入不可逆转的历史进程。

二 实现中华民族伟大复兴的科学指南

在庆祝中国共产党成立100周年大会上,习近平提出的中国共产党百年奋斗是以"中华民族伟大复兴"为主题的论断,表明了实现中华民族伟大复兴的实践贯穿于中国共产党的百年奋斗历程,表明了在中国共产党百年奋斗历程中形成的马克思主义中国化时代化的理论成果及构建的话语体系为实现中华民族伟大复兴提供了科学指南。

(一)指明民族复兴的发展方向

在马克思主义指导下,中国共产党根据不同历史时期的时代任务和人民诉求,明确了实现中华民族伟大复兴的阶段性任务。为此,马克思主义中国化话语体系为实现中华民族伟大复兴指明了发展方向。新民主主义革命时期,推翻"三座大山",获得民族独立和人民解放,是实现中华民族伟大复兴的首要任务。完成民族独立和人民解放的历史任务后,实现中华民族伟大复兴进入新阶段。中国共产党顺应时代要求,开启社会主义建设任务,提出通过实现现代化摆脱落后面貌。实现国家富强、人民幸福成为党奋斗的新任务,为推进中华民族伟大复兴进程指明了新的奋斗方向。党的十八大将"全面建设小康社会"调整为"全面建成小康社会"。党的十九大进一步明确了从全面建成小康社会到基本实现现代化,再到全面建成社会主义现代化强国的战略步骤,并新增"美丽"为社会主义现代化强国目标。伴随马克思主义中国化话语体系的发展丰富,中国共产党确立了革命、建设和改革不同历史时期实现中华民族伟大复兴的阶段性任务,为推进中华民族伟大复兴指明了发展方向。从发展目标来看，马克思主义中国化话语体系为实现中华民族伟大复兴确立了根本指针。

（二）选择民族复兴的正确道路

方向决定道路，道路决定命运。为实现中华民族伟大复兴目标，在百多年的奋斗历程中，在马克思主义指导下，中国共产党带领人民探索出了新民主主义革命道路、社会主义革命道路、社会主义建设道路，以及中国特色社会主义道路，不断推进了中华民族伟大复兴进程。所以，马克思主义中国化话语体系不仅明确了实现中华民族伟大复兴的发展任务和目标，也为实现中华民族伟大复兴选择了正确道路。毛泽东思想为实现中华民族伟大复兴开辟了新民主主义革命道路、社会主义革命道路和社会主义建设道路。改革开放以来，中国特色社会主义理论体系和习近平新时代中国特色社会主义思想为实现中华民族伟大复兴选择了中国特色社会主义道路。实践证明，新民主主义革命道路、社会主义革命道路、社会主义建设道路，以及中国特色社会主义道路，是我国在不同历史阶段推进实现中华民族伟大复兴的正确道路。在实现中华民族伟大复兴的历史进程中，是马克思主义中国化话语体系为党和人民提供了正确道路。当前，我国仍然处于社会主义初级阶段，我们将继续以习近平新时代中国特色社会主义思想为行动指南，坚定不移地坚持走中国特色社会主义道路，因为"中国特色社会主义是实现中华民族伟大复兴的必由之路"[1]。

（三）提供民族复兴的制度保障

制度带有根本性、全局性、稳定性和长期性，实现中华民族伟大复兴离不开制度支撑。在建设制度时，其"价值取向、基本方法和学理依据、理论支撑，都源于马克思主义及其中国化理论成果的指导"[2]。换言之，马克思主义中国化话语体系为实现中华民族伟大复兴提供了制度保障。革命时期中国共产党已开始探索制度建设，积累的制度建设经验为后期制度体系建设提供了借鉴。马克思主义中国化话语体系的不断创新发展，也推进了中国特色社会主义制度体系的不断完善，并在实践中将

---

[1]《习近平谈治国理政》（第四卷），人民出版社2022年版，第34页。

[2] 本刊记者：《马克思主义中国化和实现中华民族伟大复兴的内在关系——访华南师范大学马克思主义学院陈金龙教授》，《马克思主义研究》2021年第10期。

制度优势转化为治理效能，推进了国家治理体系和治理能力的现代化，为实现中华民族伟大复兴提供了更为完备的制度保障。旗帜就是方向。一个民族要走在时代前列，就一刻不能没有理论思维，一刻不能没有思想旗帜的指引。在马克思主义和马克思主义中国化理论指引下，我们创造了中国发展的奇迹，也充分证明"中国化马克思主义是实现中华民族伟大复兴的科学指南"①。

三　持续推进中华民族伟大复兴

实现中华民族伟大复兴是近代以来中华民族最伟大的梦想，也是中国共产党人的初心使命。实现中华民族伟大复兴指日可待，在这关键时刻，我们要全面贯彻习近平新时代中国特色社会主义思想，继续推进马克思主义中国化，继续发展当代中国马克思主义、21世纪马克思主义，以不断发展的马克思主义中国化话语体系推进中华民族伟大复兴历史进程。

（一）全面贯彻习近平新时代中国特色社会主义思想

党的百年奋斗历程实践证明，确立党的政治核心和思想旗帜，是关系党的前途命运的根本问题。"两个确立"为新时代新征程确定了政治核心和思想旗帜。在思想旗帜方面，新时代党团结带领中国人民又踏上了实现第二个百年奋斗目标的新征程，就必须毫不动摇地坚持以马克思主义中国化最新理论成果——习近平新时代中国特色社会主义思想为指导，这是实现第二个百年奋斗目标的思想旗帜、理论指导，是推进中华民族伟大复兴历史进程的关键所在。习近平新时代中国特色社会主义思想为实现中华民族伟大复兴确定了正确道路，为实现中华民族伟大复兴确定了明确目标，为实现中华民族伟大复兴提供了政治保证。习近平新时代中国特色社会主义思想，明确指出党的领导是党和国家的根本所在、命脉所在，是全国各族人民利益所系、命运所系；明确全面从严治党的战略总方针，推进党的自我革命，为建设长期执政的马克思主义政党提供了科学指引。习近平新时代中国特色社会主义思想是建设长期执政的马克思主义政党的指导性纲领，确保了党在实现中华民族伟大复兴历史进

---

① 高翔：《中华民族伟大复兴的三大里程碑》，《人民日报》2019年1月22日。

程中的坚强领导核心作用。

(二) 不断推进中华民族伟大复兴历史伟业

进入全面建设社会主义现代化国家新征程，在实现第二个百年奋斗目标新的赶考路上交出一份新的优异答卷，我们需要继续坚持马克思主义和马克思主义中国化理论，坚持以习近平新时代中国特色社会主义思想为指导，勇于站在时代潮头，准确把握时代大势，回答好新的时代课题，继续推进马克思主义中国化时代化，在中国特色社会主义伟大实践中续写马克思主义中国化时代化新篇章，以不断发展的马克思主义中国化话语体系为指导推进中华民族伟大复兴进程。继续坚持"两个结合"，不断丰富马克思主义中国化新内涵，为推进中华民族伟大复兴进程提供科学指引。坚持人民至上价值导向，充分贯彻马克思主义人民性，为推进中华民族伟大复兴进程提供不竭动力。人民性是马克思主义最鲜明的品格。"对于马克思主义政党来说，人民之问是所有问题的价值根据。"[1] 在全面建设社会主义现代化国家的新征程，坚持发展为了人民、发展依靠人民、发展成果由人民共享的人民中心思想，坚持全体人民共同富裕、全过程人民民主、人的自由全面发展的人民至上价值导向，在回答人民之问的实践中发展马克思主义中国化话语体系。坚持人民至上价值导向发展马克思主义中国化话语体系，进一步明确为人民谋幸福的着力点，进一步明晰不断满足人民日益增长的美好生活需要的发力点，尊重人民主体地位，依靠人民主体力量，汇聚人民团结力量，为推进中华民族伟大复兴进程提供人力支撑和动力源泉。

---

[1] 颜晓峰：《新时代新征程实现中华民族伟大复兴的思想旗帜》，《红旗文稿》2022年第9期。

结　　语

　　党的二十大报告指出，"中国共产党为什么能，中国特色社会主义为什么好，归根到底是马克思主义行，是中国化时代化的马克思主义行"[①]。本书探讨了马克思主义中国化话语体系构建的百年历程，根据这一话语体系构建的主要特征和核心主题的不同，进行了四个阶段的划分，即外源与内生阶段下的"革命"主题、调适与重塑阶段下的"建设"主题、继承与发展阶段下的"改革"主题、创新与完善阶段下的"复兴"主题。梳理了马克思主义中国化话语体系构建的历史进程，根据这一话语体系构建的构成要素提出了四个方面的现实路径，即话语内容、话语表达、话语传播和话语保障。这有助于我们进一步总结马克思主义中国化话语的生成规律，进一步认识基于这一话语为核心的马克思主义中国化话语体系构建的出发点和落脚点，从而给予马克思主义中国化话语体系构建以更加科学的思路导向。

　　关于马克思主义中国化话语体系构建的百年历程的研究，本书借鉴学界相关研究的基本思路，即从时代背景出发，以话语内容研究为核心点。但不同于过往的落脚点多为话语内容上的分析，本书的落脚点为马克思主义中国化话语体系的构建，因而在研究过程中虽然仍是以话语内容为核心线索，通过前后对比话语内容上的差异，进而总结归纳马克思主义中国化话语的发展方向。但又在此基础上进行了进一步的研究，即结合话语内容发展倾向和当时的历史条件，进一步分析了马克思主义中

[①] 习近平：《高举中国特色社会主义伟大旗帜　为全面建设社会主义现代化国家而团结奋斗：在中国共产党第二十次全国代表大会上的报告》，人民出版社2022年版，第16页。

国化话语体系构建的情况以及表现出的倾向和特征，并对马克思主义中国化话语体系构建的部分关键阶段进行了总结性的阐述和论证，这为后续研究提供了一定的借鉴意义和经验启示。

关于马克思主义中国化话语体系构建的重要经验和当代价值的研究，本书同样借鉴了过往研究的经验，以马克思主义中国化话语体系的构成要素为切入点，归纳和总结马克思主义中国化话语体系构建的重要经验。本书在此基础上，分析和阐释了马克思主义中国化话语体系构建的当代价值等相关内容，强调马克思主义中国化话语体系的构建不仅要总结有益经验，更要有助于实现中华民族的伟大复兴和人类命运共同体的构建，这有助于进一步推进马克思主义中国化话语体系构建的科学性。

推进马克思主义中国化时代化是一个追求真理、揭示真理、笃行真理的过程。习近平指出："拥有马克思主义科学理论指导是我们党坚定信仰信念、把握历史主动的根本所在。"[1] 由于马克思主义中国化时代化的相关理论博大精深，关于马克思主义中国化话语体系构建的研究和阐释仍具有很大的提升空间，包括在马克思主义中国化的话语表述方面，从背后的叙事框架和语法结构上可进行更为具体的分析和探究；在马克思主义中国化话语体系构建的阶段特征方面，可从外延性的视角进行深度解读，重点分析国际社会对马克思主义中国化话语体系的认知情况。在马克思主义中国化话语体系的构建方面，本书仅从基础理论、历史进程、基本原则、现实路径、重要经验、当代价值等方面进行了归纳、总结、分析和阐述，还有待学术界、理论界从时代性、实践性、民族性、开放性等方面进行全面而系统的深入探究。

---

[1] 习近平：《高举中国特色社会主义伟大旗帜 为全面建设社会主义现代化国家而团结奋斗：在中国共产党第二十次全国代表大会上的报告》，人民出版社2022年版，第16页。

参考文献

一　中文著作类

《马克思恩格斯选集》第1—4卷，人民出版社2012年版。

《毛泽东选集》第一至四卷，人民出版社1991年版。

《邓小平文选》第一至三卷，人民出版社1994年、1993年版。

《江泽民文选》第一至三卷，人民出版社2006年版。

《胡锦涛文选》第一至三卷，人民出版社2016年版。

《习近平著作选读》第一至二卷，人民出版社2023年版。

《习近平谈治国理政》第一至四卷，外文出版社2018年、2017年、2020年、2022年版。

本书编写组：《深入学习习近平总书记"七一"重要讲话精神》，人民出版社2021年版。

本书编写组：《习近平讲党史故事》，人民出版社2021年版。

习近平：《高举中国特色社会主义伟大旗帜　为全面建设社会主义现代化国家而团结奋斗——在中国共产党第二十次全国代表大会上的报告》，人民出版社2022年版。

习近平：《论党的宣传思想工作》，中央文献出版社2020年版。

习近平：《论党的自我革命》，党建读物出版社、中国方正出版社、中央文献出版社2023年版。

习近平：《论坚持党对一切工作的领导》，中央文献出版社2019年版。

习近平：《论坚持全面深化改革》，中央文献出版社2018年版。

习近平：《论坚持全面依法治国》，中央文献出版社2020年版。

习近平：《论坚持推动构建人类命运共同体》，中央文献出版社2018年版。

习近平：《习近平谈"一带一路"》，中央文献出版社2018年版。

习近平：《习近平重要讲话单行本》（2021年合订本），人民出版社2022年版。

习近平：《在庆祝中国共产党成立100周年大会上的讲话》，人民出版社2021年版。

新华社中央新闻采访中心：《深入学习习近平总书记重要讲话读本》，人民出版社2013年版。

中共中央党史和文献研究院编：《习近平关于人才工作论述摘编》，中央文献出版社2024年版。

中共中央党史和文献研究院编：《习近平关于网络强国论述摘编》，中央文献出版社2021年版。

中共中央党史和文献研究院编：《习近平关于中国式现代化论述摘编》，中央文献出版社2023年版。

中共中央党史和文献研究院、中央学习贯彻习近平新时代中国特色社会主义思想主题教育领导小组办公室编：《习近平关于调查研究论述摘编》，中央文献出版社、党建读物出版社2023年版。

中共中央党史和文献研究院、中央学习贯彻习近平新时代中国特色社会主义思想主题教育领导小组办公室编：《习近平新时代中国特色社会主义思想的世界观和方法论专题摘编》，党建读物出版社、中央文献出版社2023年版。

中共中央党史和文献研究院、中央学习贯彻习近平新时代中国特色社会主义思想主题教育领导小组办公室编：《习近平新时代中国特色社会主义思想专题摘编》，党建读物出版社、中央文献出版社2023年版。

中共中央文献研究室编：《习近平关于科技创新论述摘编》，中央文献出版社2016年版。

中共中央文献研究室编：《习近平关于全面建成小康社会论述摘编》，中央文献出版社2016年版。

中共中央文献研究室编：《习近平关于全面深化改革论述摘编》，中央文献出版社2014年版。

中共中央文献研究室编：《习近平关于全面依法治国论述摘编》，中央文献出版社2015年版。

中共中央文献研究室编:《习近平关于社会主义经济建设论述摘编》,中央文献出版社2017年版。

中共中央文献研究室编:《习近平关于社会主义文化建设论述摘编》,中央文献出版社2017年版。

中共中央文献研究室编:《习近平关于社会主义政治建设论述摘编》,中央文献出版社2017年版。

中共中央文献研究室编:《习近平关于总体国家安全观论述摘编》,中央文献出版社2018年版。

中共中央宣传部、国家发展和改革委员会:《习近平经济思想学习纲要》,人民出版社、学习出版社2022年版。

中共中央宣传部:《习近平新时代中国特色社会主义思想学习纲要》(2023年版),学习出版社、人民出版社2023年版。

中共中央宣传部、中华人民共和国生态环境部:《习近平生态文明思想学习纲要》,学习出版社、人民出版社2022年版。

中共中央宣传部、中央国家安全委员会办公室:《总体国家安全观学习纲要》,学习出版社、人民出版社2022年版。

陈明琨:《新时代中国对外话语体系建构基本问题研究》,人民出版社2023年版。

陈曙光:《"世界之问"与中国方案》,人民出版社2022年版。

陈锡喜:《马克思主义:意识形态和话语体系》,华东师范大学出版社2011年版。

邓伯军:《马克思主义中国化话语体系的方法论研究》,人民出版社2020年版。

邓伯军:《马克思主义中国化话语语料库建设与应用研究》,中国社会科学出版社2023年版。

董山民:《后现代政治话语:新实用主义与后马克思主义》,复旦大学出版社2019年版。

方爱东等:《当代中国主流价值观话语权生成机制研究》,光明日报出版社2021年版。

韩震:《社会主义核心价值观的话语构建与传播》,中国人民大学出版社2019年版。

贺耀敏：《中国话语体系的建构》，中国人民大学出版社 2021 年版。
胡大平：《西方马克思主义话语转向研究》，南京大学出版社 2019 年版。
贾英健等：《社会主义意识形态话语权研究》，人民出版社 2024 年版。
姜迎春：《新时代意识形态理论与实践》，南京大学出版社 2024 年版。
蒋丽：《社会主义核心价值观的对外话语体系建构和国际传播》，人民日报出版社 2019 年版。
李超民：《新时代提升网络思想政治教育话语权研究》，人民出版社 2019 年版。
刘毅：《中国公民主观话语权研究》，中国社会科学出版社 2019 年版。
罗昌勤：《新媒体生态下马克思主义大众化的话语传播研究》，浙江大学出版社 2023 年版。
罗崇宏：《近代以来中国"大众"话语的生成与流变》，社会科学文献出版社 2019 年版。
马忠：《思想政治教育叙事话语研究》，人民出版社 2021 年版。
梅岚：《全媒体时代的精神生产活动及其反思——基于马克思主义的研究视角》，中央编译出版社 2024 年版。
聂智：《自媒体领域我国主流意识形态的话语权研究》，人民出版社 2020 年版。
蒲丽霞：《高校思想政治理论课话语体系建设研究》，人民日报出版社 2022 年版。
商红日：《人民观念的话语生产：中国特色政治话语体系构建的研究个案》，天津人民出版社 2022 年版。
商志晓主编：《马克思主义大众化研究》，山东人民出版社 2013 年版。
邵维正：《中国共产党历次代表大会史丛书：中共一大史》（第一辑），中共党史出版社 2024 年版。
申文杰：《高校意识形态工作领导权、话语权研究》，光明日报出版社 2020 年版。
申文杰：《马克思主义意识形态话语权理论阐释与实践探索》，人民出版社 2017 年版。
施旭主编：《当代中国话语研究》，高等教育出版社 2015 年版。
覃世艳、董波：《新传媒时代马克思主义大众话语形成机制研究》，中国社会科学出版社 2021 年版。

汪树民:《国际话语权转移及中国国际话语权的提升研究》,中山大学出版社 2021 年版。

王永进:《网络意识形态工作话语权研究》,浙江大学出版社 2018 年版。

吴汉全:《话语体系初论》,人民出版社 2021 年版。

吴琼:《思想政治教育话语发展研究》,中国社会科学出版社 2017 年版。

吴贤军:《中国国际话语权构建:理论、现状和路径》,复旦大学出版社 2017 年版。

杨波:《思想政治话语有效性研究》,东北财经大学出版社 2022 年版。

杨昕:《中国共产党意识形态话语权研究》,社会科学文献出版社 2015 年版。

杨洋:《网络意识形态话语权构建研究》,光明日报出版社 2023 年版。

叶建:《近代中国唯物史观史学话语建构研究》,人民出版社 2022 年版。

张国臣、邵发军:《多元文化场域下马克思主义意识形态话语权建设论》,人民出版社 2021 年版。

张维为、吴新文主编:《中国话语:建构与解构》,上海人民出版社 2021 年版。

张一兵:《回到马克思:经济学语境中的哲学话语》(第四版),江苏人民出版社 2020 年版。

周栋:《中国特色社会主义话语体系初探》,人民出版社 2019 年版。

周叶中、林骏、张权等:《中国特色社会主义法治话语体系创新研究》,人民出版社 2020 年版。

周宇豪、刘守义:《马克思主义中国化传播话语体系百年嬗变》,人民出版社 2022 年版。

左凤荣主编:《世界大变局与中国的国际话语权》,商务印书馆 2020 年版。

二　外文著作类

[英]戴维·米勒:《民族责任与全球正义》,杨通进、李广博译,重庆出版社 2014 年版。

[法]福柯:《福柯说权力与话语》,陈怡含编译,华中科技大学出版社 2017 年版。

［加］D. 保罗·谢弗：《文化引导未来》，许春山、朱邦俊译，社会科学文献出版社 2008 年版。

［瑞士］费尔迪南·德·索绪尔：《普通语言学教程》，高名凯等译，商务印书馆 1980 年版。

［美］塞缪尔·亨廷顿：《文明的冲突与世界秩序的重建》（修订版），周琪、刘绯、张立平译，新华出版社 2010 年版。

［美］詹姆斯·保罗·吉（James Paul Gee）：《话语分析导论：理论与方法》，杨炳钧译，重庆大学出版社 2011 年版。

三　期刊类

曹威伟：《结构、路径与优势：中国化马克思主义理论创新的话语考察》，《理论导刊》2023 年第 1 期。

陈东琼：《马克思主义大众化与中国特色社会主义话语体系的构建》，《思想教育研究》2016 年第 2 期。

陈红军：《从两个"历史决议"看马克思主义话语体系的时代化》，《毛泽东思想研究》2012 年第 2 期。

陈蓉蓉：《构建中国特色马克思主义话语体系的路径探析》，《南京航空航天大学学报》（社会科学版）2014 年第 4 期。

代玉启：《"中国式现代化"话语的三重维度及其系统构建》，《求索》2023 年第 1 期。

邓伯军：《从后现代主义看马克思主义中国化话语体系的方法论》，《兰州学刊》2018 年第 6 期。

邓伯军：《马克思主义话语体系中国化的基本经验和基本规律研究》，《南京航空航天大学学报》（社会科学版）2017 年第 2 期。

邓纯东：《努力构建以马克思主义为指导的哲学社会科学话语体系》，《马克思主义研究》2014 年第 6 期。

董树彬、何建春：《全过程人民民主话语体系建构的价值、维度与策略》，《求实》2022 年第 5 期。

丰子义：《从话语体系建设看马克思主义哲学创新》，《哲学研究》2017 年第 7 期。

高佳红、贺东航：《新时代人类文明交流互鉴的话语体系构建》，《学术探索》2022 年第 7 期。

高立伟、何苗：《中国共产党自我革命话语体系构建研究》，《思想理论教育导刊》2022 年第 10 期。

郭健彪、林芳：《"一带一路"与马克思主义话语体系建构研究》，《集美大学学报》（哲学版）2016 年第 4 期。

韩升、李越：《论 21 世纪马克思主义话语体系的文明逻辑》，《社会主义研究》2024 年第 1 期。

郝苏君、吴春梅：《新时代文化语境与马克思主义话语体系的构建》，《学习与实践》2020 年第 9 期。

郝苏君：《新时代马克思主义话语体系构建的"本土化"思考》，《广西社会科学》2020 年第 2 期。

何淼：《新时代中国共产党国际话语能力建设的现实挑战与路径探析》，《东岳论丛》2023 年第 4 期。

胡馨月：《从整体上打造马克思主义的话语体系》，《河北学刊》2013 年第 1 期。

贾丽红、胡剑：《微传播时代红色文化话语体系建设研究》，《昆明理工大学学报》（社会科学版）2022 年第 6 期。

蒋锐、华方正：《中国新型政党制度国际话语权构建：现状、问题与路径》，《理论学刊》2023 年第 1 期。

李红梅、陈金明：《中国化马克思主义话语体系的逻辑演进》，《甘肃理论学刊》2015 年第 2 期。

李君如：《论中国式现代化的话语体系的构建》，《理论视野》2024 年第 1 期。

李永进：《论新时代中国特色社会主义制度话语体系建构》，《思想理论教育导刊》2022 年第 10 期。

李友梅：《以人民性引领中国特色社会学话语体系建设》，《中国社会科学》2023 年第 2 期。

李转：《中国共产党建构中国马克思主义话语体系的成功道路》，《学校党建与思想教育》2023 年第 6 期。

刘伟、陈锡喜：《建构面向"中国问题"的马克思主义话语体系》，《教学与研究》2016 年第 9 期。

刘艳房：《全人类共同价值视域下提升中国国际话语权的路径研究》，《学术界》2024年第2期。

刘影：《从话语变革的视角看马克思唯物史观的创立》，《马克思主义哲学》2022年第5期。

刘影：《论马克思主义哲学话语体系的构建原则及其启示》，《毛泽东邓小平理论研究》2020年第11期。

刘勇、邱雨：《人类文明新形态话语体系建构的多维阐释》，《思想教育研究》2022年第8期。

卢凯、卢国琪：《论打造马克思主义中国化话语体系的路径》，《探索》2013年第5期。

罗顺元：《习近平推进马克思主义话语体系中国化论析》，《西南石油大学学报》（社会科学版）2018年第1期。

庞晓利：《习近平的马克思主义中国化话语体系构建特色》，《华北水利水电大学学报》（社会科学版）2018年第1期。

齐道新：《中国式现代化话语体系的构成样态与功能指向》，《探索》2023年第2期。

齐卫平：《提升中国共产党执政话语国际传播能力》，《人民论坛》2023年第3期。

沈伯平：《基于历史方位视角构建中国式现代化道路的话语体系》，《教学与研究》2022年第6期。

史为磊：《当代中国马克思主义话语体系的方法论自觉》，《贵州师范大学学报》（社会科学版）2016年第5期。

孙福胜：《马克思主义共同体理论话语体系构建述论》，《理论导刊》2020年第7期。

孙新：《新时代中国特色对外政治话语体系构建研究》，《科学社会主义》2023年第1期。

索世帅：《新时代中国特色社会主义文化话语体系的构建向度》，《理论导刊》2024年第2期。

王海军：《新时代中国共产党自我革命话语体系建构多维探究》，《中国人民大学学报》2022年第6期。

王金、孙迎联：《中国共产党共同富裕话语的历史嬗变、逻辑证成与时代观照》,《北方民族大学学报》2023年第2期。

王梅清:《马克思主义中国化话语体系的变迁与反思》,《学习与实践》2016年第6期。

吴荣生:《新中国70年马克思主义话语体系建设的基本经验》,《社会主义研究》2019年第6期。

徐秦法、张肖:《新时代加强马克思主义意识形态话语体系建设研究》,《湘潭大学学报》(哲学社会科学版)2022年第1期。

颜苗苗:《中国式现代化话语建构的多维审思》,《北京航空航天大学学报》(社会科学版)2023年第1期。

杨立志、孙路亮:《新时代中国共产党精神的基层话语体系构建》,《沈阳工业大学学报》(社会科学版)2022年第5期。

张爱艾、邓淑华:《马克思主义中国化话语体系建构的三维路径》,《理论与改革》2016年第5期。

张青卫:《关于提升中国马克思主义话语体系国际影响力的战略思考》,《重庆社会科学》2019年第4期。

张润峰、梁宵:《"中国道路"叙事话语的体系建构:现代化、民族复兴、社会主义、改革开放与和平发展》,《社会主义研究》2024年第1期。

张师伟:《马克思主义中国化与中国政治学话语体系的现代建构》,《江淮论坛》2019年第1期。

张艳涛、高晨:《构建面向21世纪的当代中国马克思主义话语体系》,《厦门大学学报》(哲学社会科学版)2021年第3期。

赵美岚:《创新中国化马克思主义话语体系的基本路径》,《江西社会科学》2014年第1期。

周宇豪、杨睿:《马克思主义中国化话语体系研究述评》,《华北水利水电大学学报》(社会科学版)2021年第2期。

朱亚娇:《中国共产党政治话语的发展历程、功能阐释与经验启示》,《哈尔滨工业大学学报》(社会科学版)2023年第2期。

四 学位论文类

崔金洋:《新时代思想政治教育话语转型研究》,硕士学位论文,南京邮电大学,2022年。

崔楠:《新时代提升网络意识形态话语权研究》,博士学位论文,大连海事大学,2023年。

高策:《新时代提升中国特色社会主义国际话语权研究》,博士学位论文,大连海事大学,2023年。

韩泊尧:《苏联马克思主义话语权的演进及其现实意义》,硕士学位论文,中共中央党校,2016年。

郝苏君:《文化语境下的新时代马克思主义话语体系构建研究》,博士学位论文,陕西师范大学,2020年。

侯凤媛:《习近平话语风格对马克思主义大众化的启示研究》,硕士学位论文,天津大学,2021年。

胡银银:《改革开放以来我国意识形态话语权问题研究》,博士学位论文,南开大学,2014年。

吉洋洋:《习近平关于话语体系建设的重要论述研究》,硕士学位论文,山东师范大学,2021年。

贾绍俊:《中国共产党思想政治教育话语权建设研究》,博士学位论文,哈尔滨师范大学,2021年。

李军虎:《新时代马克思主义话语传播效能提升研究》,博士学位论文,内蒙古大学,2022年。

漆调兰:《延安时期中国共产党马克思主义话语权建构研究》,博士学位论文,陕西师范大学,2018年。

石秀秀:《毛泽东与延安时期中国化马克思主义话语权提升研究》,硕士学位论文,延安大学,2020年。

王琪瑞:《高校马克思主义话语权提升路径研究》,硕士学位论文,西南科技大学,2022年。

王欣玥:《网络思想政治教育话语权研究》,博士学位论文,电子科技大学,2022年。

王雨:《新时代中国提升马克思主义话语权对策研究》,硕士学位论文,河北科技大学,2019年。

吴德岭:《习近平对中国特色社会主义话语体系的创新研究》,硕士学位论文,山东大学,2022年。

杨龙:《习近平关于党的意识形态话语权建设重要论述研究》,硕士学位论文，广西师范大学，2023年。

张帆:《中国共产党延安时期马克思主义话语权建构经验及启示》，硕士学位论文，山东大学，2021年。

张林:《马克思主义中国化学科话语体系研究》，博士学位论文，东北师范大学，2022年。

后　　记

马克思主义揭示了人类社会发展规律，指明了人类解放道路，是人们认识世界、改造世界的强大思想武器。党的二十大报告指出，"马克思主义是我们立党立国、兴党兴国的根本指导思想。实践告诉我们，中国共产党为什么能，中国特色社会主义为什么好，归根到底是马克思主义行，是中国化时代化的马克思主义行"。回顾中国共产党的历史，就是一部不断推进马克思主义中国化时代化的历史，就是一部不断推进理论创新、进行理论创造的历史，就是为实现中华民族伟大复兴而不懈奋斗的历史。

马克思主义中国化时代化根源于中华民族伟大复兴的实践和时代需要，贯穿于新民主主义革命时期、社会主义革命和建设时期、改革开放和社会主义现代化建设新时期、中国特色社会主义新时代，在中国共产党百年历史性实践中获得不竭动力，同时创造了中国化时代化的马克思主义，实现了自身的发展、创新和飞跃。实践永无止境，创新永不停息。习近平总书记指出，"理论的生命力在于不断创新，推动马克思主义不断发展是中国共产党人的神圣职责"，"我们要坚持用马克思主义观察时代、解读时代、引领时代，用鲜活丰富的当代中国实践来推动马克思主义发展"。在这个意义上，马克思主义中国化时代化就是马克思主义在中国的具体化，是马克思主义在当代中国实践中的发展和创新。作为马克思主义中国化时代化的最新成果，习近平新时代中国特色社会主义思想是当代中国马克思主义、21世纪马克思主义，是中华文化和中国精神的时代精华，是推进马克思主义中国化话语体系构建的科学指引。

中国式现代化为党的理论创新提出了新的时代课题。开展马克思主义中国化话语体系构建研究，厘清其发展脉络，总结其基本原则和重要经验，探寻其当代价值，可以从中揭示马克思主义中国化时代化创新理论的历史发展规律，有利于进一步筑牢全党坚持马克思主义在意识形态领域指导地位的思想根基，为全面推进中华民族伟大复兴提供坚强思想保证和强大精神力量。

本书是全国高校思政课名师工作室（重庆邮电大学）负责人、安徽工业大学教授、扬州大学兼职博士生导师郑洁博士主持的国家社会科学基金一般项目"建党百年来马克思主义中国化话语体系构建研究"（项目批准号：21BKS033，结项证书号：20233199）的主要研究成果。各章撰稿人分工如下（以撰写章节为序）：

导　论：郑　洁、吴海静

第一章：吴海静、胡卫喜

第二章：刘　超、成　吉

第三章：何永林、游　岸

第四章：郑　洁、黄必琼

第五章：董　翼、奉　羽

第六章：夏吉莉、苏雅雯

本书的研究得到重庆邮电大学社科处、安徽工业大学科研处的领导、同事的关心与支持；夏吉莉老师和研究生成吉、唐铃然协助课题负责人进行了书稿的部分文字校对工作。在此一并表达感谢！本书得以出版，还要感谢中国社会科学出版社孔继萍女士的大力支持和辛勤付出！国内外学者的相关研究成果为本书的研究提供了写作支撑，部分成果已经在参考文献中列出，在此表示深深的谢意！由于学识水平和研究能力有限，书中难免有不当之处，敬请各位专家、学者、读者提出宝贵的修改意见和建议。

推进马克思主义中国化时代化是一个追求真理、揭示真理、笃行真理的过程。只有把马克思主义基本原理同中国具体实际相结合、同中华优秀传统文化相结合，坚持运用辩证唯物主义和历史唯物主义，才能正确回答时代和实践提出的重大问题,才能始终保持马克思主义的蓬勃生机和旺盛活力。"登山则情满于山,观海则意溢于海。"对马克思主义中国化话语体系构建的相关研究,我们将继续努力,争取创造出更多有影响力的优秀成果。

郑　洁

2024 年 8 月 20 日